Wozu braucht Gott ein Raumschiff?

Die Philosophie in StarTrek

Essays: Klaus Vieweg
Illustrationen: Olivia Vieweg

cross cult

Impressum: WOZU BRAUCHT GOTT EIN RAUMSCHIFF? – DIE PHILOSOPHIE IN STAR TREK
wird herausgegeben von Cross Cult, Teinacher Straße 72, 71634 Ludwigsburg.
Verleger: Andreas Mergenthaler, Autor: Klaus Vieweg; Illustrationen: Olivia Vieweg;
verantwortlicher Redakteur und Lektorat: Markus Rohde; Lektorat: Andrea Bottlinger und Gisela Schell;
Satz: Rowan Rüster; Cover Artwork: Olivia Vieweg; Printed in Germany.

Print-on-Demand ISBN 978-3-96658-176-9 (Februar 2020)

WWW.CROSS-CULT.DE

Inhaltsverzeichnis

Vorbemerkungen

> Das Leben ist wie ein Garten. Perfekte Momente können erlebt, aber nicht bewahrt werden, außer in der Erinnerung.
>
> – Leonard Nimoy (23.2.2015)

Die *Star Trek*-Originalserie aus Hollywoods Filmküche wird in diesem Jahr 2016 50 Jahre alt, sie ist aber in keiner Weise altbacken geworden. Sie gehört keinesfalls in die Rumpelkammer des Films, im Gegenteil: Ihre Storys und die behandelten Themen sind brandaktuell.

Die Autoren dieses Buches kennen und lieben besonders diese ursprüngliche Serie und hatten schon lange die Absicht, Essays und Illustrationen über den philosophischen Gehalt der Geschichten um Kirk, Mr. Spock und Co. der Öffentlichkeit vorzustellen.

Viele der Kerngedanken des Essays sind aus einer speziellen Perspektive entwickelt, nämlich im Anschluss an den Denkkosmos des berühmten deutschen Philosophen Georg Wilhelm Friedrich Hegel (geboren 1770 in Stuttgart, gestorben 1831 in Berlin) und in direkter Anknüpfung an zwei Monografien aus der Feder von Klaus Vieweg: *Skepsis und Freiheit* (2007) und *Das Denken der Freiheit* (2012). Hegels Gedanken bieten ein geeignetes Navigationsgerät für die Reise in die philosophische Galaxis des *Enterprise*-Projekts, das Gene Roddenberry bekanntlich als anschauliche Vermittlung seiner philosophischen Weltsicht verstanden hat. Hegel beschrieb sein am Polarstern der Vernunft orientiertes Philosophieren als Entdeckungsreise ins Wissen, seine Logik zeigt erstaunliche Ähnlichkeiten mit der Logik unseres hochgeschätzten Mr. Spock, des Meisterdenkers der *Enterprise*.

Die Illustrationen stammen von Olivia Vieweg, sie hat schon mehrere *Graphic Novels* veröffentlicht (u. a. *Huck Finn*, *Antoinette*, *Endzeit* und *Schwere See, mein Herz*).

Natürlich sind einige Passagen der Essays nicht leicht zu lesen und verlangen wahrscheinlich wiederholte Lektüre und mitunter mühsame Denkbemühungen. Bitte nicht gleich die Flinte ins Korn werfen, bitte nicht sofort resignieren! Philosophie ist keine leichte oder lockere Sache, sondern eine schwierige und strenge Wissenschaft. Hier kann es keine unzulässigen Trivialitäten oder billige Vereinfachungen geben. Wenn heute Unternehmen, Fußballclubs oder Feuerwehrvereine von »ihrer Philosophie« sprechen, schafft dies gewaltige Missverständnisse, denn Philosophie ist wie die moderne Physik oder die Biologie des 21. Jahrhunderts eine hochprofessionelle Wissenschaft und kein esoterisches Geschwafel, kein leeres Geschwätz am Lagerfeuer. Plattheiten und Banalitäten sind hier fehl am Platz. Aber die Essays versuchen, die Bezüge zu den philosophischen Themen innerhalb der Episoden stets anschaulich und verständlich herzustellen, wenn auch jenseits billiger Trivialisierungen und unzulässiger Vereinfachungen. Auch die Reisen auf der *Enterprise* waren keine leichtfüßigen Wanderungen, keine Spaziergänge im Weltall, sondern ein höchst anstrengendes und dem Wissen verpflichtetes Unternehmen, mühsam, riskant und ohne Garantie auf ein Gelingen. Auch werden wichtige philosophische Begriffe durch ein im Anhang des Buches zu findendes Glossar kurz und prägnant erklärt, ebenfalls ist ein kleines Personenverzeichnis angefügt.

Dank für die Unterstützung des Buchprojekts geht an den Cross Cult Verlag, an Barbara Vieweg, Michael Möller, Suzanne Dürr und Johannes Korngiebel für die gründliche Lektüre, für Anregungen und Hinweise zum Text sowie an den Physikexperten und *Star Trek*-Fan Axel Szameit (Jena) für die wichtigen Tipps.

Auf zu den nächsten 50 Jahren Reisen mit dem Raumschiff *Enterprise*!

Chekov: »Welcher Kurs, Captain?«
Kirk: »Der zweite Stern von rechts, bis zum Morgengrauen. Direkter Kurs.«

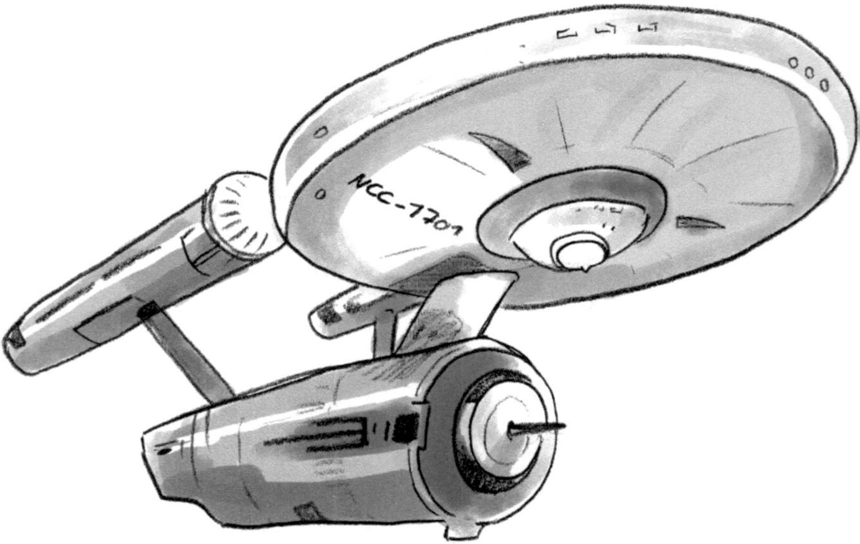
NCC-1701

Einleitung

Der Denkraum, unendliche Weiten.

Wir schreiben das Jahr 2016. Genau 50 Jahre nach dem Start des Raumschiffs *Enterprise* versucht ein Denkschiff namens *Philosophie*, die Sichtweisen und Gedankenwelten der ersten *Star Trek*-Besatzung um Kirk und Spock zu ergründen. Viele Lichtjahre von der Erde entfernt, dringt die *Philosophie* in geistige Galaxien vor, die noch nie ein Mensch betreten hat.

Der mit dem *Star Trek*-Schöpfer Gene Roddenberry befreundete und durch seinen Roman *Fahrenheit 451* weltbekannt gewordene Ray Bradbury sah in der Science-Fiction einen der letzten Zufluchtsorte für die Philosophie. Roddenberry, der schon als Kind Jonathan Swifts berühmte Geschichte von *Gullivers Reisen* kannte, hatte in einem seiner ersten Skripte für *Star Trek* dem Captain den Namen *Gulliver* gegeben. Die abenteuerlichen Fahrten des Gulliver zu unbekannten Ländern und anderen Lebensformen bildeten eine echte Fundgrube für die *Star Trek*-Episoden. Gulliver wird in die seltsamsten und merkwürdigsten Regionen der Welt verschlagen, in die Reiche von Zwergen und Riesen, auf Inseln der Zauberer, in abscheuliche Diktaturen und gar in ein Reich der Pferde. Während seiner spannenden wie gefahrvollen Expeditionen, die mit beißender Ironie und Satire ein kritisches Bild seiner eigenen Gesellschaft zeichnen, trifft Gulliver auf Wesen, die sinnlose Kriege führen, die Häuser von den Dächern her bauen und aus Gurken Sonnenlicht pressen wollen. Im Land der Zauberer kann er sich mit Alexander dem Großen, Hannibal und Julius Cäsar wie auch mit den Philosophen Aristoteles und Descartes unterhalten. Er lernt brutale Despotien und friedlich-harmonische Ordnungen, ja sogar unsterbliche Menschen kennen. Und vor allem: Er findet mehr Verständnis bei Andersgläubigen als bei seinen Christenbrüdern. Nachdem Gulliver dem König der Riesen seine eigene Gesellschaft und Zeit beschrieben hatte, fällt der König folgendes vernichtendes Urteil: Ein Großteil dieser Eingeborenen sind Angehörige »dieser verderblichsten Rasse, die die Natur je auf der Oberfläche der Erde erleiden musste«.

Roddenberry beabsichtigte, mit *Star Trek* dasselbe »tun zu können wie Jonathan Swift mit Gullivers Reisen. Zu seiner Zeit konnte man wegen religiöser oder politischer Bemerkungen unters Beil kommen«. Trotz der massiven Zensur durch die Fernsehstudios wollte Roddenberry mit seiner Weltraum-Saga der eigenen Gesellschaft den nicht immer Erfreuliches zeigenden Spiegel vorhalten. Wie Swift wollte er das politische

System satirisch darstellen und an den Zensoren »vorbeischmuggeln«, als ob kleine lila Leute von einem entlegenen Planeten die Figuren der Serie sein würden. So konnten die kritischen Gedanken »an den Zensoren vorbeigeschleust« werden. Im Sinne von Gullivers Reisen sollte »spektakuläre Unterhaltung mit bedeutungsvollem Drama und etwas Substanziellem kombiniert« werden.[1] *Star Trek* als Gullivers Reisen zu den Sternen. Faszinierend! Das waren die Sterne von je her. Eine Schiffsreise zu den Sternen gehört wohl zu den Träumen vieler Erdbewohner.

> Nichts will ich als ein schlankes Schiff
> Und den weisenden Stern in der Höh'
> Kannst Du den Wind in deinem Rücken spüren,
> und die Wellen unter Dir?

Zweimal rezitiert Captain Kirk diese Zeilen aus dem Gedicht von John Masefield. Roddenberry verstand die Reise wohl auch als »wagon train to the stars«, als Planwagenzug der Siedler in den amerikanischen Westen. Das aus dem Mittelniederdeutsch stammende Wort *Trek* bezeichnet eine Gruppe von Menschen, die mit ihren Wagen gemeinsam aus ihrer Heimat in Richtung des »unentdeckten Landes« weggehen oder wegziehen. Doch ist im Sternen-Trek der Bezug zur Seefahrt dominierend, in der Tradition von Homers *Odyssee*, von Gullivers Seereisen oder Hermann Melvilles *Moby Dick*.

Als Teil einer Flotte ist ein Schiff im Weltenraum unterwegs, mit Kapitän, Erstem Offizier und dem für den Kompass zuständigen Navigator und Erstem Steuermann auf der Brücke des Weltenseglers, dem Schiffsmaschinisten im Maschinenraum, dem Schiffsarzt an Bord und auch für die Schiffskanonen gibt es einen Verantwortlichen. In der Episode *Brot und Spiele* sagt Kirk, dass »unser Schiff draußen auf See liegt«.

Gene Roddenberry verstand sein großartiges Filmprojekt als seine »soziale Philosophie, sein philosophisches Verständnis des Lebens und der humanen Bedingungen des Menschseins, der *conditio humana.* Das Filmstudio *NBC* hatte die Pilotfolge deshalb als »zu intellektuell« abgelehnt. »Es ist wirklich ein gutes Projekt.« Aber, so fügte George Takei, der Darsteller des Sulu, hinzu: »Das Fernsehen respektiert Qualität nicht, echte Qualität ist wie ein Todesstoß.«[2] Doch Roddenberry verfolgte zielstrebig und hartnäckig sein Vorhaben, das von »einer optimistischen, entschieden positiven Vision der menschlichen Zukunft« geprägt war. Er hoffte »allein mit seinem Idealismus das Fernsehen zu verbessern«, somit nach den Sternen zu greifen – »Purer Idealismus!«[3]

Roddenberry ging davon aus, dass seine philosophischen Ansichten über das Medium des Films viel mehr Menschen erreichen würde als die konventionelle Philosophie und er behielt recht! Besonders seine Ideen des Respekts für all die vielfältigen Kulturen und

Lebensformen, die Ablehnung jeder Art von Diskriminierung, Sklaverei, Rassismus und anderer Unterdrückung, sein Votum für die Überwindung von Krieg und Armut, seine Positionen gegen tyrannisch-totalitäre politische Ordnungen, gegen Dogmatismus, gegen allen Glauben an Übernatürliches oder Wunder, seine Hochschätzung des Einsatzes der Wissenschaft für friedliche Zwecke – um nur einige der wichtigen Ideen zu nennen – prägen die Gedankenwelt der Helden von der *Enterprise*.[4] Laut George Takei verstand Roddenberry die *Enterprise* als »eine Art Raumschiff Erde« – »die Abenteuer von Erforschung und Entdeckung sind in die Milchstraße hineinprojiziert, es geht darum, nicht nur die Treffen und Konfrontationen mit fremden Wesen und Zivilisationen zu bestehen, sondern besonders die Auseinandersetzung mit uns selbst.«[5] So können die Reisen des Raumschiffes auch als Entdeckungsfahrt in das Universum der Philosophie gesehen werden. Einige wenige Teile dieses Denkraumes sollen hier etwas näher erschlossen und kartografiert werden – ein hoffentlich spannendes, doch auch gefährliches und mühsames Abenteuer. Oder, um in der Seefahrersprache zu bleiben: Es gilt viele Klippen zu umschiffen, vielen Untiefen auszuweichen, viele neue Routen zu finden, es drohen tropische Stürme, es lauern einige Eisberge, von denen man nur die Spitze sehen kann, manches bleibt unentdeckt und dunkel, aber hoffentlich kann der Leser öfters »Land in Sicht!« rufen.

Das Sternenmeer

Noch heute besitzen die Sterne eine besondere Faszination, auf dem *Walk of Fame* in Hollywood sind die Hauptdarsteller der *Enterprise*-Crew mit einem Stern verewigt. Jules Verne beschrieb eine Reise zum Mond, berühmt wurde der Film *2001 – Odyssee im Weltraum.* Die Raumfahrt begann mit Sputnik 1, und die erste bemannte Weltraummission unternahm Juri Gagarin in *Wostok 1.* Apollo 11 erreichte den Mond und Neil Armstrong betrat als erster Mensch den Erdtrabanten, ein kleiner Schritt für den Menschen, ein großer für die Menschheit. Kreative und erfolgreiche Erdenbürger gelten als »Stars«, herausragende Schöpfungen oder Ereignisse in der Geschichte als »Sternstunden«. Je mehr Sterne ein Koch oder Hotel hat, desto besser soll es sein, eine bekannte deutsche Automarke hat einen Stern auf dem Kühler, eine weltweit vertretene Kaffeehauskette aus Seattle hat das Wort *Star* im Namen, ebenso eine deutsche Wochenzeitung. Aber auch gegen die überzogenen Schwärmereien, etwa gegen den astrologischen Aberglauben mit seinen Sternbilderfantasien und Horoskopen und gegen eine Herstellung von Beziehungen zwischen den Sternen und menschlicher Schicksale waren Roddenberrys Gedanken hilfreich. Aufklärung wird ins Englische ja mit dem Bezug zum Licht der Sterne übersetzt – *enlightenment* –, eine Sache angemessen beleuchten,

Licht ins Dunkel des Nichtwissens bringen, Verständnis schaffen, sich des eigenen Verstandes bedienen. Mit einem Songtitel der Beatles: *Here comes the sun.*

Die Ägypter verehrten *Ra*, ihren Gott der Sonne, wie auch die Inkas mit *Inti* die Sonne als oberste Herrscherin, der erste Inka galt als Sohn der Sonne. Die Azteken bezeichneten die von einem früheren Volk errichtete riesige Pyramide von Teotihuacan als Sonnenpyramide. Die Astronomie entstand als eine der ersten Wissenschaften – »Die Weltbetrachtung begann mit der Sterndeutung« (Kant). Für die alten Griechen war das All der Welt, der Kosmos keineswegs ein chaotischer Haufen, sondern ein geordnetes, harmonisches System von Himmelskörpern. Es galt als das Urbild einer vernünftigen Ordnung, mit deren Gesetzen sich die Kosmologie beschäftigte, ein Teil der Philosophie – der »*Logos*« war dieses Vernünftige, das Regierende des Universums, wie die Römer diesen Kosmos nannten.

Fasziniert vom Anblick der Sterne soll der erste europäische Philosoph Thales in einen Graben gestürzt sein. Für die großen griechischen Denker wie Heraklit, Platon, Aristoteles und für die späteren Stoiker war das Himmelszelt ein Muster der nach dem *Logos*, nach vernünftigen Gesetzen, geordneten Natur. Auch stammen weitere Bestandteile unserer Terminologie von den Griechen und Römern: Stern auf Griechisch *aster* oder *astron* (da steckt neben *Stern* auch

Star darin), auf lateinisch *stella*. So sprechen wir etwa vom interstellaren Raum oder von *stella mirabilis* als einem Stern erster Güte. Zum Verhältnis der Bewegung der Sonne und der Erde gab es unterschiedliche Auffassungen, Aristarchos von Samos vertrat bereits im dritten vorchristlichen Jahrhundert das heliozentrische Prinzip, mit der Sonne im Mittelpunkt, Ptolemäus hingegen das geozentrische, worin die Erde ruhend in der Mitte steht und die Sonne sich um sie dreht. Auch in der frühen Neuzeit trug die Astronomie zu einer Umstürzung des Weltbildes bei. Durch Kopernikus und Galilei wurde die mittelalterlich-geozentrische Sicht widerlegt. Der deutsche Philosoph und Görlitzer Handschuhmacher Jakob Böhme wollte im 17. Jahrhundert ein *Curriculum der Sterne* verfassen, Johannes Kepler sah im kopernikanisch verstandenen Sonnensystem ein vernünftig-harmonisches Ganzes.

Von Immanuel Kant, der in der Philosophie eine kopernikanische Wende vollzog, gibt es dann eine klassische und vielzitierte Bemerkung über die Sterne: »Zwei Dinge erfüllen das Gemüth mit immer neuer und zunehmender Bewunderung und Ehrfurcht, je öfter und anhaltender sich das Nachdenken damit beschäftigt: Der bestirnte Himmel über mir, und das moralische Gesetz in mir.«[6] Den Kosmos sah er als das »Unabsehlich-Große mit Welten über Welten und Systemen von Systemen, überdem noch in grenzenlosen Zeiten ihrer periodischen Bewegung«.

In gewisser Distanz zu dieser teilweise etwas überschwänglichen, schwärmerischen Sicht auf den »bestirnten Himmel« reagierte Hegel mit Spockscher Logik und Nüchternheit, obwohl Hegel 1801 an der Universität Jena mit einer Schrift über die Planetenbahnen habilitiert hatte und auf dem Gebiet der Astronomie und ihrer Geschichte bewandert war. Folgende köstliche Anekdote hat Heinrich Heine überliefert, die auch ein Berliner Stadtgespräch wiedergibt: »Eines schönen hellgestirnten Abends standen wir [Heine und Hegel] beide nebeneinander am Fenster und ich sprach mit Schwärmerei von den Sternen, und nannte sie den Aufenthalt der Seligen. Der Meister aber brümmelte vor sich hin: Die Sterne, hum! hum! Die Sterne sind nur ein leuchtender Aussatz am Himmel. Um Gottes willen, rief ich – es gibt also droben kein glückliches Lokal, um dort die Tugend nach dem Tode zu belohnen? Jener aber [...] sagte schneidend: Sie wollen also noch ein Trinkgeld dafür haben, dass Sie Ihre kranke Mutter gepflegt und Ihren Herrn Bruder nicht vergiftet haben?«[7]

Man erzähle in der Stadt herum, so Hegel in einer Vorlesung, dass er die Sterne mit einem Ausschlag am organischen Körper verglichen habe, im Blick auf die unendlich vielen roten Punkte. Nun galten die Sterne schon früher als die am Himmelszelt ausgestreuten, ausgesetzten, die von der Sonne abgefallenen Punkte. Die Ausfüllung des Raumes mit unendlichen vielen

Materien und Körpern beschreibt Hegel mit dem Bild vom Ausschlagen, das nicht medizinisch gemeint ist! Ähnlich der Rede, dass es uns dorthin und woandershin verschlagen hat. Er gebraucht dies im Sinne von Ausstrahlen, wie wenn Licht herausstrahlt, die heutige Astrophysik verwendet für ein erstes solches »Ausschlagen« von Materien die Metaphorik des Urknalls, und kaum einer nimmt daran Anstoß. Die Sterne sind dann eine Art resultierende Kristallisationspunkte, ihr Aufbau, ihre Bewegung, ihre Konstellation eine Sphäre der unendlichen Vielfalt, worauf die Zufälligkeit wesentlichen Einfluss hat.

Und im Geiste von Mr. Spock verweist der Philosoph darauf, dass es einen Unterschied macht, ob man die Welt oder den Kosmos vom philosophischen Standpunkt aus betrachtet oder vom Standpunkt des menschlichen Gefühls und der Empfindung: Unermessliche Räume und unvorstellbare Sternzeiten beeindrucken die Vernunft nicht, sind für sie nicht bewunderungswürdig, für unser Gefühl ist dies anders. Hingegen interessieren die Vernunft sehr wohl die Figurationen und Konstellationen der Sterne, in denen sie zueinander in Beziehung stehen. Unserem Wissen geht es um eine Art »Geometrie und Kartografie der Sterne« – etwa vom Sonnensystem als ein erstes System von Vernünftigkeit in der Natur, vom Kosmos als das umfassende Ganze.

Der Astronom Johannes Kepler hat sich mit der

Entdeckung der Gesetze der Himmelskörperbewegungen, mit seinem Verständnis des Kosmos als Harmonie beweglicher Sphären unsterblichen Ruhm erworben. Und nach Kepler wurde 2015 ein von der NASA entdeckter erdähnlicher Planet benannt, ein »älterer Cousin der Erde«, der in 385 Tagen um seine Sonne kreist, die unserer ebenfalls ähnlich ist. Dort könnte sich durchaus Leben entwickelt haben, und am Verstehen von Leben hatten ja Hegel und die *Enterprise*-Mission besonderes Interesse. Nur liegt *Kepler-452b* im 1400 Lichtjahre entfernten Sternbild *Cygnus*, und ein heutiges Raumschiff würde dahin schlappe 22 Millionen Jahre benötigen. Mit der *Enterprise* und Warp 9 wäre man natürlich erheblich schneller. Zweitens ging es in der Hegelschen Anekdote nur um einen Vergleich der unlebendigen Natur, für welche die Sterne standen, mit einem Meerestropfen, der selbst ein »lebendiger Erdball« sei. Drittens wollte Hegel die Schwärmerei und die religiöse »Aufladung« des Himmels ironisieren – Ort der Seligen? Die Reisen der *Enterprise* dienten der Erforschung des »bestirnten Himmels« und führten oft an ganz andere Plätze, die von Seligkeit oder dem Himmlischen weit entfernt scheinen. Kosmos, dies ist nicht einfach nur die Welt da draußen von den Quasaren und Superhaufen über die Galaxien und Planeten, sondern eine zu erforschende Welt-Ordnung.

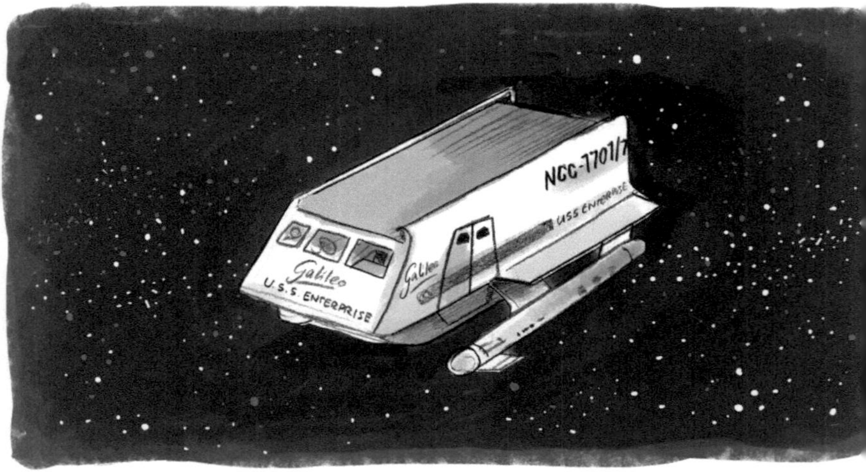
Galileo
U.S.S. ENTERPRISE
NCC-1701/7
USS ENTERPRISE

Von einem Ende des Weltalls ans andere

In seinem Hinweis auf das Orientieren am Stern der Vernunft verbindet Hegel ähnlich wie in der Weltraumsaga die Bilder aus der Seefahrt mit denen aus dem Weltraum: Beim Philosophieren handelt es sich um einen Aufbruch »in einen uferlosen Ozean, alle Stützpunkte sind verschwunden, alle sonstigen freundlichen Lichter ausgelöscht. Nur der eine Stern, der innere Stern des Geistes leuchtet; er ist der Polarstern«.[8] Im Meer wie im Weltall gibt es keine Leuchttürme, wir bewegen uns in einem Medium des Unbekannten und des Risikos, entdecken das bislang nicht Gekannte, ähnlich der Irrfahrten des altgriechischen Helden Odysseus oder der frühen Völker von Seefahrern. Bei einer solchen Reise ins Wissen »weiß man noch nicht, worauf es hinauswolle, wohin man komme«. Der Geist fürchtet aber nicht, etwas zu verlieren, sondern hofft, Wissen zu gewinnen, ganz im Sinne der *Enterprise*-Mission.

Die menschliche Intelligenz, der menschliche Geist konstituiert neuartige innere Welten, einen Kosmos des Entstehens und Vergehens von Möglichkeiten, unzählige innere »Welt-Bilder«. Die Intelligenz gilt als unerschöpfliche Einbildungs- oder Bildgebungskraft, als der unermüdlich-geschäftige innerliche Bildschöpfer oder »Bild-Hauer«, und unsere Fantasie als ein freies Spiel mit Möglichkeiten, als die Schatzkammer des Kreativen. Laut dem schottischen Philosophen

David Hume gibt es nichts Bewunderungswürdigeres als die Bereitschaft, mit der diese Einbildungskraft ihre Vorstellungen herbeiholt. Die Fantasie »eilt von einem Ende des Weltalls zum anderen, um die Vorstellungen zusammen zu holen, die zu einem Gegenstand gehören«.[9] Es geht darum, den Denkraum zu bereisen und zu erforschen, der umfassender als der Weltraum sein kann, da unsere Fantasie eben noch viele andere, fiktive Welten zu schaffen vermag. Dies geschieht immer gemäß dem Motto der Sternenflottenakademie, der Ausbildungsstätte unserer *Enterprise*-Crew: *From The Stars, Knowledge* – Wissen von den Sternen.

Georg Wilhelm Friedrich Hegel bezeichnete seine in Jena geschriebene *Phänomenologie des Geistes* als seine Entdeckungsreise in das Universum des Wissens, als einen Versuch den »ganzen Umkreis des menschlichen Wissens zu bereisen«. Der unumstrittene logische Star der *Enterprise*, der spitzohrige Mr. Spock, war auch ein philosophisches Schlitzohr. Hegel wäre von ihm fasziniert gewesen – »Logik ist der Anfang der Weisheit, nicht deren Ende« – dem hätte der deutsche Philosoph ohne jede Einschränkung zugestimmt: Die Logik bildet den Anfang und das Fundament seines Denkgebäudes. Hegel hätte über Spock mitunter auch geschmunzelt, über den Vulkanier und Halbmenschen als einen Mann der Logik und Vernunft, der in entscheidenden Momenten auch Gefühle wie etwa Freundschaft zeigt und oft im Hochziehen der rechten Augenbraue Lachen äußert. Spock auf der anderen Seite hat – wie man hört – insgeheim den großen Logiker Hegel bewundert und wollte in seinen späteren Lebensjahren ein vulkanisch-eruptives Buch über Hegels Logik schreiben ...

Unsere kleine Odyssee im Denkraum auf einem Hegelschen Schiff wird nach dem Start von der Raumstation Jena-Weimar-Seattle – dort sind die Idee und das vorliegende Buch entstanden – einige wenige Quadranten dieses Universums in der irdischen Sternzeit 2015–2016 durchfahren, dabei die entfesselten Hund' des Krieges bellen hören; die Lügen-Nase Pinocchios wachsen sehen; das kalte Gericht der Rache servieren; im verlorenen Paradies wandeln; Freiheit in Diktaturen verlangen; an dem Ast, auf dem wir sitzen, sägen; mit den Musketieren des Weltalls »Einer für alle und alle für einen« rufen und zusammen mit Don Quijote und William von Baskerville auf die Suche nach dem Lachen gehen – machen wir uns auf den Weg! Mit den Worten von Friedrich Nietzsche: »Es gibt noch eine andere Welt zu entdecken – und mehr als eine! Auf die Schiffe, ihr Philosophen!«

Scotty, Energie!

Olivia und Klaus Vieweg
Weimar und Jena im Dezember 2015

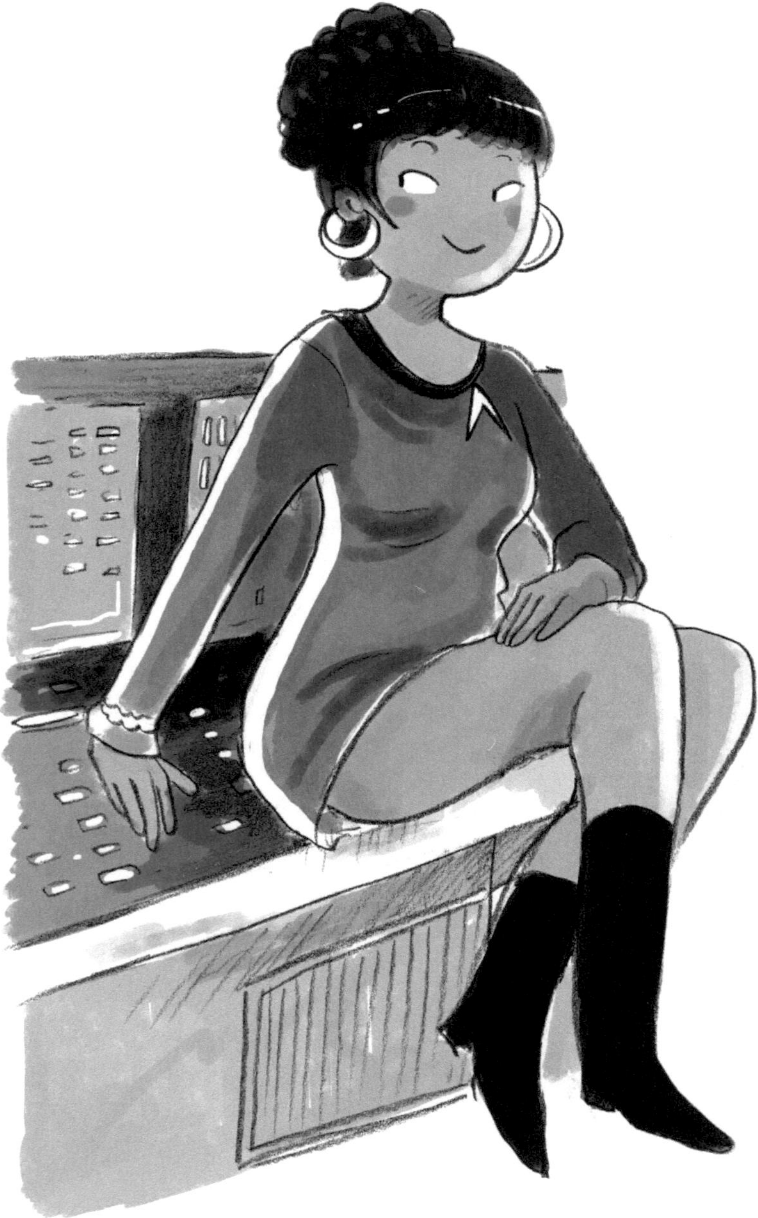

»Ich habe einen Traum«

Die Idee des Universalismus oder Kosmopolitismus

Laut George Takei, Darsteller des Sulu, war Gene Roddenberry, davon überzeugt, dass »jedes menschliche Wesen etwas Besonderes besitzt, das mit der Einzigartigkeit der Anderen wunderbare Ergebnisse erzielen kann«.[10] Der 1968 von einem rassistischen Fanatiker ermordete Bürgerrechtler Martin Luther King, der gegen Rassendiskriminierung und für die Bürgerrechte kämpfte, formulierte seine Gedanken besonders eindrucksvoll in seiner berühmten Rede *I had a dream.* Etwas von diesem Traum konnte er bereits in der *Star Trek*-Serie erkennen, die *Enterprise* als (T)Raumschiff der Gleichheit und des gegenseitigen Respekts. Martin Luther King hat Nichelle Nichols, die Darstellerin von Uhura, motiviert, doch an Bord der *Enterprise* zu bleiben, da er in dieser Fernsehserie die Zukunft für Harmonie und gleichberechtigte Zusammenarbeit von Menschen unterschiedlicher Hautfarbe vorweggenommen sah: »You don't have a black role. You have an *equal role.*« Diese Einschätzung des schwarzen Bürgerrechtlers kann als Schlüsselaussage für einen tragenden Gedanken der gesamten Saga angesehen werden – die Vision der Gleichheit der so vielfältigen vernunftbegabten Lebewesen. Die Schauspielerin Whoopi Goldberg sagte in einem Interview, sie sei schon *Star Trek*-Fan gewesen, bevor sie überhaupt Whoopi Goldberg war. Die Trennung in Rassen oder Völker war in *Star Trek* schon längst überwunden. Als Kind konnte sie nur in *Star Trek* schwarze, asiatische und russische Menschen zusammenarbeiten sehen. Das gab es sonst nirgendwo im Fernsehen, und es vermittelte ihr etwas sehr Wichtiges: Hoffnung. In einem anderen Interview erzählte Nichelle Nichols, dass Whoopi Goldberg als Kind durch das Haus ihrer Eltern gerannt sei, nachdem sie Nichelle Nichols in einer *Raumschiff Enterprise*-Folge im Fernsehen gesehen hatte. Dabei schrie sie, dass sie eine schwarze Frau im Fernseher gesehen habe, die kein Dienstmädchen war. Für diesen Gedanken der Gleichheit steht auch der Schauspieler George Takei. Der Darsteller des Sulu wurde wegen seiner japanischen Herkunft nach dem II. Weltkrieg in einem US-amerikanischen Internierungslager festgehalten. 2008 heiratete er als homosexueller Buddhist seinen Partner, eskortiert von den Trauzeugen Nichelle Nichols (Uhura) und Walter Koenig (Chekov) – welch Lebensweg und welch eindrucksvolles Sinnbild für den Geist von *Star Trek*!

Auf der Kommandobrücke der Enterprise standen oft neben dem japanischen Navigator Hikaru Sulu (George Takei) und der Suaheli sprechenden

Kommunikationsoffizierin Nyota Uhura (Nichelle Nichols) der Russe Pavel Andreievich Chekov (Walter Koenig), der aus Riverside im Bundesstaat Iowa stammende Captain James Tiberius Kirk (William Shatner) und der eigentliche Star, der Halbvulkanier und Halbmensch sowie Erster und Wissenschaftsoffizier Mr. Spock (Leonard Nimoy). Über den Maschinenraum herrschte der mitunter im schottischen Kilt auftretende Whisky-Trinker Montgomery Scott (James Doohan), liebevoll Scotty genannt, über die Krankenstation wachte 27 Jahre lang der in den US-Südstaaten geborene Dr. Leonard McCoy (DeForest Kelley) mit Scherznamen Bones (Knochen), ins Deutsche mit Pille übersetzt. Die glorreichen Sieben auf der Brücke, die sieben Zwerge auf dem Raumschiffriesen. Und welch Skandal für die im Todesjahr von Martin Luther King noch stark rassistisch geprägten Vereinigten Staaten: Mit Uhura und Kirk küssen sich zum ersten Mal eine Schwarze und ein Weißer im US-Fernsehen. Fernsehsender aus den Südstaaten der USA verweigerten nach diesem endlich vollzogenen Tabubruch die Ausstrahlung dieser Episode!

Jeder Einzelne des multikulturellen Kommandoteams der *Enterprise* hat im 23. Jahrhundert den Status eines Bürgers der Vereinigten Föderation der Planeten, die Mitte des 22. Jahrhunderts gegründet wurde. Wie in der Präambel der amerikanischen Unabhängigkeitserklärung festgehalten, sind alle Bürger gleich, alle mit unveräußerlichen Rechten ausgestattet wie Leben, Freiheit und das Streben nach Glück. Alle, egal ob Japaner, Russe, Amerikaner oder Schotte, egal ob aus den US-Südstaaten, ob Suaheli sprechend oder von einem anderen Planeten stammend. Der Typ mit den spitzen Ohren hat gar die zweithöchste Position an Bord inne. Wie kann man einem solchen Fremden mit solchen Augenbrauen das gestatten? Auch soll der Kerl grünes Blut haben! Das Raumboot war doch voll mit anständigen Erdenbewohnern und der spitz- und schlitzohrige Migrant nahm den Einheimischen sogar eine Spitzenposition weg, vielleicht hätte man ihn wieder auf seinen Heimatplanten Vulkan abschieben sollen!?

Der Traum eines Martin Luther King und eines Gene Roddenberry beinhaltet die prinzipielle Gleichheit in der Vielfalt von Individuen, Völkern, Ethnien, Kulturen, Religionen, von Geschlecht, Sprache, körperlicher Verfasstheit wie etwa der Hautfarbe – wechselseitiger Respekt und gegenseitige Anerkennung.[11] Es werden unterschiedliche Ideen und Lebensformen nicht nur toleriert, sondern man empfindet besondere Freude daran. Ziel sind der kategorische Ausschluss von Diskriminierung und die prinzipielle Gleichstellung aller Bürger, ob nun eines Staates, der Erde, der »Föderation« oder des ganzen Universums – die alles umfassende kosmische Gleichheit. In der Weltraumsaga steht für diesen Gedanken musterhaft die fest verankerte

Freundschaft zwischen einem Menschen und einem »Halbmenschen«, zwischen Kirk und Spock.

Die Freundschaft gilt Hegel als Anerkennungsbeziehung und als konkrete Freiheit in Gestalt der Empfindung, wobei das Verhältnis von Empfindung und Gefühl ja eigentlich als ein spezifisches Problem Spocks angesehen wird. Jeder ist nicht einseitig bei sich, weiß sich aber in der Beziehung zum anderen als bei sich selbst und somit frei. Freundschaft stellt so eine besondere Form des wechselseitigen Bei-sich-selbst-seins im anderen dar. Als Gegenmodell zur Freundschaft steht die Feindschaft, so treten in der Episode *Bele jagt Lokai* zwei Humanoide auf, die einander tödlich hassen, und zwar weil das Gesicht des einen links weiß und rechts schwarz ist, beim anderen jedoch umgekehrt. Beiden gelingt es trotz beschwörender Appelle aus der *Enterprise* und logischer Argumente von Spock nicht, diese beiderseits ausweglose Situation zu überwinden – der andere bleibt ewig Feind wegen seiner anderen Herkunft und seines anderen Aussehens. Legendär wurde dagegen der Satz des Halbmenschen Spock: »Ich war es und werde es immer sein: Ihr Freund.« Und Admiral Kirk empfindet den Tod Spocks als eine offene Wunde. Ihn bestimmt das Gefühl, als »hätte ich den besten Teil meiner Selbst zurückgelassen«. Gene Roddenberry hat stets darauf bestanden, dass die Sternenflotte nicht in militärischer oder feindlich-aggressiver Absicht, sondern ausschließlich in Friedens- und Forschungsmission unterwegs war – Wissen von den Sternen – *From The Stars, Knowledge.*

Den philosophischen Hintergrund für die Weltauffassung der *Trekkianer* bildet der Gedanke der Gleichheit aller Personen, aller möglichen Vernunftwesen, aller denkbaren Wesen freien Willens.[12] Auf dem *Gran Teatro del Mundo*, dem großen Welttheater kann jeder eine eigenständige, unverwechselbare Rolle spielen, aber all die unterschiedlichen Akteure sind in Hinsicht ihres freien Willens gleich. Dies gilt eben nicht nur für die Bürger der Erde, für den *Anthropos*, sondern für alle Vernunftwesen des Kosmos, alle sind gleichermaßen Bürger des Kosmos – *Kosmo-Politen*, von ihrer Grundverfassung her gleiche Akteure im Universum, im Welt-All und somit Welt-Bürger – von Sulu und Scotty über Gorkon und Azetbur bis zum Silizium-Wesen Horta. Roddenberry vertrat vehement den Gedanken einer »großen Familie alle Lebensformen, ob menschlich oder nichtmenschlich«.[13] Das altgriechische *Kosmos* wurde schließlich ins Lateinische mit *Universum* und später ins Deutsche mit *Weltall* übersetzt.

Die philosophischen Bezeichnungen für eine solche Idee der Gleichheit könnten somit lauten: Kosmopolitismus, Universalismus und Weltbürgerlichkeit, hier jedoch ohne den Zentrismus, ohne die Zentralstellung des Menschen, ohne den Anthropozentrismus: Klingonen, Vulkanier, Romulaner, Erdlinge

(Terraner), Capellaner, Vianer, Kelvaner, Andorianer, Argelianer, Organier, Platonier oder Tellariten etc. etc., alle sind Bürger des Universums, terrestrische oder extraterrestrische Bürger der Föderation bzw. humanoide oder nichthumanoide Vernunftwesen anderer Himmelskörper. Beim Blick auf die Sitzungen von höheren Entscheidungsgremien der Föderation oder auf Friedenskonferenzen springt die Vielfalt und teilweise extreme äußerliche Unterschiedlichkeit der Beteiligten unübersehbar ins Auge. Die kosmische Perspektive gründet sich auf beide Prinzipien, auf die Gleichheit in der Vielfalt und Buntheit. Diese weltbürgerliche Absicht liegt im Denken der Einheit von Gleichsein und Unterschiedlichsein. Das vulkanische *UMUK*-Symbol bedeutet unendliche Mannigfaltigkeit in unendlicher Kombination (im englischen Original: *IDIC – Infinite Diversity in Infinite Combination*). Worin besteht aber dieses Gleiche, dieses Kosmische, dieses Universelle, dieses Allgemeine?

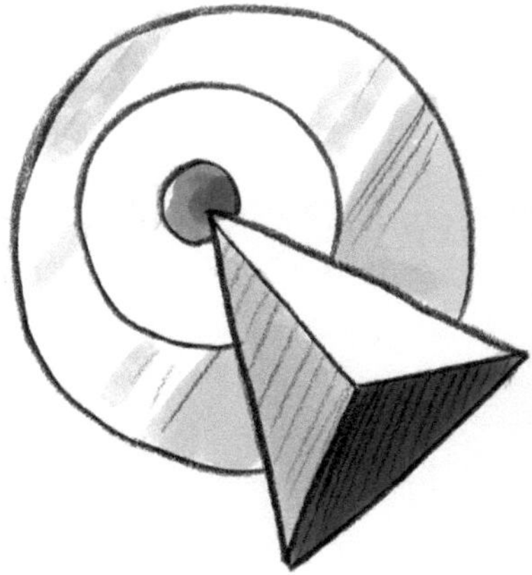

Vor dem Versuch einer Antwort muss darauf hingewiesen werden, dass die Kritiker und Verächter dieses Universellen weit gefächert auftreten, auch aus völlig gegensätzlicher

Richtung: Zum einen die liberalen Relativisten der Kultur, welche die radikale Eigenständigkeit jeder Kultur – es gebe keine grundlegenden, universalen Gemeinsamkeiten – mit dem Gedanken der Toleranz verbinden. Zum andern die totalitären Nationalisten und Rassisten, welche den Kosmopolitismus als unpatriotische Weltauffassung und nur aus dem Munde der Schwachen kommendes Gleichheitsgefasel beschimpfen, einzig an einem jeweils *besonderen* nationalen Wesen, welcher Nation auch immer, soll die Welt genesen. Vorher müssen dann natürlich die *anderen* unterworfen oder vernichtet werden. Roddenberry betonte immer wieder, wie »dumm kleinlicher Nationalismus, politische Diskriminierung und Rassenhass« sind.[14]

Grundzüge der Idee des Universalismus oder Kosmopolitismus

Der Kerngedanke des Weltbürgerlichen besteht in der Gleichheit der von ihrer Natürlichkeit her verschiedenen Akteure hinsichtlich ihrer *Personalität.* Dieses Prinzip der Gleichheit der besonderen, konkreten Personen liegt der Rede von *dignity and worth* zugrunde, von der Unantastbarkeit der Würde des Menschen, genauer der Würde aller Wesen, insofern sie vernünftig sind, insofern sie über freien Willen verfügen. Das Prinzip gilt in diesem Sinne universell, kosmisch, eben für alle möglichen Vernunftwesen. Chekov unterläuft mit seinem Bestehen auf die unveräußerlichen Menschenrechte (*Das unentdeckte Land*) ein typisch anthropozentrischer Fauxpas, alles wird am Menschen orientiert. Dies ruft sofort den berechtigten Protest der Klingonin Azetbur hervor:

> **Azetbur**: »Menschenrechte ... schon allein das Wort ist rassistisch. Die Föderation ist nichts als ein Homo-Sapiens-Club.«

Jedoch die Würde aller möglichen Willenssubjekte, aller vernünftigen Wesen ist unantastbar, hier werden auch bislang nicht bekannte Subjekte subsumiert. Die spitzen Ohren von Mr. Spock oder die Sprache der Klingonen stellt keinen Hinderungsgrund dar. Auch das Silizium-Wesen Horta wurde als gleichberechtigte Lebensform anerkannt (*Horta rettet ihre Kinder*). Jedes vernünftige Naturwesen überhaupt müsse Kant zufolge als »Zweck an sich selbst« verstanden und behandelt werden. Die allgemeinen Rechte des Menschen als Person, aber nicht nur diese, sondern die Personenrechte überhaupt, sind für Hegel unveräußerlich, unverjährbar, unantastbar, »an sich absolut« – allen Personen im Universum kommen diese Rechte und Pflichten zu, ohne sie aufgrund irgendeiner Besonderheit auszuschließen. »Es gehört der Bildung, dem Denken als Bewusstsein des Einzelnen in

Form der Allgemeinheit, dass Ich als allgemeine Person aufgefasst werde, worin alle identisch sind.«[15] Jede Herabsetzung oder Diskriminierung eines Willenssubjekts und damit seines Rechts als allgemeine Person aufgrund einer spezifischen Besonderheit – Frau oder Mann, Christ oder Jude, Asiate oder Afrikaner, Norweger oder Perser, Inka oder Spanier, Klingone oder Romulaner, Kelvaner oder Vianer, Chief Sealth oder Vulkanier Sarek, Atahualpa oder Cortes, Bele oder Lokai, Moslem oder Buddhist, Kantianer oder Hegelianer, Schwarzer oder Weißer, Unternehmer oder Arbeiter, Hetero- oder Homosexueller, Großgewachsener oder Kleinwüchsiger wie Alexander der »Zwerg« in der Episode *Platons Stiefkinder*, Ausländer und Nichtausländer – bedroht und beschädigt massiv die Grundfesten einer freiheitlichen Ordnung. Im Geiste Spockscher Logik wäre hier hinzuzufügen: An fast allen Orten, mit nur einer einzigen kleinen Ausnahme, sind wir alle doch solche Ausländer. Folgender Passus aus dem Grundrechtskatalog des Grundgesetzes – der Verfassung der Bundesrepublik Deutschland – sei hier aufgrund seines unverzichtbaren Gehaltes wiederholt: »Niemand darf wegen seines Geschlechtes, seiner Abstammung, seiner Rasse, seiner Sprache, seiner Heimat und Herkunft, seines Glaubens, seiner religiösen oder politischen Anschauungen benachteiligt oder bevorzugt werden. Niemand darf wegen seiner Behinderung benachteiligt werden.«[16]

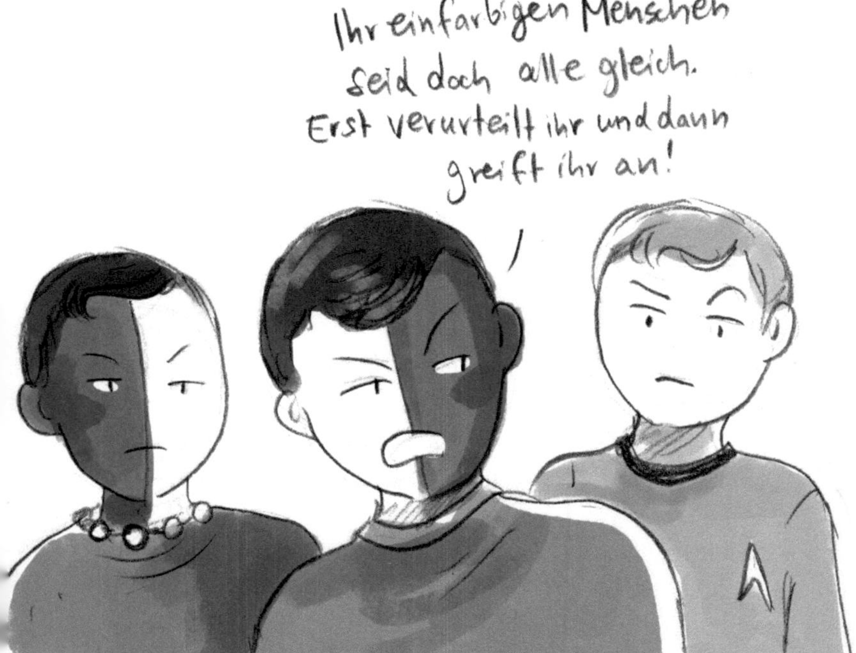
Ihr einfarbigen Menschen seid doch alle gleich. Erst verurteilt ihr und dann greift ihr an!

Hegels neue philosophische Theorie der Personalität

Hegels innovativer Begriff der *Person* bezeugt die fortbestehende und ungebrochene Modernität seiner Philosophie, hier werden die Grundpfeiler des gesamten Gebäudes einer *Philosophie der Freiheit* errichtet. Der Ansatzpunkt ist der Selbstbezug im Wollen, dass jedes Ich sich zunächst auf sich selbst bezieht, sich selbst denkt: »Das Ich kann zwar von allem anderen abstrahieren, aber nicht vom Denken, denn Abstrahieren ist selbst das Denken.« Der Wille ist so zunächst in sich einzelner Wille. Zu allen weiteren besonderen Bestimmtheiten, den Trieben, Bedürfnissen, Eigenschaften kann ich mich »negativ« verhalten, von ihnen absehen, aus ihnen auswählen. In der formalen, selbstbewussten und sonst inhaltslosen, einfachen Beziehung auf sich, in seiner exklusiven Einzelheit ist das Subjekt jedoch immer Person. Die Persönlichkeit beinhaltet, »dass ich als *Dieser* vollkommen nach allen Seiten [...] bestimmte und endliche, doch schlechthin reine Beziehung auf mich bin und in der Endlichkeit mich so als das Unendliche, Allgemeine, Freie weiß.«[17]

Der Begriff der Person (Persönlichkeit) verlangt ein Wissen von sich als abstraktem Ich, ein denkendes Wissen von sich, das Ich erkennt sich selbst (an) – es muss sich selbst denken und respektieren. Die Person hat ihre Legitimität im freien Willen, jedes sich denkende und wollende Ich, das sich als eine solche (an)erkennt, ist eine Person: der Einzelne ist das Allgemeine, der Bürger des Alls, ein allen Gemeinsames wird gedacht. Das Recht und alle seine Bestimmungen gründen allein auf die freie Persönlichkeit, auf eine Selbstbestimmung, welche zuerst das Gegenteil der Naturbestimmung ist. Wenn hier von den natürlichen Eigenschaften ausgegangen würde, hätten wir sofort die Ungleichheit im Spiel wie bei Bele und Lokai! Denn der natürlichen Verfassung nach sind alle Wesen ungleich. In der Persönlichkeit liegt die absolute Berechtigung des freien Willens. Meine Allgemeinheit ist diese absolute Berechtigung, mein Wille gilt als allgemeiner, ohne weitere Stützen oder andere Begründungen. Das Recht und alle seine Bestimmungen gründen sich allein auf die freie Persönlichkeit, auf den Begriff der Person, dies beschreibt Hegel ausdrücklich als das Fundament der Selbstbestimmung.

Das Verständnis der Einzelnen zu anderen, von Personalität und Interpersonalität umfasst drei wesentliche Gedanken: Anerkennung zwischen den Personen, die Unverletzlichkeit jeder Person und die Person als Selbstzweck. Im ersten Punkt der Anerkennung schreibt sich jedes Subjekt die Rechtsfähigkeit zu, d. h. erkennt sich so zuerst selbst an. Mit dieser zentralen Idee der Anerkennung kommt die Entwicklung des Selbstbewusstseins hin zu einem allgemeinen Selbstbewusstsein zum Ausdruck. Es geht dann um

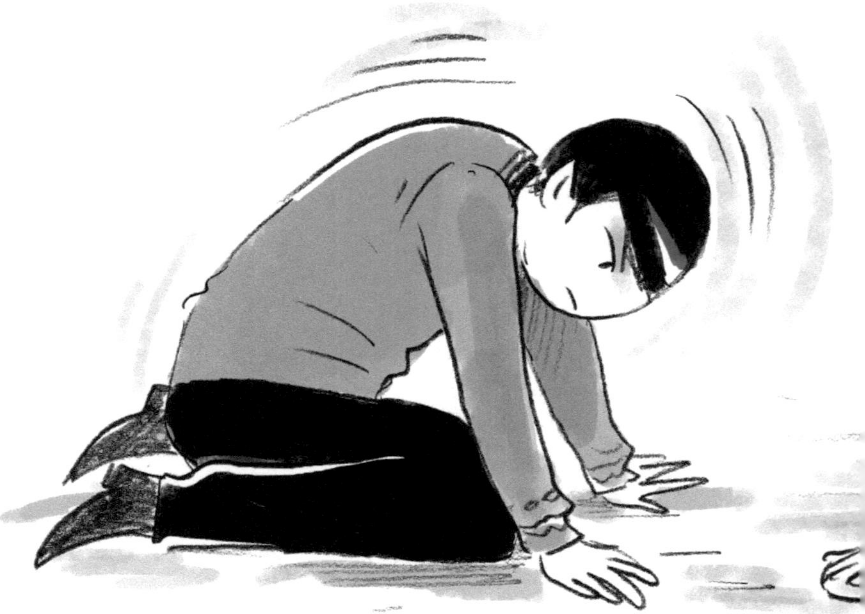

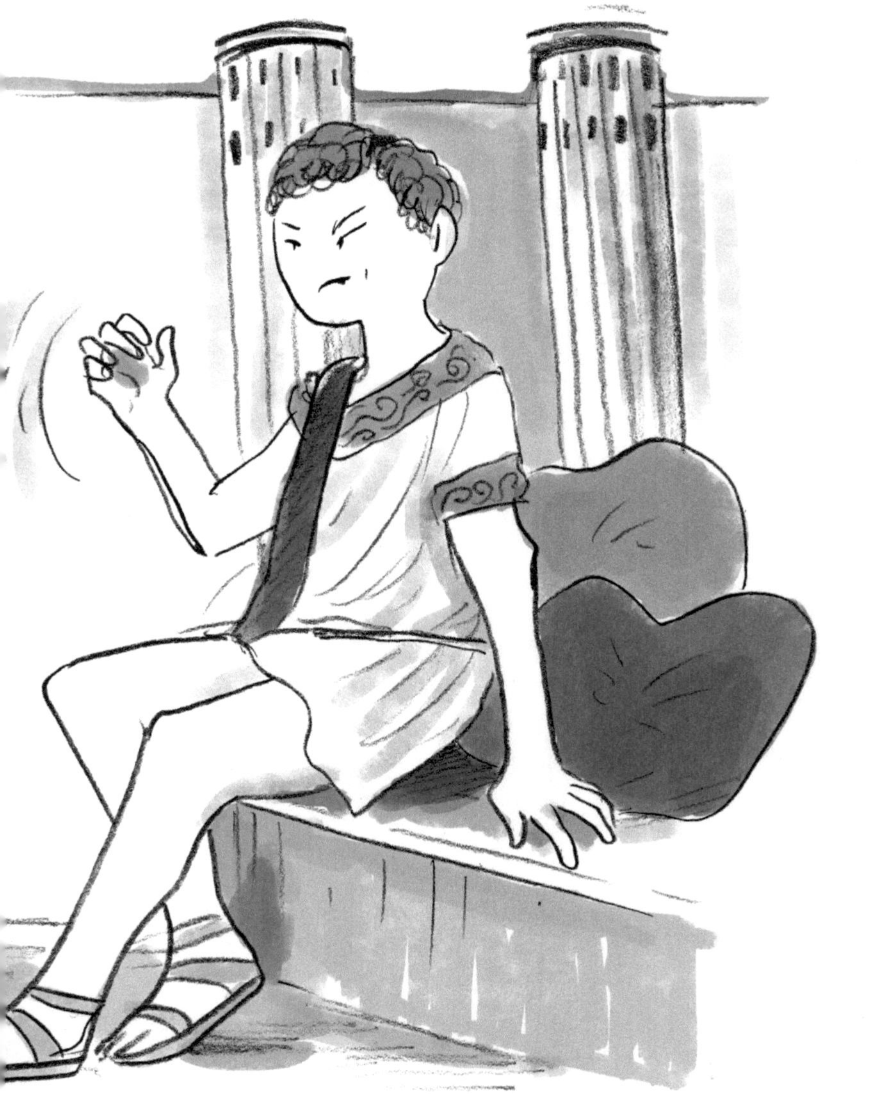

die Idee der notwendig reziproken, d. h. die wechselseitige Zuschreibung von Personalität auf der Basis der Vernunft, wechselseitig respektieren wir uns, erkennen wir uns als solche Subjekte an. In einem anderen Selbst, ob nun Vulkanier oder Laurentianer, kann ich – als Mensch oder Tellarit – mich als von ihm, dem anderen, anerkannt wissen und weiß das, insofern ich den anderen ebenso anerkenne. Diese wechselseitig respektierte absolute Selbstständigkeit hat jetzt den Status der absoluten Berechtigung jeder einzelnen Person. Darin haben wir das Allgemeine als Universelles, die absolute Gleichheit der in der Relation der Anerkennung stehenden Einzelnen, eben insofern sie ausschließlich als Personen genommen werden. Verhältnisse wie Knechtschaft, Sklaverei oder Despotismus können somit von vornherein nicht als Formen der Freiheit gelten. Sowohl der Knecht oder der Sklave als auch der Herr sind nicht frei, sie stehen im Verhältnis der Unfreiheit zueinander, der von ihnen Unterschiedene, der andere, ist kein Freier.

Khan (*Der schlafende Tiger*) und Parmens (der Herrscher in *Platons Stiefkinder*, er erhielt vermutlich diesen Namen als Anspielung auf den altgriechischen Philosophen Parmenides, dem Platon einen heute berühmtem Dialog widmete) hingegen verstehen sich als höhere Menschen, durch Eugenik geistig und körperlich den »Ameisen- und Sklavenseelen« überlegen. Das sogenannte »eugenische Programm« beinhaltet die Erhöhung des Anteils positiv eingeschätzter Gene, eine Art Züchtung des Menschen. Diese Vorstellung beruht auf dem Sozialdarwinismus, der die Geschichte auf natürliche Gesetze zurückführen will. Daraus resultiert etwa die These vom Überleben der Stärksten (*survival of the fittest*). Der Starke soll siegen, der Schwache soll sterben (wie auch in der Folge *Brot und Spiele*), dann könne die kranke Welt geheilt werden (Khan). Laut Lord Garth (*Wen die Götter zerstören*) müsse das ganze Universum von einer Elite regiert werden, mit ihm als Genie an der Spitze. Alle anderen gelten als Schwächlinge. Nur von den willfährigen Speichelleckern können Lord Garth und die anderen »*Übermenschen*« keine wahre Anerkennung erfahren. Zumindest die Geschichte der Menschen wurde unübersehbar von solchen Exklusionen und Vernichtungsfeldzügen gegen andere geprägt, noch heute sind solche Zustände gang und gäbe. Der Gedanke der reziproken Anerkennung der Personen als Personen liefert jedoch die Möglichkeit, die genannten Beziehungen der Unterordnung überzeugend zu kritisieren und zu deren Überwindung beizutragen. Das Prinzip Anerkennung ist – so der kleine Schimmer der Hoffnung – aus aktuellen Debatten der heutigen Philosophie, aus Verfassungen und Völkerrecht, aus politischen Kontexten, aus allen Diskussionen um den Begriff der Selbstbestimmung nicht mehr wegzudenken. In diesen Formen oder Gestalten der

Anerkennung sieht Hegel die entscheidende »Substanz von aller wahrhaften Gemeinschaftlichkeit«, von Freundschaft und Liebe wie von Familie, Gesellschaft und Staat. Der entsprechende Imperativ könnte hier lauten: Respektiere jegliche andere einzelne Subjekte als Personen, als rechtsfähige Subjekte. Als Person bist du frei für dich, und jeder Bürger des Universums soll dies ebenso sein.

Mit dem Recht auf Leben und Unverletzlichkeit kommt ein zweites entscheidendes Prinzip der Personalitätstheorie zum Tragen: Das Gebot der Unverletzlichkeit oder Integrität jeder einzelnen Person – Kant gebraucht in diesem Kontext »heilig« und »unverletzlich« synonym – und zwar in Form eines Unterlassungsgebots, nämlich des Verbots, diese Personalität zu beeinträchtigen oder zu verletzen. In der deutschen Verfassung heißt es: »Die Freiheit der Person ist unverletzlich.« Mit dem Recht auf Leben wird ein fundamentales Recht fixiert, dessen Verletzung alle weiteren Rechte tangiert und gegebenenfalls ausschließt. Die Forderung »Kein einzelnes Wesen mit freiem Willen darf willkürlich oder grundlos verletzt werden« besitzt auch im weiten All der Welt fundamentales Gewicht.

Das dritte Element der Personalität liegt in dem Prinzip begründet, dass jedes Willenswesen als Zweck an sich selbst zu betrachten ist, niemals als Mittel. Kant spricht daran anschließend vom »obersten praktischen Grunde aller Gesetze des Willens«: »Handle so, dass du die Menschheit sowohl in deiner Person, als in der Person eines jeden anderen jederzeit zugleich als Zweck, niemals bloß als Mittel brauchst.« Das Willenssubjekt schlechthin gilt als absoluter Selbstzweck, auch hier bezieht sich das auf alle vernunftbegabten Galaxienbewohner. Dieser berühmte kategorische Imperativ von Immanuel Kant zielt auf Allgemeines. Eine Maxime als Legitimationsprinzip meines besonderen Handelns kann nur dann als gut bewertet sein, wenn sie als »allgemeines Gesetz« Geltung beanspruchen kann. »Handle nur nach derjenigen Maxime, durch die du zugleich wollen kannst, dass sie ein allgemeines Gesetz werde.« Oder in einer anderen Version: »Handle so, dass die Maxime deines Willens jederzeit als Prinzip einer allgemeinen Gesetzgebung gelten könne.« Der Charakter des Imperativs besteht darin, dass die Allgemeinheit dasjenige ist, was unbedingt, prinzipiell, universell sein soll. Die strikte Selbstverpflichtung des besonderen Willens auf ein Allgemeines (allgemeines Gesetz, allgemeine galaktische Gesetzgebung) wird bei Kant mit dem Wörtchen »zugleich« artikuliert. Diesem Anspruch des kategorischen Imperativs stimmt Hegel ohne jede Einschränkung zu, dieser Anspruch, die allgemeine Gesetzgebung soll kosmisch, im Universum überhaupt, für alle Bürger des Alls jederzeit gelten.

Die drei genannten Dimensionen – Anerkennung,

Unverletzlichkeit und Selbstzweck – verbinden sich im Gedanken der Gleichheit der Personen zu einem universellen Prinzip, insofern ja ausdrücklich von jeglicher Besonderheit abgesehen wird. Damit liegt ein Prinzip von »absolutem Werte« vor (Kant). Hegel sieht darin ein Prinzip des Denkens, worin das Ich als allgemeine Person beurteilt wird, worin alle diese Subjekte identisch sind. Die Unterschiedlichkeit der Einzelnen, ihre natürliche oder kulturelle Differenz darf niemals Grund für Benachteiligung oder Bevorzugung bilden, niemand darf Gegenstand solcher Benachteiligung oder Diskriminierung sein, niemandem darf die Chance zur Bildung verwehrt werden, niemand darf dem Hungertod überlassen werden, niemand nur im hinteren Teil des Südstaaten-Busses sitzen müssen. Im Wörtchen »niemand« drückt sich die angesprochene Universalität aus – »alle« ohne Einschränkung aufgrund besonderer Bestimmtheit. Das Prinzip des Rechts der Person als das Fundament aller Rechte repräsentiert das Grundrecht schlechthin. Alle weiteren Bestimmungen des Rechts gründen sich »allein auf die freie Persönlichkeit«, auf das eine (singuläre) und universelle Recht der Personalität.

Ich kann in die Sklaverei fallen, mir kann in Diktaturen oder Gottesstaaten vorgeschrieben werden, was Gewissenspflicht oder religiöse Wahrheit sei, dies sind jedoch prinzipielle Verstöße gegen das Grundrecht der Person. Die Modernität dieses Gedankens des einen Grundrechts dürfte unbestritten sein, außerdem legitimiert Hegel schon die Umwälzung aller gegen dieses eine Grundrecht verstoßenden Zustände, das Recht auf Widerstand und der Konstitution einer freien Ordnung. Jegliche Sklaverei, Unterdrückung oder Diskriminierung ist so null und nichtig, der im Status eines Sklaven oder der Knechtschaft Lebende hat immer und *überall* das Recht, jederzeit seine Ketten zu zerbrechen, denn er hat das unbedingte, uneingeschränkte Recht auf Anerkennung seiner Person. Der »Herr« (wie in der Folge *Der Meister der Sklaven*) erreicht ebenfalls keine Anerkennung seiner Personalität, denn der von ihm Unterschiedene, der andere als Knecht (Sklave) ist kein Freier und kann so sein Gegenüber nicht anerkennen. Bele und Lokai verfehlen so beide das Anerkanntwerden, damit den Status der Freiheit.

Insofern ich ein Willenssubjekt bin, kommt mir wie jedem anderen dieser Art die Allgemeinheit des Rechts zu, im Sinne des gleichen, durch das Gesetz verbrieften Rechts für alle, der Gleichheit der abstrakten Personen. Das Ich gilt als allgemeine Person, worin alle identisch sind (ebd.). Wie Löwe, Elefant, Wolf, Krokodil, Hund und Katze usf. die Gattung der vierfüßigen Tiere bilden, so bilden die einzelnen Willenssubjekte als besondere und allgemeine Personen die Gattung der planetar-galaktischen Gemeinschaft.

Hegel verweist jetzt auf die entscheidende

Bedeutung des Denkens, was erhebliche Tragweite besitzt: Der Sachverhalt Recht bzw. allgemeine Gesetzgebung erfordert unabweisbar das begriffliche Denken. Empfindung, Gefühl, Vorstellung und Verstand müssen – ganz im Sinne von Mr. Spock – hier überschritten werden. Bele und Lokai gelingt dies nicht, sie bleiben in ihrer das Nachdenken vernachlässigenden Verblendung. Das Willenssubjekt gilt so, weil es Willenssubjekt ist, nicht weil es Jude, Katholik, Protestant, Deutscher, Italiener, Klingone, Orioner oder Thasianer ist, egal auf welchem Planeten oder in welcher Galaxie es haust und wann es lebt. Abgesehen wird so von allen natürlichen und kulturellen Differenzen, von Alter, Hautfarbe, Geschlecht, ethnischer, religiöser oder nationaler Zugehörigkeit – das *universelle Recht der Person*, in heutiger politischer Sprache: das universelle Antidiskriminierungsprinzip. Für Hegel besitzt dieses auf das begreifende Denken sich stützende Bewusstsein »unendliche Wichtigkeit«.

Alle Berufungen eines Khan, eines Parmens oder des Meisters der Sklaven auf die natürlichen Unterschiede der Menschen sind unhaltbar, dies belegt Hegel in seiner Auseinandersetzung mit Karl Ludwig von Haller. Von Hallers Buch *Restauration der Staatswissenschaft* (1816–1834) gab der ganzen Epoche nach dem *Wiener Kongress* (1814–1815) den Namen Restaurationszeit. Sie umfasst die reaktionäre Revision der progressiven Resultate der Französischen Revolution von 1789 und deren Slogan Freiheit, Gleichheit, Brüderlichkeit. Wie die Episode *Im Namen des jungen Tiru* zeigt, gilt bei den Capellanern noch der überlebte sozialdarwinistische Grundsatz der Herrschaft des Stärkeren – »nur Starke sollen überleben«. Deswegen lehnen sie jegliche medizinische Behandlung ab, was natürlich Dr. McCoy besonders erbost.

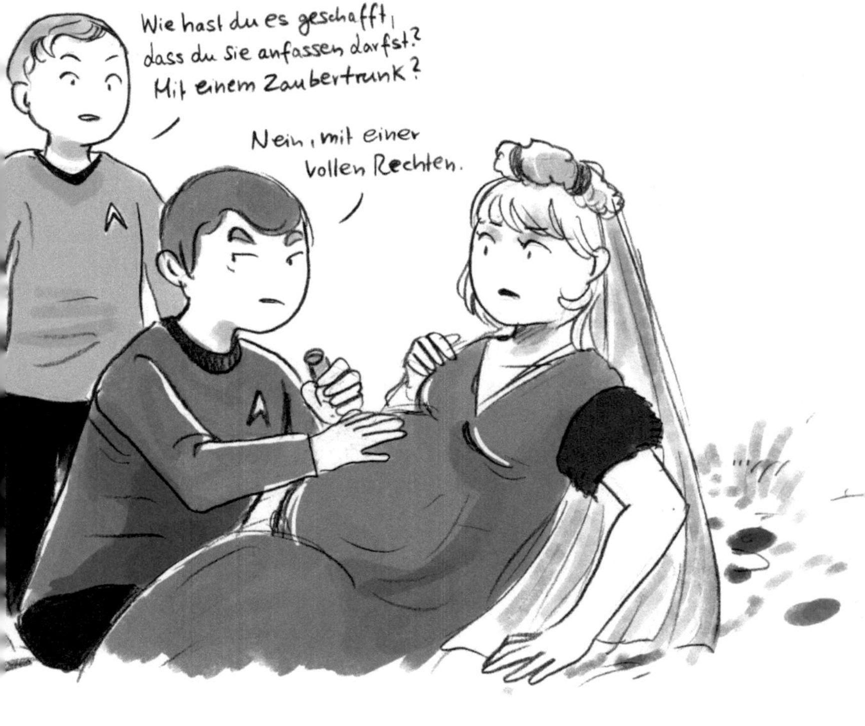

Der militante Nationalismus und Rassismus der Nazi-Ideologie beinhaltet die Diskriminierung, das Ausschließen und auch die Vernichtung von anderen. Das Prinzip des Völkischen, des Blut und Bodens, der Wahn von der höheren germanisch-nordischen Rasse, das unsägliche, dümmliche aber ungemein gefährliche Geschwafel von deutsch-germanischer Ehre und Freiheit wird gegen das Prinzip der modernen Freiheit und des Menschenrechts gesetzt. Einer der Oberideologen des Dritten Reiches, Alfred Rosenberg, betonte: »Das Gesetz der Natur will, daß der Bedeutendere über den Geringeren herrsche. Es gelte das unumstößliche Gesetz des Stärkeren.« Die Herren vom Typ eines Khan haben sich daran offensichtlich angeschlossen. In *Schablonen der Gewalt* sind einige Grundzüge dieser auf dem Führer-Prinzip sich gründenden, barbarischen Diktatur dargestellt, einschließlich der sogenannten Endlösung in Gestalt des Völkermordes. In der Episode *Spitze des Eisbergs* spricht Mitchell von einer Rasse »neuer und besserer Menschen«, wer sich diesen neuen Menschen nicht unterordnet, wird brutal unterdrückt.

Gerade gegen all jene Auffassungen war Hegel mit seiner Theorie von Freiheit und Anerkennung massiv und überzeugend aufgetreten – natürlich zur Begeisterung von Mr. Spock mit strengstens logischen Argumenten. Eben nicht nur einige Menschen, sondern es ist das vernunftbegabte Wesen schlechthin, welches als Person anerkannt ist. Aus den genannten Gründen wurde Hegel vom erwähnten Nazi-Ideologen Rosenberg als antideutscher, »unvölkischer« Kosmopolit beschimpft. Der Nazi-Staat betrieb eine systematische Politik der *Aberkennung* von Rechten bis hin zu Massen- und Völkermord. Rosenbergs radikale Variante des nationalistischen Relativismus ruht auf der These von der prinzipiellen Verschiedenheit der Nationen und Kulturen, er verlangt die Abdankung der Idee der Menschheit und wendet sich dezidiert gegen die »absoluten universalistischen Systeme«, von denen eine Bedrohung für das Deutsche ausgehe.

In jeglichen Formen von Knechtschaft und Sklaverei wird der einzelne Unterworfene nicht als Person akzeptiert, »was den Sklaven fehlt, ist die Anerkennung der Persönlichkeit, das Prinzip der Persönlichkeit aber ist die echte Allgemeinheit«. In jeder Polis, in jedem Gemeinwesen, in welchem irgendeine Form dieser Ent-Rechtung, des Nicht-Anerkanntseins, des Ausschließens besteht, kann das freie Subjekt als solches in »seinem unendlichen Werte und in seiner unendlichen Berechtigung« noch nicht voll respektiert sein. – Jedenfalls vermag aus der Abstammung kein Grund für die Berechtigung oder Nichtberechtigung der Menschen zur Freiheit oder Knechtschaft geschöpft werden. Jede Herabsetzung oder Diskriminierung eines Weltenbürgers und damit seines Rechts als allgemeine Person, aufgrund einer spezifischen

Besonderheit muss unmissverständlich zurückgewiesen werden. Entscheidend bleibt die Möglichkeit der Gleichheit des Rechtes aller Weltallbewohner, die Nichtigkeit einer starren Unterscheidung in berechtigte und rechtlose Wesen. Zur Realisierung dieser Möglichkeit ist es noch ein langer Weg, selbst das 23. Jahrhundert hatte dieses Ziel noch nicht vollständig erreicht.

»Letztlich gehören wir alle zu einer einzigen Volksgruppe – der Menschheit.[18] Egal, wer wir sind, woher wir kamen, wie wir aussehen, wen wir lieben oder welchen Gott wir anbeten.« – So Barack Obama, der erste schwarze Präsident der USA und Bewunderer von Leonard Nimoy und Mr. Spock.

Zum Abschluss der Episode *Bele jagt Lokai* werden die beiden unversöhnlichen Widersacher im Geiste der *equal role* darauf hingewiesen, dass beide Gruppen, die von Bele und von Lokai, früher mal einfarbig, ursprünglich äußerlich gleich waren. Welch Ironie. Mit aller wissenschaftlichen Strenge und Klarheit erinnert Mr. Spock schließlich daran, dass alle Lebewesen Resultate der Evolution sind, welcher Art von Evolution auch immer.[19] Im diametralen Gegensatz zur Feindschaft von Bele und Lokai steht der bereits zitierte Satz von Mr. Spock an Kirk im Augenblick seines Opfers zur Rettung der *Enterprise*: »Ich war es und werde es immer sein: Ihr Freund.« Mit

Friedrich Schiller möchte man zu dieser interkulturellen Freundschaft zwischen Mensch und Vulkanier sagen: »Ich sei, gewährt mir die Bitte, in eurem Bunde der dritte.«

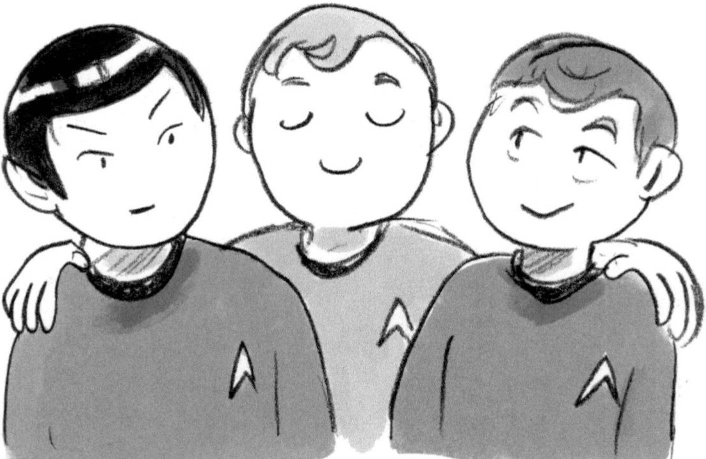

„Galt" aus
„Meister der
Sklaven",
nicht ver-
wechseln
mit Lord
Garth aus
„Wen die Götter
zerstören"

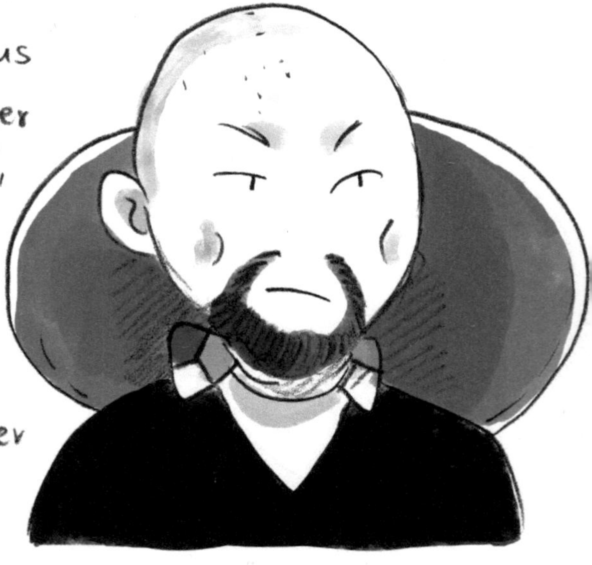

»Ich werde künftig das ganze Universum regieren!«

Freiheit contra Tyrannei, Despotie und Diktatur

Das Gehorsamkeitshalsband des Triskelion-Herrschers Galt, das jeden Widerstand im Keime erstickt – welcher Tyrann hätte sich dieses Instrument nicht gewünscht. Ein altrömischer Despot bräuchte seine Gegner nicht als Todgeweihte in die Arena zu schicken, die Angepassten leben, die Nichtangepassten sind tot (*Brot und Spiele*). Auch einem neuzeitlichen Diktator würde der pure Neid darauf im Gesicht stehen. Man bräuchte die Kritiker und Widersacher nicht in Schauprozessen zu verurteilen, sie nicht auf Inseln oder in Fußballstadien zu internieren, sie nicht spurlos verschwinden zu lassen, sie nicht zur Zwangsarbeit in ferne Gegenden zu verbannen oder in Todeslagern zu ermorden (*Das unentdeckte Land*). Welch wundersames Halsband, das alle Meckerer und Abweichler vom rechten Weg sofort zur Ordnung zwingt und somit alle Probleme ohne tödliche Verletzungen löst. Alle Konflikte, Aufstände oder Kriege wären uns erspart geblieben. Jedoch verfügte nur Galt, der *Meister der Sklaven*, über dieses Wunderinstrument, der allgütige

»Versorger« seines Volkes. Sogar dem selbsternannten Weltherrscher Lord Garth fehlte die Technik des Halsbandes, er muss noch ankündigen: »Alle Bewohner der Galaxie, die sich widersetzen, kommen sofort in eine Anstalt oder werden getötet.« In der Episode *Schablonen der Gewalt* kommen die entsprechenden totalitären Strukturen und Verbrechen des NS-Regimes zur Darstellung, auch die Judenvernichtung. Akteure treten in SS-Uniformen auf und das Hakenkreuzsymbol ist zu sehen. Landru besaß in seinem Staat sogenannte »Absorptionskammern«, worin die Widerspenstigen »von der Gemeinschaft aufgesaugt« werden, ihr Bewusstsein verändert sich zwangsweise, auch verlieren sie ihr Gedächtnis. Adams, der Leiter der Tantalus-Strafkolonie, hat einen Gehirnmanipulator entwickelt, der alle Denkvorgänge ausschaltet und das Bewusstsein der Betroffenen bis hin zur beständigen Zufriedenheit verändert. Die Opfer sollen über kein Gedächtnis mehr verfügen und nicht mehr selbstständig und frei denken können. Adams' Assistentin trägt daher den altgriechischen Namen *Lethe* – das Vergessen, die Verborgenheit, im Kontrast zu *a-letheia,* der Unverborgenheit und Wahrheit.

Solche »Versorger«, das Heil versprechende Despoten, Diktatoren und Tyrannen, solche Manipulatoren bevölkern die Geschichten über das Raumschiff *Enterprise* und bedeuten zumeist tödliche Gefahr für Kirk, Spock und Co. Warum dieser thematische

Schwerpunkt? Der Captain bringt dies in der Episode *Das Jahr des roten Vogels* auf den Punkt: Für die Bürger der Föderation ist das wichtigste, höchste, absolute Gut die Freiheit, die ausnahmslos allen Vernunftwesen zukommt. Die Weltraumstory soll den außerordentlich hohen Wert dieser Errungenschaft hervorheben. »*We the people*« – damit beginnt der erste Paragraf der Verfassung der Vereinigten Staaten von Amerika, deren Original sich Roddenberry angeschaut hatte, dessen Mitverfasser Thomas Jefferson er verehrte: »Wir, das Volk der Vereinigten Staaten, von der Absicht geleitet, unseren Bund zu vervollkommnen, die Ruhe im Innern zu sichern, für die Landesverteidigung zu sorgen, das allgemeine Wohl zu fördern und das Glück der Freiheit uns selbst und unseren Nachkommen zu bewahren, setzen und begründen diese Verfassung für die Vereinigten Staaten von Amerika.«

Darauf könnte auch ein von Roddenberry herausgehobener Kernartikel der Charta der Föderation aufbauen – »für die vereinigten Völker und Staaten der Föderation, die sich im Frieden miteinander verbunden haben.« Ein weiterer Grundsatz wäre: »Die Würde aller Vernunftwesen im Weltall ist unantastbar und Freiheit das höchste Prinzip unserer Gemeinschaft.« Allen möglichen vernünftigen Lebensformen sind die grundlegenden Rechte von Leben und Freiheit zu garantieren. Das bleibt ein rotes Tuch für alle Tyrannen und Diktatoren, in ihren Herrschaftsbereichen sind die Grundrechte und Freiheiten der Bürger massiv eingeschränkt oder aufgelöst, Freiheit der Meinungsäußerung, Versammlungs- und Vereinigungsfreiheit, Informations- und Pressefreiheit stehen meist nur auf dem Papier. Es gibt keine Teilung der Gewalten in Regierung, Justiz und Gesetzgebung[20], es gibt nur *eine* Instanz dieser illegitimen, unrechtmäßigen Gewalt: den Tyrannen, den Diktator bzw. eine kleine despotische Herrschergruppe. Zumeist tritt eine solche Diktatur auch mit dem Anspruch der grenzenlosen Macht, der Weltherrschaft auf. Der große Diktator versucht auch der Imperator, der Regent der Welt im Ganzen zu sein:

> **Lord Garth:** »Ich bin der Beherrscher des Universums.«

Aristoteles hatte diese absolute Herrschaft des Tyrannen als »die schlechteste Herrschaftsform überhaupt« bezeichnet. In allen Lebensbereichen herrscht die unkontrollierte und uneingeschränkte Willkür des Diktators – Polizeiwillkür, keine unabhängige Rechtsprechung, politische Verfolgung und Vernichtung Andersdenkender durch die verschiedenen Unterdrückungsapparate, besonders die Geheimdienste. Alle Bürger werden zu Sklaven, Knechten, reinen Befehlsempfängern – Führer befiehl, wir folgen dir! Lord Garth verlangt ausdrücklich, dass »alle meine Befehle

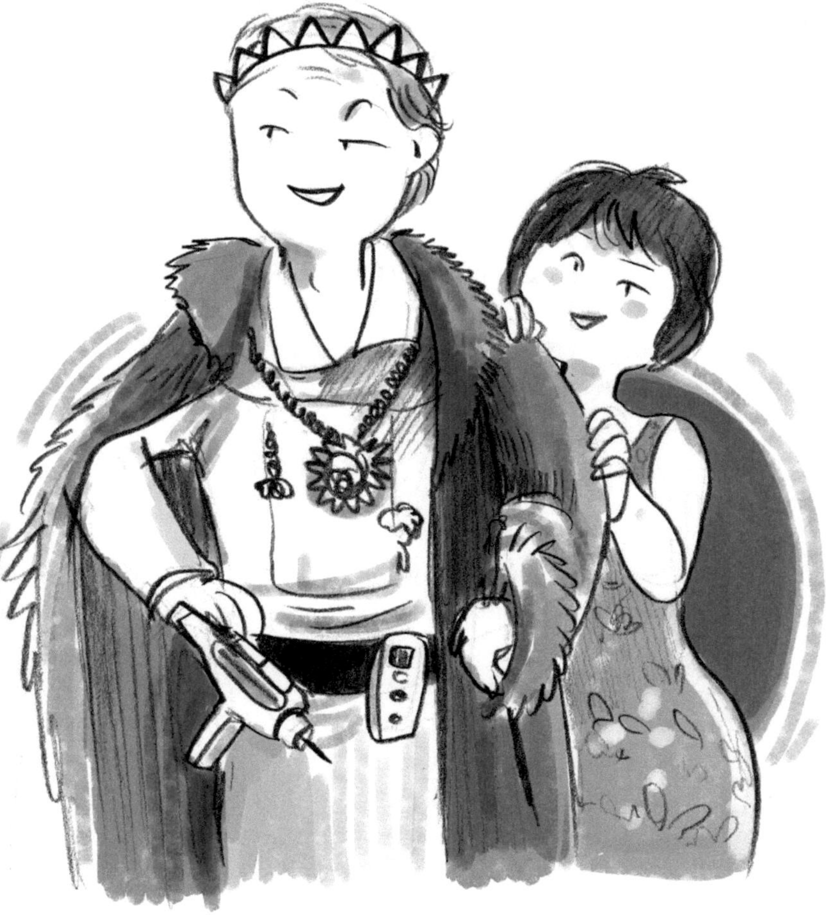

widerspruchslos ausgeführt werden« (*Wen die Götter zerstören*). Auch in der Folge *Stunde der Erkenntnis* gilt nur der Herrscherwille. »Es ist der Wille Landrus!«, heißt es in *Landru und die Ewigkeit*. Ein Kernprinzip solcher Tyranneien und Diktaturen ist somit das Brechen des freien Willens aller anderen (*Platons Stiefkinder, Im Namen des jungen Tiru, Spukschloss im Weltall*) – die Angepassten dürfen leben, die Nichtangepassten werden manipuliert, vertrieben, verbannt, mundtot gemacht oder eliminiert, so die mörderische Logik dieser Ordnungen. Der despotische Herrscher des Spukschlosses verkündet die »Ausschaltung allen Willens«, die Wegnahme der Willenskraft und damit die *Gleichschaltung aller* – alle sind als untertänig-knechtische Mitglieder seiner Gemeinschaft gleich. Solch Kollektivismus prägt die diktatorischen Ordnungen, die sich als die beste aller Welten darstellen, da sie die »Volksgenossen« von allen Übeln erlösen. In unserer Gemeinschaft gibt es weder Krieg, noch Krankheit noch Verbrechen, nur Ruhe, Frieden und Harmonie, nur die gutmütigsten Menschen des Weltalls, alle sind zufrieden in diesem wahren Paradies (*Landru und die Ewigkeit*). Mit *Brot und Spielen* sollen die Menschen zu Marionetten umfunktioniert werden, die nach dem Willen der Despoten tanzen. Nur gibt es eben Gleichere unter den Gleichen, die Elite der Führung, die Starken, welche die Schwächlinge beherrschen, man dürfe keine dekadente Schwäche

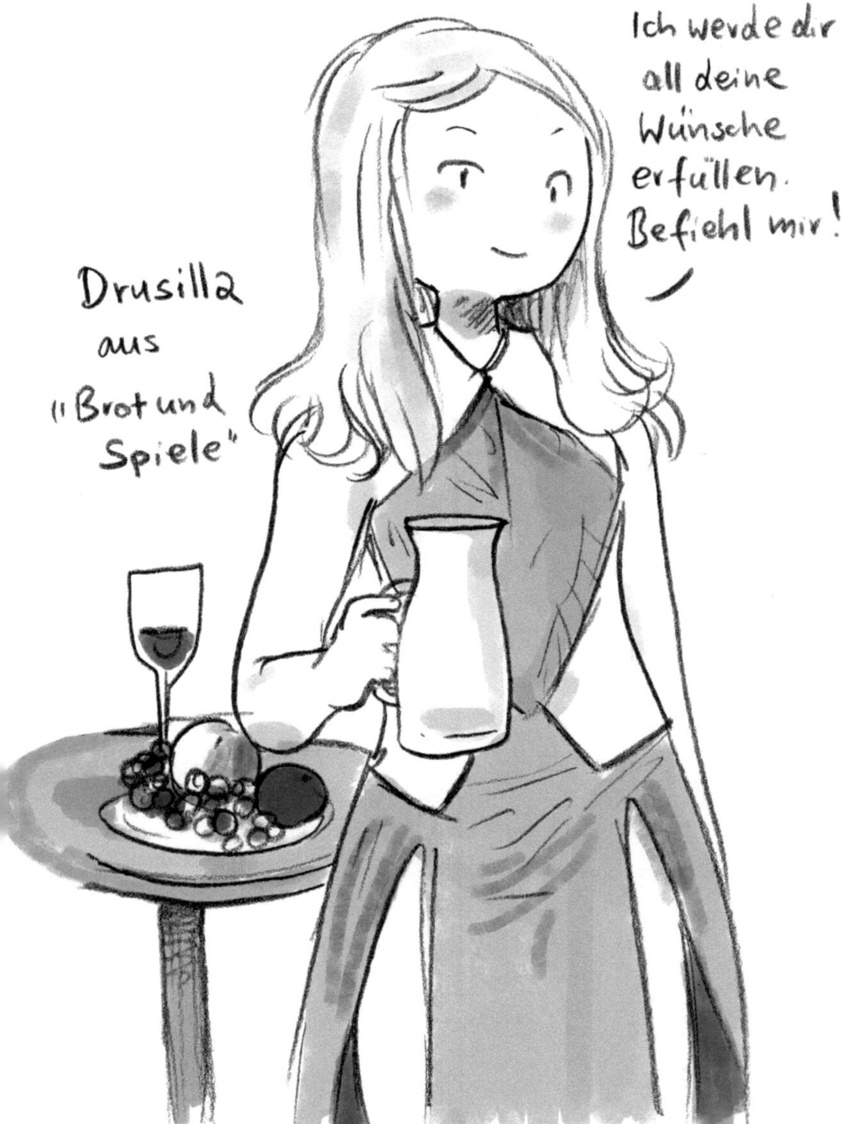
Ich werde dir all deine Wünsche erfüllen. Befiehl mir!
Drusilla aus „Brot und Spiele"

zulassen (Lord Garth). Frieden sei etwas für Feiglinge (vgl. dazu den Essay *Mord rufen und des Krieges Hund entfesseln – Die Überwindung des ewigen Teufelskreises der Rache*). Der Prokonsul in der modernen römischen Tyrannis erklärt unmissverständlich: »Der Starke soll siegen, der Schwache soll sterben!« Dazu lässt er täglich via Fernsehen tödliche Gladiatorenkämpfe aus dem Kolosseum übertragen (*Brot und Spiele*). Das Prinzip solchen »Kampfes« besitzt besonderes Gewicht – »der ständige Kampf auf Leben und Tod hat uns stark gemacht« (*Brot und Spiele*). Gegenüber den gezüchteten oder rassisch reinen Übermenschen sind die anderen Wesen Sklaven (*Meister der Sklaven*) oder ein Haufen von Zugtieren, die unter Peitschenhieben gehalten werden müssen (Khan, *Der schlafende Tiger*) oder eben gut angepasste, willenlose Befehlsempfänger. Roddenberry sah die Zeit der Sklaverei noch nicht als beendet an, die Parallelwelt »Rom« sei noch nicht untergegangen. Er meinte, dass viele Menschen noch heute »unter stärkerer Bevormundung leben müssen als die meisten Sklaven der Vergangenheit«. Es gebe nur eine »andere Form von Sklaverei«, nur die »Ketten und Peitschen fehlen«, es gebe nur andere Methoden wie wirtschaftliche Fesseln und Manipulation gegen diejenigen, die aus der Reihe tanzen.[21] Nur die natürlich und geistig Überlegenen und »Auserwählten« können die kranke Welt heilen (Khan), die Föderation hingegen wolle Ameisenhaufen. Einen

Ausdruck der Arroganz der totalitären Macht bietet Lord Garth, der sich selbst zum König des Universums krönt.

Alle Zweifler an dieser totalitären Herrschaftsform werden als Abweichler, geistig Verwirrte, von fremden feindlichen Mächten Gesteuerte, als Schädlinge des Volkes diskreditiert, ihrer beruflichen Möglichkeiten beraubt, enteignet, in Anstalten gesteckt, eingekerkert, vertrieben oder umgebracht. Ihre Bücher werden verboten oder verbrannt. Vom Regime werden diesen Andersdenkenden vorgeworfen, die Reinheit der Gemeinschaft, des Volkes oder der Rasse, zu beschmutzen. »Ihr verseucht uns alle, deshalb müsst ihr sterben«, so Landru zu den *Enterprise*-Leuten. Man müsse sich in das Ganze einfügen, verlangt wird ein »Absorbieren in der Gemeinschaft« (*Landru und die Ewigkeit*). Das Wohl der Gemeinschaft wird zum obersten Gebot erklärt, der Einzelne hat sich dem bedingungslos unterzuordnen. Es werden monströse Feindbilder aufgebaut, anderen und Andersdenkenden, anderen Völkern und Kulturen wird die Schuld am Misslingen mancher Projekte des Tyrannen angelastet. Widerstand, so tönt es aus den Mündern der Tyrannen, sei letztlich zwecklos, man müsse das, was ist, akzeptieren (*Spukschloss im Weltall*). Roddenberry, die Charta der Föderation wie auch Hegels politische Philosophie bieten einen Gegenentwurf zu Tyrannei und Despotie.

Der Sklave hat jederzeit das Recht, seine Fesseln und Ketten zu zerbrechen

Spock hält tyrannisch-totalitäre Ordnungen und deren Verherrlichung für prinzipiell unlogisch und verweist auf den logischen Gedanken der Gerechtigkeit, Kirk erinnert an Auffassungen von Rousseau und Schiller: »Alle Menschen sind Brüder« (dazu Essay: *»Ich habe einen Traum« Die Idee des Universalismus oder Kosmopolitismus*). Somit ist jede Sklaverei, jede Knechtschaft prinzipiell ein Unrecht und niemals zu rechtfertigen. Rousseau brachte es genau auf den Punkt: »Die Wörter ›Sklave‹ und ›Recht‹ stehen miteinander im Widerspruch; sie schließen sich gegenseitig aus.« Im Status des Sklaven ist – so Hegel – der wahrhafte Begriff des Menschen und somit dessen Freiheit verletzt, als Mensch wird er »in seinem unendlichen Werte und in seiner unendlichen Berechtigung« nicht anerkannt.[22] Vom Recht kann nur gesprochen werden, insofern die Institutionen eines Staates Ausdruck des freien Willens sind, dies gilt in Diktaturen eben nicht.

Jegliche Sklaverei, Unterdrückung oder Diskriminierung ist Hegel zufolge so null und nichtig, der im Status eines Sklaven oder der Knechtschaft Lebende »hat das Recht jeder Zeit seine Fesseln zu zerbrechen«, er hat das unbedingte, uneingeschränkte Recht auf Anerkennung seiner Person. Mit der Formel »jeder Zeit« wird angesprochen, dass dieses

Grundrecht eben im wahrsten Sinne »unverjährbar« und unveräußerlich bleibt, also absolute Geltung hat. Sklaven oder Knechte können keine Pflichten haben, da alle Rechte nicht auf ihrer, sondern auf einer anderen Seite sind. In der Sklaverei wird der einzelne Sklave nicht als Person akzeptiert, »was den Sklaven fehlt, ist die Anerkennung seiner Persönlichkeit. In jeder Gesellschaft, in welcher irgendeine Form dieser Ent-Rechtung, des Nicht-Anerkanntseins, des Ausschließens besteht, wird das freie Subjekt als solches« in »seinem unendlichen Werte und in seiner unendlichen Berechtigung« noch nicht voll respektiert. Hegels universalistischer Gleichheitsgedanke (dazu den Essay: *»Ich habe einen Traum« Die Idee des Universalismus oder Kosmopolitismus*) verdeutlicht folgende Bemerkung, die sich gegen jegliche rassistische Position wendet: »Aus der Abstammung kann aber kein Grund für die Berechtigung oder Nichtberechtigung der Menschen zur Freiheit oder Knechtschaft geschöpft werden. Der Mensch ist an sich vernünftig; darin liegt die Möglichkeit der Gleichheit des Rechtes aller Menschen, die Nichtigkeit einer starren Unterscheidung in berechtigte und rechtlose Menschengattungen.«[23]

Jeder Sklave, jeder Knecht existiert in einem Zustand der »Not«, der Abwesenheit von Anerkennung und Respektierung seines Personseins. Er »hat ein absolutes Recht sich zu befreien«, auch wenn in den Gesetzbüchern das Gegenteil steht. Mit diesem Argumentationsgang fundiert Hegel in klarer Form den Grundbaustein des Widerstandsrechtes. Dieses Recht auf »Not-Wehr« gegen alle Arten von Sklaverei hat absolute Berechtigung. Dieses klare Plädoyer für den berechtigten Widerstand in Situationen von Knechtschaft und Sklaverei trifft nicht nur die vormodernen Verhältnisse, sondern auch stets mögliche Restaurationen von Unterdrückung, Unterwerfung und Diskriminierung in modernen Gesellschaften. In Roddenberrys Zukunftsvision wird dieses Recht ausdrücklich geltend gemacht.

> **Kirk**: »Wer Macht allein besitzt, kann zum Barbaren werden.«

Alleinherrschaft und Führerprinzip verlangen unbedingten Gehorsam, die Preisgabe des eigenen Urteilens und Entscheidens. Jeder Untergebene wird zur Schachfigur in einem fremden Spiel und kann wie diese willkürlich geopfert werden, für die angeblich hohen und hehren Ziele des großen Diktators und seiner Mission – gefallen für Führer, Volk und Vaterland. All dies wird den Bürgern gebetsmühlenartig eingetrichtert. Das Totalitäre wird von einem Apparat zur geistigen Manipulation und Hirnwäsche charakterisiert, übelster Populismus verbunden mit gezieltem Hass auf angebliche Feinde und auf alles andere

Besondere, das vom Einheitsbrei abweicht. In der Episode *Landru und die Ewigkeit* wird Sulu der brutalen Hirnwäsche und Bewusstseinsveränderung unterzogen, verliert alle Erinnerung und spricht jetzt vom »Paradies der Harmonie«. In *Spukschloss im Welall* soll nur die Dämmerwelt unseres Unterbewusstseins herrschen. Es dominieren, durch den Nebel symbolisiert, Intransparenz und Undurchsichtigkeit. Die Vernebelung wirklicher Zustände ist Methode in Diktaturen, der freie Zugang zu Informationen wird massiv behindert. Man fürchtet, dass ein kindlicher Kopf irgendwann laut sagt, dass der Diktator ja nackt sei und nichts als ein gewissenloser Mörder, der einfach alle Rechte der vernünftigen Wesen bricht. Als sich in *Landru und die Ewigkeit* einer der Oppositionellen ironisch über die Herrscher äußert: »Sind Sie nicht allwissend?«, wird er ermordet. Der brutal-zynische Prokonsul in *Brot und Spiele* verkündet, dass es keine anderen Welten gebe, nur das römische Imperium des 20. Jahrhunderts. Auch die Sterne seien nur vom Himmel herabstrahlende Lichter der imperialen Macht. Stets geht es um die Verhinderung und Ausschaltung des eigenen freien Denkens und Wollens der Bürger. Es soll blindlings Befehlen gehorcht werden, keinesfalls der eigenen Vernunft.

Ein besonderes Anliegen der Serie liegt darin zu zeigen, dass auch Demokratien nicht vor dem Rückfall in barbarische und unterdrückende Verhaltensformen geschützt sind, die Hauptgefahr liegt in der Unbildung der Bürger. In der Episode *Das Jahr des roten Vogels* wird der alte amerikanische Verfassungstext nur als Heiligtum angebetet und nachgeplappert. Der Herrscher kann allein bestimmen und das Volk ist eben nicht der wahre politische Souverän. Nur der gebildete Bürger war für Hegel wie für Roddenberry ein Garant für das Funktionieren der Demokratie. In der zur Manipulation tendierenden Fernsehindustrie der USA sah der Schöpfer von *Star Trek* erhebliche Gefahren für die demokratische Ordnung.

Von Platon gibt es eine negative Einschätzung der Tyrannis. Als der Platon-Kenner Mr. Spock die *Stiefkinder des Platon* daran erinnert, dass bei dem angeblichen Vordenker der Platonier doch Wahrheit und Schönheit mit Gerechtigkeit verbunden sind, reagiert der Tyrann auf die typische Weise aller Despoten: Wenn der große Ideologe hier etwas anderes gedacht hat, so müssen wir ihn leicht korrigieren! Das literarisch berühmteste Beispiel hierfür sind die in George Orwells Roman *Animal Farm* schrittweise vorgenommenen Korrekturen der *Sieben Gebote des Animalismus*: Zunächst wird das Gebot »Kein Tier soll in einem Bett schlafen« vom Herrscherschwein geändert, und zwar durch den Zusatz »mit Leintüchern«. Nachdem die Hundestaffel des Diktators andere Farmtiere zerrissen hatte, fügte man dem Gebot »Kein Tier soll ein anderes Tier töten« den Zusatz »ohne Grund«

hinzu. Schlussendlich ersetzt die Diktatur dann alle Sieben Gebote durch ein einziges, das sprichwörtlich wurde: »Alle Tiere sind gleich, doch einige sind gleicher als andere.«[24]

Die Unlogik der Tyrannis wird von einem politischen Fundamentalismus bestimmt, durch eine Diktatur des abstrakten, leeren Gedankens, eine Kultur des Verdachtes, welche alle Differenzen, alles Besondere, alle Ungleichheit vernichtet. Der Schrecken solcher Herrschaftsstrukturen wird von einer Ideologie der Herstellung des »Himmels auf Erden«, eines irdischen Paradieses begleitet. Es soll nämlich alle Ungleichheit auf Erden überwunden werden, für Hegel ein eklatantes Verkennen der Begriffe von Gleichheit und Ungleichheit. Ziel der Diktaturen bleibt die Gewährleistung einer gleichmütigen Zufriedenheit der Untertanen, meist mit Brot und Spielen oder mit Siegen in totalen Kriegen – Kirk bezeichnet dies als *goldenen* Käfig.[25] Die Ruhe und der Frieden gleichen hier der Friedhofsruhe, hier liegt eben die Freiheit begraben (*Landru und die Ewigkeit*). Der Schrecken und der Terror richten sich ebenfalls auf alles Abweichende. Die Diktaturen des 20. Jahrhunderts ruhten auf der Barbarei des Verdachtes und des Terrors gegen Andersdenkende, gegen sogenannte »Volksfeinde« oder »konterrevolutionäre Elemente«. An der Tagesordnung waren politische und ethnische »Säuberungen« wie groß angelegte Bemühungen zur

Gleichschaltung in Form massiver Einschränkung der Freiheit von Kunst, Religion und Wissenschaft. Dem geistigen Fanatismus und Fundamentalismus mangelt es prinzipiell am freien Denken und an der Anerkennung der anderen Besonderen.

Folter und Folterverbot

Ihr grausames Gesicht zeigen die Tyrannen und Diktatoren in Gestalt der bestialischen Folter, von der auch die Mannschaft der *Enterprise* betroffen ist. Sie sollen gefügig gemacht werden oder das Raumschiff den Despoten ausliefern, etwa in den Episoden *Wen die Götter zerstören*, *Landru und die Ewigkeit*, *Gothos*, *Platons Stiefkinder* und *Schablonen der Gewalt*. – »Und wenn ich Kirk alle Knochen im Leib brechen muss.« (Lord Garth) Dieses barbarische Instrument der Folter gehört zu den Tyranneien und Diktaturen, freiheitliche Ordnungen müssen prinzipiell und ohne Ausnahme auf Folter (wie auf Rache) verzichten, sonst stellen sie sich auf die gleiche Ebene wie die grausamen Despoten und verletzen ein Grundrecht. Auch wenn in diesem Fall und ähnlich wie im Falle der Rache und der Nichteinmischung scheinbar ein zeitweiliger »Nachteil« für die Föderation entsteht, wie der schlau-verschlagene Prokonsul in *Brot und Spiele* anmerkt.

Big Brother Landru sieht und weiß alles

Das Bild der Galeere, eines mittelalterlichen Ruderschiffes, beschreibt wesentliche Momente der Tyrannei. Es handelt sich um die Struktur einer starren Kommando-Ordnung, des unwiderruflichen Aneinander-Gekettetseins und des immer gleichen Handlungsvollzuges gemäß oberem Befehl. Der Kommandeur der Galeere kann alles beaufsichtigen und jeden Sklaven ständig kontrollieren. Die Despotien preisen sich oft selbst mit der Abwesenheit von Verbrechen, von Unordnung und dem Herrschen von Ruhe und Frieden in ihren Staaten (*Landru und die Ewigkeit*), ihre Bürger seien bestens geschützt. Dafür haben sie meist einen allgewaltigen Polizeiapparat entwickelt.

Auch der deutsche Philosoph Johann Gottlieb Fichte betonte die Schutzpflicht des Staates gegenüber seinen Bürgern. Fichte plädierte für den vorbeugenden, präventiven Polizeistaat, für den Sicherheit einen höchsten Wert darstellt. Jegliche Unordnung gilt als Quelle allen Übels, das Verbrechen wird zur Ausnahme, denn »die Polizei weiß so ziemlich, wo jeder Bürger zu jeder Stunde des Tags sei und was er treibe«. In einem Staate, wo Fichte zufolge »alles Ordnung ist und alles nach der Schnur geht«, werden ungewöhnliche Bewegungen, also jegliches Besondere, von der üblichen Einheitssoße Abweichende durch die Polizei sofort identifiziert und die »Verdächtigen« werden sogleich von der Polizei aus dem Verkehr gezogen. Die Staatsdiener werden mit schwerer Strafe überzogen, wenn sich das Übel der Besonderheit oder Andersheit hervortuen kann. Die Bürger können sich sonach nicht in einem Haus versammeln, ohne dass es die Polizei weiß und Macht hat die Versammlung zu verhindern, wenn sie Verdacht erregt (*Landru und die Ewigkeit*). Diese Un-Kultur des *Verdachts* prägte alle Schreckenszeiten der Diktaturen, schon die Verdächtigen waren schuldig. Der »manipulierte« McCoy sagt zu Kirk und Spock: »Ihr gehört zu den anderen!«

Aus der Sicht Hegels will eine solche Staatsordnung »als vollkommene Polizei das Sein des Einzelnen ganz durchdringen, was der härteste Despotismus wäre«, die fürchterlichste Tyrannei. In Fichtes Staatsmodell soll alles Tun und Sein des Einzelnen beaufsichtigt und bestimmt werden. Nicht nur die wirkliche Verletzung der Bürger soll unter Strafe stehen, es soll jeglicher Möglichkeit einer solchen Verletzung vorgebeugt werden. Der aus solch »vorbeugendem Verstand« sich gründende Präventionsstaat will jegliches Tun und Regen einem Gesetz unterwerfen, alles Handeln unter Aufsicht stellen, damit Verstöße gar nicht erst geschehen können. Fichtes Vorschlag gleicht der Idee der aus der Feder des deutschen Dichters Adelbert von Chamisso stammenden Romanfigur Peter Schlemihl,

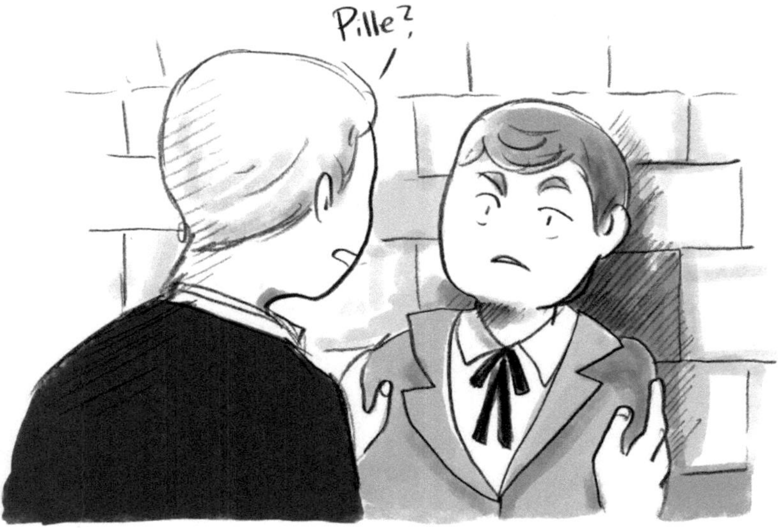
Pille?

der seinen Schatten loswerden wollte und diesen deshalb an den Teufel verkaufte. Alle »Schatten« moderner Existenz, alle Verletzungen, jegliches willkürliche Handeln, sämtliche Kriminalität will Fichte in einem Präventivstaat überwinden. Wie im Fall von Schlemihl, der bei seinen Mitmenschen wegen seines fehlenden Schattens jetzt selbst als der Teufel gilt, kippt der »vorbeugende Polizeistaat« in das Gegenteil der erstrebten Freiheit, in deren Zerstörung um.

Die Argusaugen des Überwachungsstaates - Das Panopticon

Hegel positioniert sich dezidiert und unmissverständlich gegen einen Staat der totalen Kontrolle und Regulierung, etwa im Sinne massiver dirigistischer Eingriffe, der Gängelung von Gemeinschaften, der Behinderung der Selbstverwaltung. Er argumentiert gegen ein Staatsmodell der totalen Überwachung, gegen die Galeere eines Präventions- und Polizeistaats Fichtescher Prägung, eben gegen einen Staat, der zu wissen beansprucht, wo jeder Bürger zu jeder Zeit sich aufhält, um damit Ordnung und Sicherheit absolut zu gewährleisten. Hegel wendet sich gegen einen »Law-and-Order-Staat« mit Big Brother, gegen allseitige Regelungswut und Kontrollwahn. Im Blick auf Fichte heißt es: »Wenn jemand ein Messer kauft, muss die Polizei wissen wozu, muss daneben hergehen, damit sie verhüte, dass er nicht einen totsticht.« Die Polizei muss wieder beaufsichtigt werden usw. usw. – »*Sed quis custodiet ipsos custodes?*« (Juvenal) – Wer überwacht den Kontrolleur? Der Überwacher muss von einem zweiten Überwacher überwacht werden etc. etc. – die unaufhörliche Kontrolle und Unterwerfung ohne Ende. Ein solcher Staat verwandelt sich in einen Argus mit seinen Argusaugen, dem die Griechen den Namen Panoptes gaben, der Allesseher – er hört wie Adams in *Der Zentralnervensystemmanipulator* alles und sieht wie Landru alles. Schon in seiner Kurzskizze *Machine X1004* bezog sich Roddenberry auf das *Big Brother*-Modell von Orwells *1984*, auf den Gedanken einer Gesellschaft ohne Verbrechen, die dann einen Polizei- und Überwachungsstaat darstellt.[26] Fichtes *Galeere* wie auch das berüchtigte *Panopticon* von Jeremy Bentham als vollständig durchsichtiges Gefängnis oder Fabrik zeichnen ein solches Muster, das Hegel weit vor Orwells Kritik am dystopischen Überwachungsstaat[27] in aller Deutlichkeit und Schärfe bekämpft. In seinen Berliner *Vorlesungen über die Geschichte der Philosophie* gebraucht Hegel im Blick auf Fichte das Wort vom immer größer werdenden »Gefängnis, statt dass der Staat als Realisierung der Freiheit gefasst werde«.[28]

Hegels Vision einer modernen Gesellschaft der Freiheit hat große Ähnlichkeiten mit der Föderation der vereinigten Planeten im 23. Jahrhundert, die

Grundprinzipien stimmen überein. Eine freie Ordnung – so Hegels eindeutige Botschaft – kann nicht als perfektes Gefängnis Benthamscher Art und nicht als eine Ordnung wie bei Adams oder Landru (*Der Zentral-Nervensystemmanipulator*, *Landru und die Ewigkeit*) organisiert werden, nicht als Disziplinargesellschaft, wie sie in der Studie des französischen Philosophen Michel Foucaults *Überwachen und Strafen* mit den Stichworten »Panoptismus« und »Geburt des Gefängnisses« beschrieben und kritisiert wird. Das Reich von Adams ist nicht zufällig als Strafkolonie dargestellt, die treffend den Namen *Tantalus* trägt. In der griechischen Mythologie wird Tantalus von den Göttern mit ewigen Qualen gestraft und gepeinigt, weshalb man von »Tantalusqualen« spricht.

Eine freie Gesellschaft kann nicht als repressiver Präventions- und Überwachungsstaat aufgebaut werden, auch nicht unter gebetsmühlenhafter Berufung auf das Prinzip der sogenannten Gefahrenabwehr. Dies führt zum Polizeistaat, zum All-Beobachtungs- und Überwachungsstaat, etwa durch permanente Videoüberwachung, durch Telefon- und Internetkontrolle, umfassende Datensammlungen, Lauschangriffe oder Bespitzelungen. Fundamentale Rechte werden über Bord geworfen wie Datenschutz und insgesamt das Grundrecht auf informationelle Selbstbestimmung. Resultate sind die Verletzung der privaten Sphären, die Zerstörung des Vertrauens der

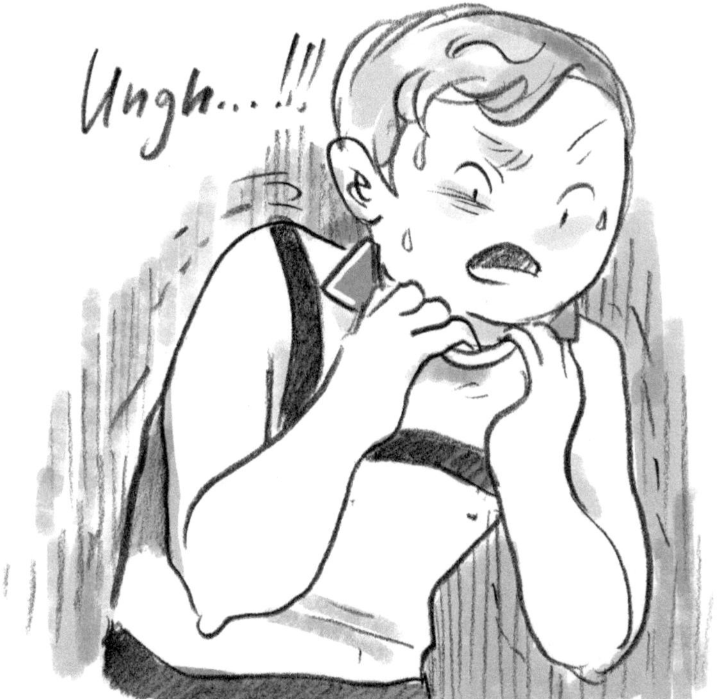
Ungh...!!!

Bürger in die staatliche Ordnung, eben ein vollkommenes Gefängnis, wohl mit weitgehender Sicherheit und ohne Kriminalität, aber auch ohne Freiheit. Am Ende stehen der »gläserne Staat« und der »gläserne Bürger«.[29] Adams kann alles abhören, Landru geht durch Wände und kann alles überblicken. Der Staat als »Tempel der Freiheit« hätte bloß Glaswände, um allgegenwärtige Kontrolle zu ermöglichen. Die Institutionen des Staates können dann, statt Garant der Freiheit der Bürger zu sein, zum Feind der Bürger werden. Eine überzogene Art von Gefahren- oder Terrorismus-Abwehr schlägt in das Gegenteil der Freiheit um: in eine Formation aus George Orwells Roman *1984*, in den von Roddenberry ausdrücklich abgelehnten Manipulations- und Überwachungsstaat, in die Zerstörung des Prinzips moderner Freiheit.

Verschiedene Motive von Orwells Erzählung *1984* (der Asteroid 11020 trägt übrigens den Namen *Orwell*) finden sich offensichtlich in den *Star Trek*-Episoden wieder, die erwähnte vollständige Überwachung durch »Teleschirme« – Big Brother beobachtet dich. Dies wird als Vorwand für das konstruierte Feindbild genutzt, eine »Strategie der Spannung und Bedrohung«, womit alle Einschränkungen persönlicher Freiheit gerechtfertigt werden. Auch werden unbequeme Tatsachen oder das Geschichtsbild – wie vom Herrn der Platonier – von einem Ministerium für Wahrheit ständig an die Linie der Herrschenden angepasst! Der enttarnte Widerständler wird der Folter und Gehirnwäsche unterzogen und glaubt – wie die manipulierten Sulu und McCoy – dass er jetzt nach dieser »Umerziehung« endlich frei sei. In besonderer Weise bringen zwei Parolen in Orwells Sprache des Totalitären (»Neusprech«) den Ungeist totalitärer Ordnungen und Ideologien zum Ausdruck: »Freiheit ist Sklaverei!« – »Unwissenheit ist Stärke!«

Der Landru-Computer wird schließlich durch die besseren Argumente besiegt, auf solches Verfahren des Abwägens der Gründe und Argumente sollte sich auch die heutige Weltgemeinschaft endlich verständigen. Das Wohl der Gemeinschaft gilt im Landru-Reich als das oberste Gebot. Aber worin besteht dieses Wohl? Wie festgeschrieben, soll dies das harmonische Fortentwickeln der Gemeinschaft und die Überwindung des Bösen sein. Jedoch ohne Freiheit, ohne Kreativität, ohne Rechte für die Bürger gibt es keine Entwicklung. So hat der Landru-Computer gegen das oberste Gebot verstoßen und muss sich selbst abschalten.

Eine Schlüsselbotschaft von *Star Trek* kann so in einem einzigen Satz zusammengefasst werden: Freiheit, und zwar gestützt auf vernünftiges Denken. Und eben solche Freiheit gilt als das einzige, harte Metall, aus dem Hegel seine Philosophie schmiedete. Dieses höchste Gut – die Freiheit für alle Vernunftwesen – fällt aber nicht einfach aus der Galaxis auf uns herunter, Freiheit wird nicht von irgendeinem Wesen geschenkt, man muss sie gründlich denken, erringen und verdienen. Auch wenn die Schritte dahin unendlich schwer und mühsam, immer wieder von Irrtümern und Fehlern begleitet sind. Mr. Spock bemängelt zu Recht, dass der Despot Khan in der Geschichtsschreibung der Menschen teilweise positiv erwähnt wird, und hält dies – was für Spock die härteste mögliche Ablehnung darstellt – für unlogisch. Er stehe »gegen jede Macht ohne konstruktiven Zweck«, so Spocks Plädoyer gegen Willkür, Unrecht und Fundamentalismus und für den Gedanken der Freiheit. Denken der Freiheit statt Gehorsamkeitshalsband: Faszinierend!

Nach dem Ausschalten des Landru-Computers meldet man zunächst kleine Wirtshauskonflikte, was Kirk für einen guten Anfang hält, wobei von Freibier zu Freiheit noch ein langer Weg sein wird.

Alle für einen, einer für alle - Musketiere in der Galaxis

> **Amanda Grayson** (Spocks Mutter): »Ist das Wohl vieler wichtiger als das Wohl eines Einzelnen?«
> **Spock**: »Das ist nun mal mein Grundsatz.« (*That would be a logical argument.*)
> **Amanda Grayson**: »Nun, dann stehst du hier aufgrund eines Fehlers, den deine fühlenden menschlichen Freunde begangen haben. Die haben ihre Zukunft geopfert, weil sie glaubten, dass das Wohl eines Einzelnen, deines, ihnen wichtiger war.
> **Spock**: »Menschen treffen unlogische Entscheidungen.«

Dies sagt Spock im Laufe seiner Regeneration auf Vulkan. Lange vorher hatte er sich zur Abwehr des Zorns des Khan und für die Rettung der *Enterprise* und ihrer Besatzung in einem schweren Notfall selbst geopfert. Er konnte gerade noch Kirk gegenüber sein Tun als eine logische Entscheidung rechtfertigen und den legendären Satz aussprechen, dass »das Wohl der vielen mehr wiegt als das Wohl der wenigen oder des

Einzelnen«, dass »die Bedürfnisse vieler wichtiger sind als die Bedürfnisse weniger oder eines Einzelnen«. Damit spricht er einen Teil des Wahlspruchs von Alexandre Dumas' Musketieren[30] aus: *Einer für alle.* Am Schluss des unter der Regie von Leonard Nimoy gedrehten Folgefilms *Auf der Suche nach Mr. Spock* fügt Kirk auf die Frage nach dem Warum seines Handelns den zweiten Teil des Credos hinzu: »Weil das Wohl von einem genauso schwer wiegt wie das Wohl der vielen.« – Alle für einen. Und auch Spocks mit Phasern statt Degen fechtende Retter ähneln dem Freundschaftsbund der legendären vier Musketiere: der impulsiv-mutige Kirk als *D'Artagnan*, der ruhige Sulu als *Athos*, der mitunter aufbrausende Chekov als *Aramis* und der treue und etwas beleibte Scotty als *Porthos.* Und sie agieren gemeinsam mit Uhura als *Madame Bonacieux*, der Vertrauten von Dumas' vier Musketieren.

Alle für einen, einer für alle – Motivation und Bewertung von Handlungen sowie die Frage nach dem Notfall, der Ausnahmesituation bilden den Spannungsbogen für die *Suche nach Mr. Spock* und für ein erstrangiges philosophisches, ethisches Problem, in welchem es um das Verständnis von Handlung geht. Nach welchen Kriterien lege ich mein Handeln fest? Nach welchen Maßstäben kann eine Handlung eine Bewertung erhalten? Wann ist eine Ausnahmesituation gegeben? Gibt es für Notfälle ein Recht auf

Ausnahmen vom Üblichen, eine Art Not-Recht auf Widerstand oder gar Meuterei? Das gekaperte Schiff wird ja dann nach dem Vorschlag von McCoy auf *Bounty* getauft, zur Erinnerung an den Aufstand auf diesem irdischen Ozeansegler.

Was sollte bei der Betrachtung von Spocks Opferhandlung Beachtung finden? Zum einen die Frage nach der Begründung seines Tuns und die außerordentliche Situation, in welcher er handelt. Die Reduktion der Betrachtung auf den berühmten Satz über »das Wohl der vielen« scheint unzureichend, denn wie es die Story von der *Bounty* lehrt, gibt es in Ausnahmesituationen, in außerordentlich schwierigen Entscheidungslagen keine einfachen Antworten. Dabei sollte Spocks Sicht als Rahmen für die Überlegungen gelten, speziell die Schlüsselsätze der *Enterprise*-Mission, die er dann am Ende von *Der Zorn des Khan* und am Anfang von *Auf der Suche nach Mr. Spock* wie ein Vermächtnis spricht:

> »Immer wieder stößt das Raumschiff *Enterprise* auf seinen Flügen in bislang unbekannte Bereiche des Universums vor, um neue Lebensformen und neue Zivilisationen aufzuspüren und fremde Welten zu erforschen, Welten, die noch nie ein Mensch zuvor gesehen hat.«

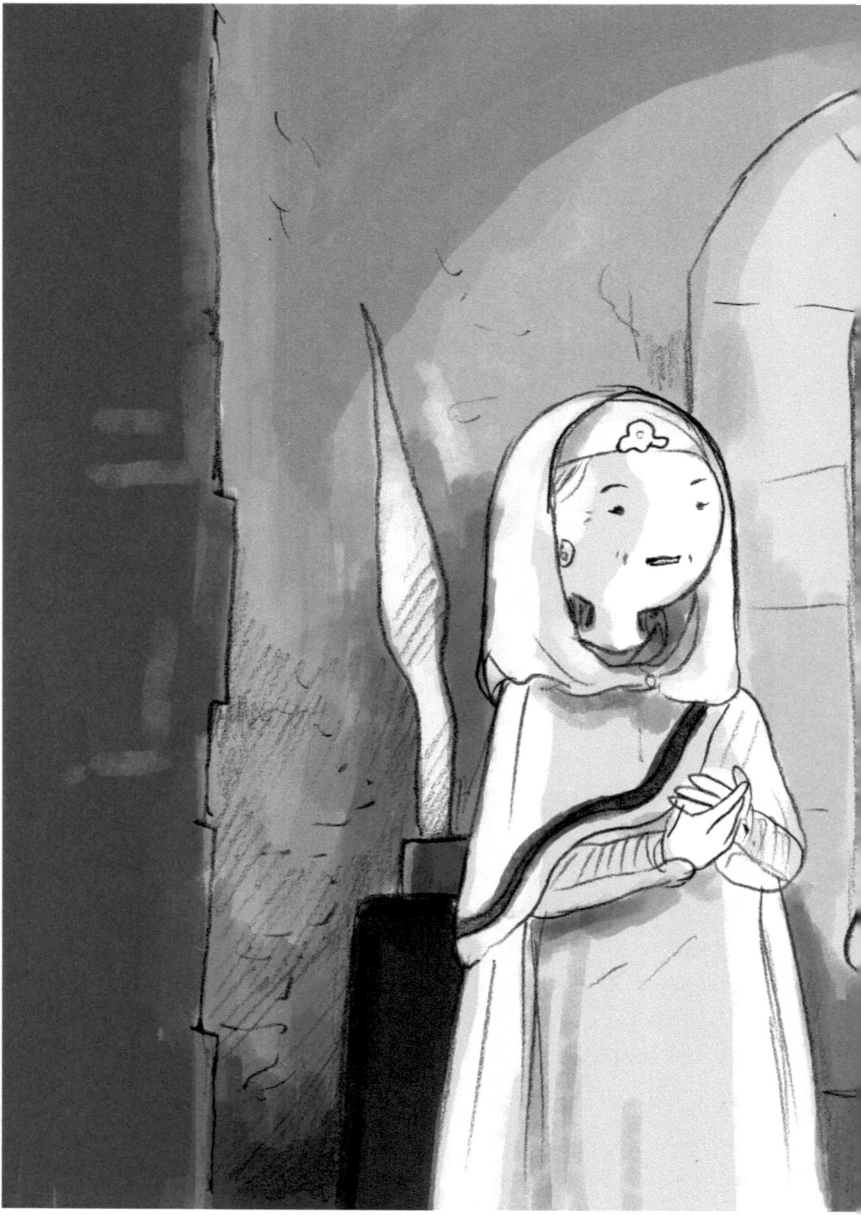

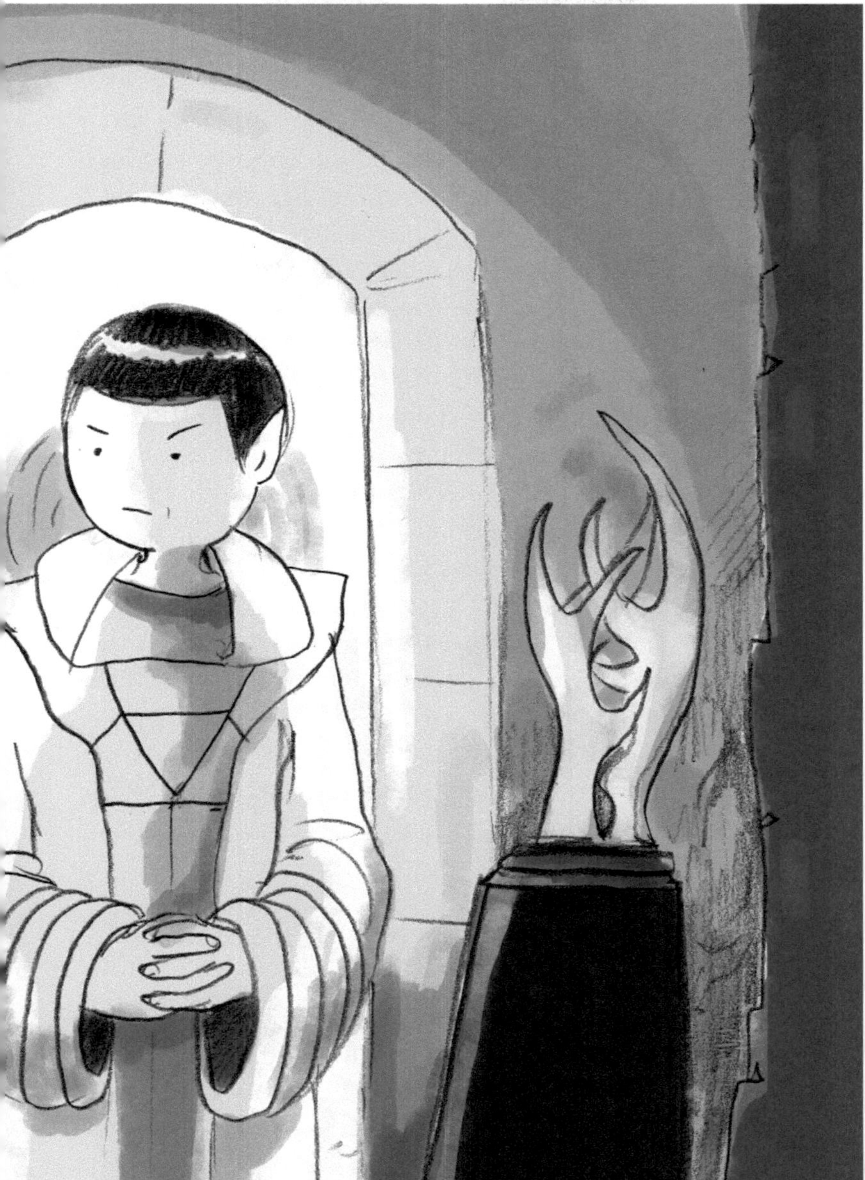

Das Kernanliegen der klassischen *Enterprise*-Reise war ganz im Sinne von Gene Roddenberry niemals militärisch, in keiner Weise von der Errichtung neuer Kolonien bestimmt. Es geht um das Kennenlernen und Erforschen neuer und fremder Welten – Mr. Spock kann so nicht als Kriegsheld gesehen werden. In einer Notfallsituation hat er zum Recht der Notwehr beigetragen, mit dem höchstmöglichen Preis. Ebenfalls muss Spocks Tun in der Doppel-Episode *Talos IV Tabu* in Betracht gezogen werden. Dort setzt er sich in der gleichen Weise wie Kirk jetzt für ihn für seinen Freund und früheren Kommandanten Pike ein, für einen Einzelnen unter Aufbietung aller Mittel wie Lüge, Nötigung, schwere Gesetzesverletzungen bis hin zum Kapern eines Raumschiffes und der Gefährdung des Lebens vieler. Die philosophische Problematik dahinter liegt im Verständnis menschlicher Handlungen – Kirk und seine Brückencrew müssen oft schwierige Entscheidungen fällen und die Gründe und Motive für dieses oder jenes Tun spielen dabei eine wesentliche Rolle.

Der Begriff der Handlung[31]

Wann und wie kann eine Handlung als richtig oder falsch, als gut oder schlecht eingeschätzt werden? Hierzu müssen offensichtlich die entscheidenden Bestandteile des Begriffs *Handlung* in Betracht

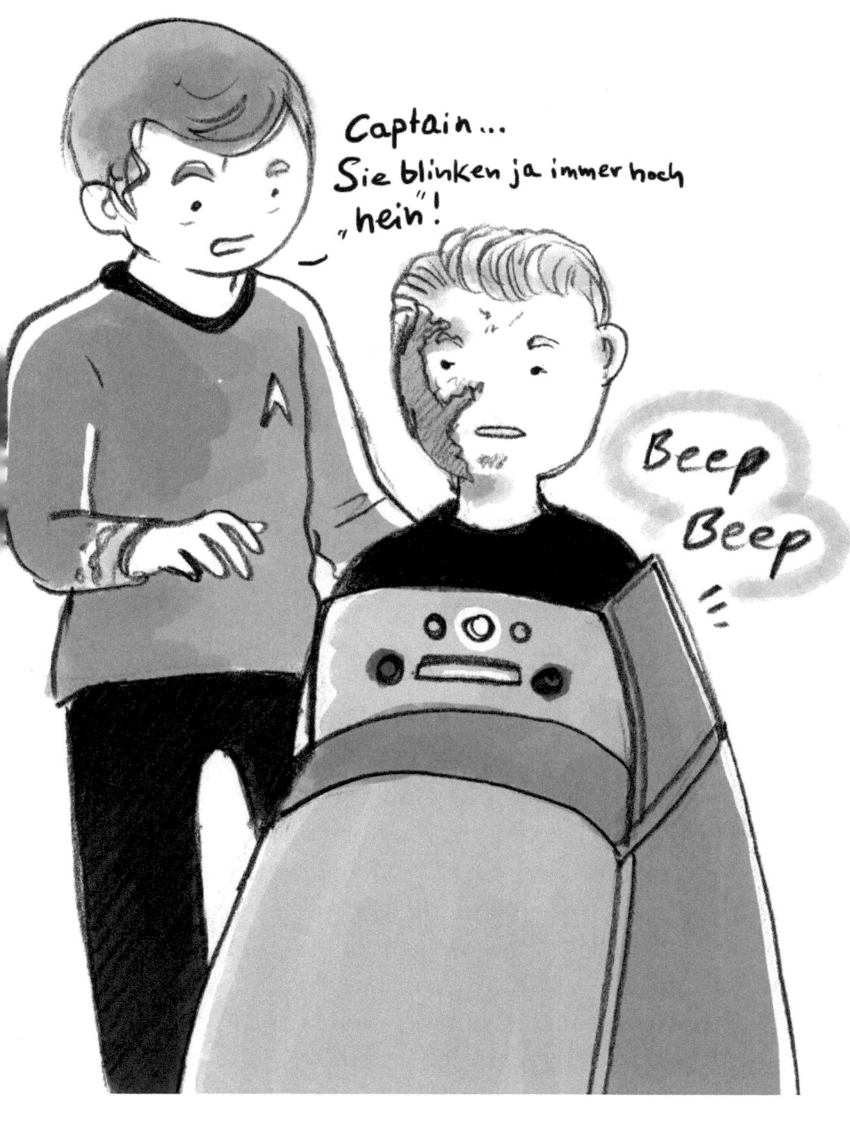
Captain...
Sie blinken ja immer noch „nein"!
Beep
Beep

gezogen werden: a) die innere Absicht (Intention), b) das Resultat (Konsequenz) und c) die Umstände, unter denen agiert wird. Etwas vereinfacht gesagt: Die zwei wichtigsten miteinander konkurrierenden Theorien legen den Schwerpunkt auf jeweils ein Moment der Handlung: Die Pflichtethik (Deontologie) sieht in der inneren Absicht, in der Intention meines Tuns das Hauptkriterium; die Nutzenethik (Utilitarismus, Konsequentialismus) sieht es in den Resultaten, in den Konsequenzen, im erreichbaren Maximum von Glück.[32] Die klassische Formulierung der Kantischen Pflichtethik lautet demnach: »Handle nur nach derjenigen Maxime, durch die du zugleich wollen kannst, dass sie ein allgemeines Gesetz werde.« Die Formel der Nutzenethik hingegen: »Handle so, dass eine maximale Größe an Glück resultiert. Dasjenige Tun ist richtig oder gut, dessen Konsequenzen für das Wohl aller Beteiligten optimal ist.«

Beide Konzeptionen betonen zu Recht die Bedeutung einer der Komponenten des Handlungsbegriffs, verfehlen aber damit das Ganze dieses Begriffs. Sie bleiben bei der Dominanz *einer* Seite stehen, statt die Einheit der Momente des Handelns zu denken. »Der Grundsatz: bei den Handlungen die Konsequenzen verachten, und der andere: die Handlungen aus den Folgen beurteilen und sie zum bloßen Maßstabe dessen, was recht und gut sei, zu machen – ist beides gleich abstrakter Verstand« und weiter mit Hegel gesagt: beide Positionen sind einseitig.[33] Vor einer weiteren philosophischen Prüfung soll diese Einseitigkeit beider Optionen anhand von fiktiven Handlungssituationen verdeutlicht werden, man könnte sie Weltraum-Dilemmata nennen:

1) Das *Khan-Problem*: Darf man einen Gesetzesbrecher foltern, damit er ein Geheimnis preisgibt, das Millionen menschlicher Leben retten könnte? Der englische Utilitarist Jeremy Bentham bejaht in diesen Fällen ein solches Foltern. Denn nach dem Maximum-Happiness-Prinzip geht es um millionenfaches Glück gegen das eines einzelnen Gefolterten.
   Die Pflichtethik hingegen lehnt dies prinzipiell ab, da man erstens Foltern in keiner Weise verallgemeinern darf, man sich zweitens auf die Ebene des Folterers begibt und somit den eigenen Status als freies Wesen verliert. Kann ich mit Sicherheit voraussagen, dass die gewaltige Vernichtung auch eintritt? Vielleicht kann dies ohne Folter erreicht werden? Bewegt sich Mr. Spock nicht in einem Grenzbereich, in einer Grauzone des Folterns, wenn er mittels »Gedankenverschmelzung« der vulkanischen Verräterin Valeris in *Das unentdeckte Land* die Namen der anderen Mitglieder des Komplotts entlockt? Für das zwingend erforderliche Auffinden des Ortes der Friedenskonferenz gibt

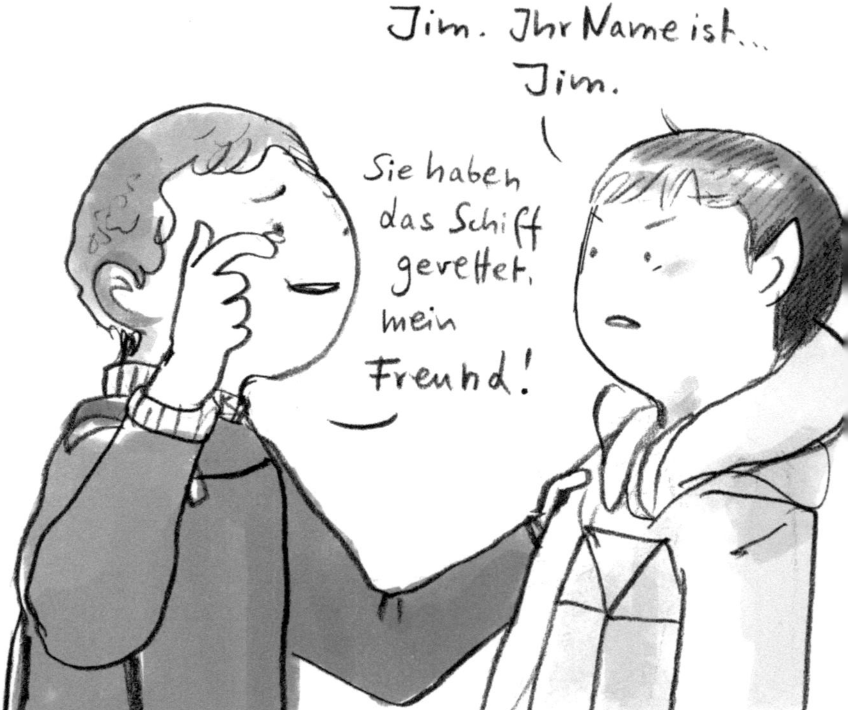
Jim. Ihr Name ist...
Jim.
Sie haben das Schiff gerettet, mein Freund!

es dann eine bessere Lösung aus einer anderen Quelle – Captain Sulu.

2) Das *Vulkan-Dilemma*: Das Raumschiff *Enterprise* beobachtet ein tödliches Geschoss, das auf den Planeten Erde zurast. Die Rettung von hundert Millionen wäre durch die Ablenkung der Todesrakete auf den Vulkan möglich, wo es nur fünfzig Millionen Opfer gäbe. Kann das Leben von hundert Millionen nicht für wertvoller kalkuliert werden als das von fünfzig Millionen? Wie soll man entscheiden?
In besonderer Weise wird dies in der Episode *Spock außer Kontrolle* dargestellt. Kirk spricht von der schwierigsten Entscheidung seines Lebens, eine Million Menschen und dazu seinen Neffen und Spock opfern, um Milliarden Leben im Universum zu retten. McCoy nennt es zu Recht primitiv und brutal, wenn man 10 Menschen rettet, indem man 5 Menschen tötet – die klare Kritik an der Nutzenethik und ihres Prinzips vom maximalen Glück. Auch Kirk folgt diesem Argument und sucht nach einer »vernünftigen, humanen Lösung«.

3) Die *Kruge-Bredoullie*: Ist es zulässig, einen grausamen Tyrannen, einen menschenverachtenden Despoten falsch zu informieren? Darf man vor einem brutalen Diktator eine falsche Aussage machen? Darf man angesichts des prinzipiellen

Verbots des Lügens den grausamen, seine eigenen Landsleute mordenden Klingonenoffizier Kruge (dargestellt vom großartigen Christopher Lloyd) schamlos falsche Nachricht geben und einen Teil seiner vielleicht anständigen Besatzung zusammen mit der *Enterprise* in einen Feuerball verwandeln? Würde die Lüge nicht damit akzeptabel? Was soll man tun? (Dazu auch der Essay *Pinocchios Nase und Jakob der Lügner.*)

In der Position der Nutzenethik rückt das Wohl, auch als Glückseligkeit bezeichnet, ins Zentrum. Damit geht man entweder auf Lust und Glück des Einzelnen als ein natürliches Wesen oder auf die Ganzheit aller Interessen an leiblichen und äußeren Gütern ein. David Hume nennt drei wesentliche Güter: a) die innere Befriedigung unsere Seele, b) die äußerliche Befriedigung unseres Körpers und c) den »Genuss des Besitzes äußerer Sachen, die wir durch Fleiß und Glück gewonnen haben«. Die besonderen Bedürfnisse und Neigungen will der Nutzenethiker mittels des Verstandes zu einem »System von Neigungen und Bedürfnissen« formieren, dieses Ganze von Neigungen soll maximiert werden. Dafür sind die Resultate und Konsequenzen meines Tuns entscheidend. Dies verlangt eine »Messung« und »Berechnung« der Folgen des Handelns. Es gilt somit zu kalkulieren, bei welcher Befriedigung einer Neigung mehr Erfüllung gefunden

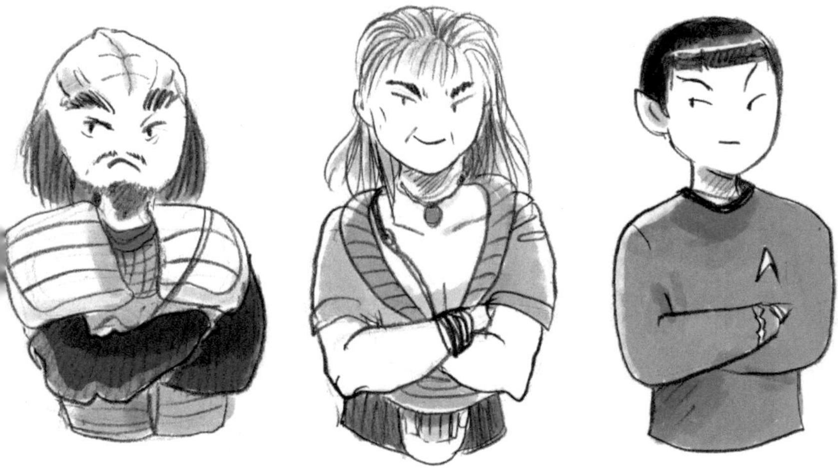

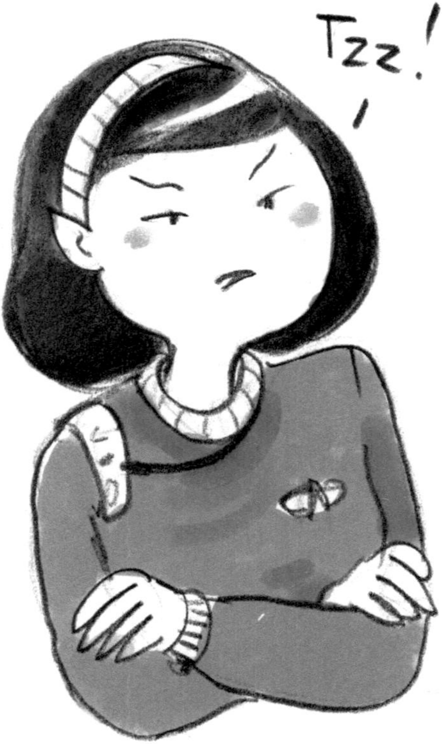
Tzz!

werden könne. Oder anders gesagt: wie eine größtmögliche Menge an Glück erreichbar sei. Das Prinzip des zu erwartenden Nutzens, des Maßes an Glück, bleibt eine Kernthese dieser Auffassung der Ethik des Nutzens. Das Erreichen des Wohls (*Maximum-Happiness-* bzw. *Greatest-Happiness-Prinzip*) verlangt somit Berechnung und Kalkulation, womit über den Inhalt des Willens als eines bloß gegebenen, natürlichen hinausgegangen wird. Dennoch kann aber noch lange nicht die Vernünftigkeit erreicht sein, sondern nur ein Ausrechnen und Kalkulieren im Sinne des Benthamschen Kalküls (*felicific calculus*). Der Verstand tritt in Gestalt eines bestimmten »Haushalts« von zu berechnenden Bedürfnissen auf, um das Privatwohl und das Privatwohl aller zu sichern. Hier wird der Bezug zur Gemeinschaft sichtbar, es geht so nicht nur um das individuelle Wohl, sondern ebenso um das gemeinschaftliche Wohl, das von Spock artikulierte Wohl der vielen. Das Erreichen des größten Glücks der größten Zahl gilt als Maßstab für die Bewertung einer Handlung als richtig oder falsch. Man bleibt beim bloßen und berechnenden Verstand stehen, der eben noch nicht zur Vernunft gebracht wurde.

Kann man Glück oder Wohl ausmessen oder berechnen? Wie kann ich wissen, was Glück bei unterschiedlichen Personen erzeugt? Welches sind die auszuwählenden glückseligmachenden und wohlbringenden Handlungen? In dieser Anfrage an die

Nutzenethik scheinen deren spezifische Probleme und Schwierigkeiten auf, die letztlich ihren Grund in den Urteilen des bloß kalkulierenden Verstandes haben. Sind nun »diese« oder »jene« Handlungen Glück erzeugend? Einige Neigungen, einige Konstellationen von Trieben oder einige Resultate oder Konsequenzen sind gut«, nur welche? Der Willkür wird damit Tür und Tor geöffnet, das Zufällige wird zum Prinzip des Willens erhoben. Es erfolgt ein Wählen ohne zureichendes Kriterium. Was zählt zu den wichtigen Aspekten der »Lebensqualität«? Worin besteht wahres oder echtes Wohl? Materiellen Reichtum kann man sicher messen, innere Zufriedenheit oder Freude wohl kaum. Die Welt kann man nicht zureichend mit Mathematik oder Naturwissenschaft aus- oder vermessen.

Die Schwierigkeit zeigt sich etwa auch in den unterschiedlichen Sichtweisen zwischen den beiden bedeutendsten Vertretern der Nutzenethik, Jeremy Bentham und seines Schülers John Stuart Mill. Während bei Bentham der Schwerpunkt auf den natürlichen Trieben und Neigungen liegt, umfasst das Kalkül bei Mill auch intellektuelle und kulturelle Bedürfnisse – ein »unzufriedener Sokrates sei besser als eine zufriedener Narr«. Denn die sokratische Unzufriedenheit könnte ja Antrieb für seine Lieblingsbeschäftigung sein, das Philosophieren. Aber warum soll ein zufriedener Narr unglücklich sein? Im Falle des *Vulkan-Dilemmas* müsste ein vulkanischer

Nutzensdenker die Rakete auf Vulkan lenken, weil dort vielleicht weniger Glück zerstört würde. Wieso ist bei einer doppelten Anzahl von Individuen das Glück aber größer? Vielleicht dreht der Todesstern noch kurz vor der Erde ab, da er Walgesänge hört. Die Vorhersage von solchen Vorgängen bleibt fast ausgeschlossen. Man spekuliert mit unzulässigen Prognosen und tritt wie ein Hellseher auf. Das Recht auf Leben ist nicht zu wiegen, nicht zählbar. Hier haben wir ein nicht auflösbares Dilemma vor uns, ähnlich wie im berühmten Beispiel des Rettungsbootes, das für vier Leute ausgelegt ist, während es aber sechs Überlebende des Schiffsuntergangs gibt. Wer soll sich opfern? Wer soll gar geopfert werden? Kirk: »Scotty, alle sechs Schiffbrüchigen heraufbeamen! Sie brauchen ein neues Schiff!«

Das nutzenethische Verständnis trägt so ein doppeltes Gesicht, Leistung und Einseitigkeit treten hervor. Die Folgen des Handelns sind Hegel zufolge in keiner Weise zu ignorieren, die Folgen »als die eigene Gestaltung der Handlung, zeigen nur deren Natur und diese Folgen sind nichts anderes als die Handlung selbst. Die Handlung kann daher die Resultate nicht verleugnen und verachten« (Hegel). Der Kampf der *Enterprise*-Besatzung für das Glück vieler, etwa durch Sicherung der Friedenskonferenz zwischen der Föderation und den Klingonen auf Camp Khitomer ist ein legitimer Grund des Handelns. Jedoch ist dieses

Tun zugleich auch in der universalisierbaren (verallgemeinerbaren) Maxime des Friedensgedankens gegründet. Der Mensch hat ein absolutes Recht, auch Zwecke zu setzen, die in seiner Lebendigkeit, in seiner Natürlichkeit gründen, ein Recht, seine vielschichtigen Bedürfnisse und Neigungen zu seinen Zwecken zu machen. Das Wohl kann so durchaus Beweggrund und Triebfeder moralischen Handelns sein.

Auf der anderen Seite ist ›unter den Folgen auch das von außen Eingreifende und zufällig Hinzukommende zu berücksichtigen, was die Natur der Handlung selbst nicht betrifft‹. Würde der Vertreter der Nutzenethik Verantwortung dafür übernehmen, wenn er in einem Garten einen Stein fallen lässt, ein Bekannter von ihm zwei Jahre später über eben diesen Stein stolpert und sich tödlich am Kopf verletzt? Vor Gericht würde wohl auch ein hartgesottener Nutzenethiker darauf verweisen, dass diese Folgen nicht in seiner Absicht lagen. Er würde somit seiner eigenen extrem-einseitigen philosophischen Position widersprechen und behaupten, dass die Absicht auch zur Handlung hinzugerechnet werden muss.

Hegel illustriert dieses Recht der Absicht, dieses Recht des Wissens, worauf die Pflichtethik Kantischer Art besteht, mit poetischen bzw. mythologischen Beispielen: Das Resultat des Tuns des Ödipus war der Tod seines Vaters, aber Ödipus kann aus moderner Sicht nicht Vatermörder sein, da sein Tun »weder in seinem

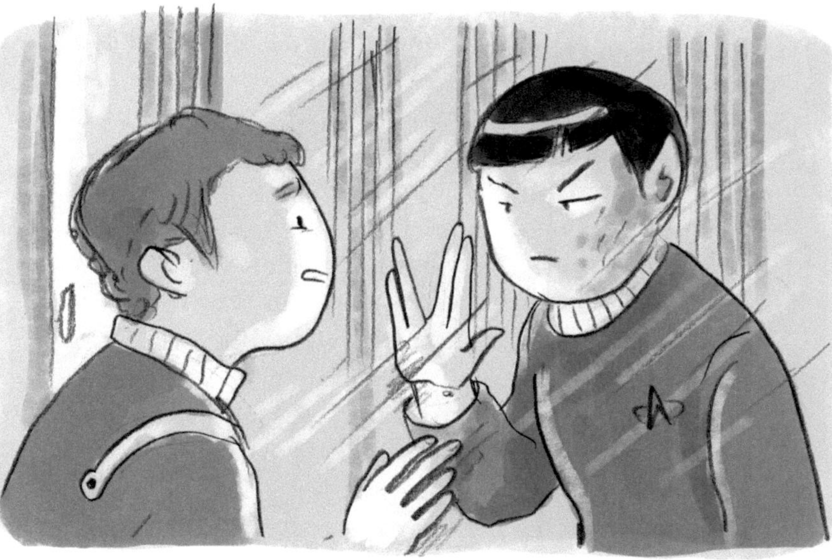

Wissen noch in seinem Wollen lag«. Seine Tat erfolgte ohne Wissen, dass es sich beim Opfer um den Vater handelte. Das Resultat ist scheinbar das Gleiche, die Tötung des Vaters, aber die Bewertung des Handelns erfolgt eben nicht nur vom Resultat her.

»Wenn die Menschen in der modernen Zeit handeln oder Handlungen beurteilen, so fordern sie, um dem Akteur eine Handlung zurechnen zu können, dass er die Art seiner Handlung und die Umstände, unter welchen dieselbe vollbracht wurde, gewusst und erkannt habe. So nimmt der heutige Mensch nicht den gesamten Umfang dessen, was er getan hat, auf sich, sondern rechnet sich nur das zu, was er gewusst und in Beziehung auf dieses Wissen mit Vorsatz und Absicht vollbracht hat. Der heroische Charakter in der antiken Tragödie aber macht« – so Hegel – »diese Unterscheidung nicht, sondern steht für das Ganze seiner Tat mit seiner ganzen Individualität ein«. Der antike Held schreibt sich also die Gesamtheit seines Tuns zu, obschon dies »weder in seinem Wissen noch in seinem Wollen gelegen hat«. Der heroische Charakter »will die Schuld nicht teilen und weiß von diesem Gegensatze der subjektiven Absichten und der objektiven Tat und ihrer Folgen nichts«. Der Heros steht so ungeteilt für das ein, was an Folgen aus seinem Tun entspringt, so erscheint er als naturwüchsiger Vertreter einer Ethik, die sich an den Resultaten, an den Konsequenzen des Tuns orientiert.

Das moderne Denken hingegen unterscheidet hinsichtlich des Handelns und dessen Beurteilung zwischen der Absicht, den Folgen und den Umständen des Tuns. Absicht und Resultat müssen zusammengedacht werden. Erst mit der Hinzurechnung des Bewegrundes unserer Aktionen kann überhaupt von Handlungen die Rede sein. Aus welchem Grund haben wir dies und nicht etwas anderes getan? Die Absicht als Innerliches gehört zur Vollständigkeit der Handlung, die bewegenden Gründe sind notwendig für den freien Willen und das freie Handeln. Haben wir etwas absichtlich oder unabsichtlich getan? Dieses unverzichtbare Moment für ein gelungenes Verständnis einer freien Handlung, die innere Willensbestimmtheit des moralischen Akteurs hat Kant in klassischer Weise entwickelt: »Handle so, dass die Maxime deines Willens jederzeit als Prinzip einer allgemeinen Gesetzgebung gelten könne.« Handlungen sind somit auch unabhängig von ihren Resultaten, ihren Konsequenzen, als gut oder böse, als richtig oder falsch zu bewerten – dies ist der Grundsatz einer *Ethik der reinen Pflicht*. Das Gute fungiert nur dann als Prüfstein für jegliches Handeln, insofern es sich durch dieses Sittengesetz, im und durch das Denken legitimiert. Die Maxime als Rechtfertigungsprinzip meines besonderen Handelns soll als allgemeines Gesetz Geltung beanspruchen können. Es handelt sich um die alleinige Grundregel, die sich jedes Subjekt frei und mit Vernunft selbst auferlegt und der es aus Vernunft zustimmen kann. Nur dann ist das Willenssubjekt autonom, sich selbst bestimmend und somit frei. Das rechte Handeln fußt auf der Kenntnis um das Gute, dass ich weiß, ob die Maxime meines Tuns gut oder böse ist.

Das moralische Bewusstsein kann jedoch nicht auf Glückseligkeit verzichten und diese aus seinen Zwecken streichen. So begrenzt Kant das Glück zunächst auf das Erreichen von Glückswürdigkeit, was im Irdischen möglich sei. Glückseligkeit jedoch wird auf einen jüngsten Tag verschoben. Das Zusammenspiel von kategorischem Imperativ und Glückspostulat vermag Kant nur mit der Konstruktion eines Gottes als eines all-gütigen Wesens zusichern. Somit erfolgt eine Vertröstung für unser Glück bzw. Wohl auf eine künftige Entscheidung vor dem Jüngsten Gericht, durch einen jenseitigen Herrn, was dem eigenen Kantischen Prinzip der Selbstgesetzgebung zuwiderläuft. Heinrich Heine empfahl dagegen, den Himmel den Engeln und den Spatzen zu überlassen, noch besser: der friedlichen Sternenflotte. Das moralische Subjekt wird von Kant gar wegen seiner Natürlichkeit als unvollständig und unvollkommen angesehen, den »hohen Zweck verunzierend«! Friedrich Schiller hat dies mit folgender Sentenz ironisiert:

Gern dien' ich den Freunden,
doch thu' ich es leider mit [aus] Neigung
Und so wurmt es mir oft,
dass ich nicht tugendhaft bin.

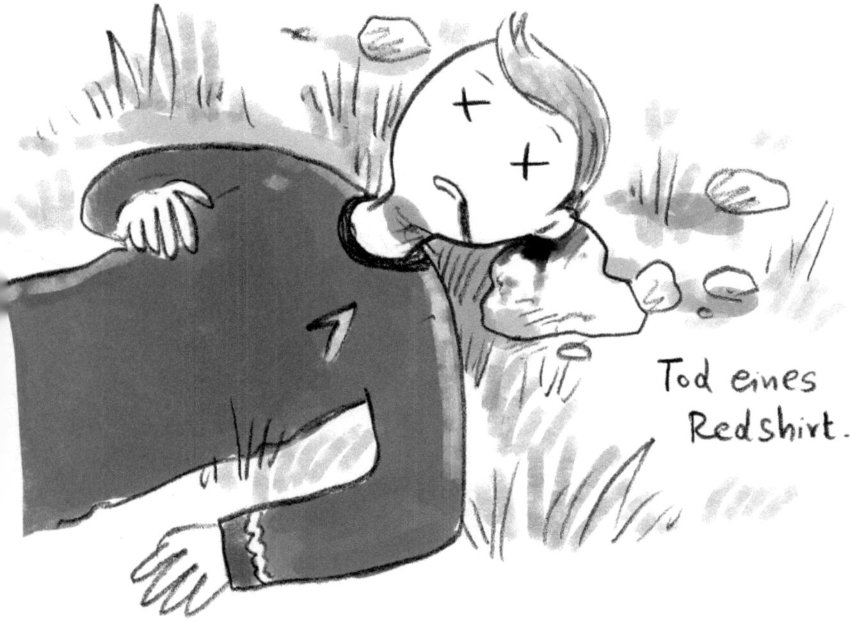

Sowohl die Pflichtethik wie auch die Ethik des Nutzens geraten in die Sackgasse einer schlechten Unendlichkeit, in die Langweiligkeit des ewigen Sehnens und der Auflösung des Problems am St. Nimmerleinstag, einem Tag, an dem der Teufel in den Himmel fährt, oder wie katholische Hardliner sagen: Der Tag, an dem Martin Luther in den Himmel kommt, also ein Tag, der niemals eintreten wird. Sowohl die Nutzen- als auch die Pflichtethik verfehlen den Begriff des Handelns, da sie die Gesamtheit der Dimensionen des Handelns nicht zureichend und angemessen berücksichtigen, da sie einzelne widerstreitende Momente zum alleinig entscheidenden Kriterium für gutes Tun fixieren. Auf der einen Seite wird ein Glücklichwerden ohne Pflicht gedacht, auf der anderen wird verlangt, die Pflicht zu tun, ohne hier auf Erden glücklich zu werden. Die nur auf die Folgen schauenden Kalkülrechner und Glückvermesser verfehlen den absoluten Wert des einzelnen Lebens. Manche Vertreter dieser Sicht diskreditieren gar in völlig inakzeptabler Weise behinderte Menschen: letztere hätten nicht so viel Glücksmöglichkeiten! Aber: Woher wissen sie das? Mit welcher Formel haben sie das berechnet, mit welchem Gerät haben sie das ausgemessen? In welchen Frankensteinschen Laboratorien haben sie dies getestet?

Die Gegner dieser Glückseligkeitslehre hingegen, die Kantischen *kategorischen Imperatoren*, opfern »fremdes ebenso kalt wie eigenes Wohl auf«. Sie suchen »andern wie sich nichts zu verschaffen als das einzige und höchste Gut«, die formale Tugend (Jean Paul). Sie erreichen den höchsten Gipfel der Moralität, indem sie »nicht gute Werke tun, sondern gute Werke schreiben«. »Ihre Freigebigkeit besteht nicht in einer elenden materiellen Gabe, sondern in der Ermunterung zur Freigebigkeit, der Ermunterte ermuntert fort und so immer jeden anderen und kein Heller wird dabei ausgegeben.«[34]

Hölderlins Frankfurter Geliebte Suzette Gontard hatte den Weg zur Auflösung des Streites zwischen Glücks- und Pflichtethik mit erstaunlicher Einfachheit aufgewiesen:

Freude ohne Tugend, ist keine Freude
Tugend ohne Freude ist keine Tugend

Das Fehlinformieren der Bösewichter durch Kirk lässt sich rechtfertigen, in Bezug zu Unrechtstaten bzw. in Diktaturen steht das Notrecht zur Verfügung. Hier wird der dritte Aspekt des Handelns relevant, die wesentlichen Umstände des Tuns, somit nicht nur formale, sondern inhaltliche Momente: Das Schenken des Holzpferdes als Spielzeug an die Tochter des Freundes kann als gut angesehen werden. Die athenische Schenkung eines Holzpferdes an die Trojaner war hingegen böse – »Hütet euch vor den Romulanern, besonders wenn sie Geschenke bringen«. Das Fehlinformieren eines Freundes – die Lüge – wegen meines finanziellen Vorteils war böse. Die falsche Information seiner Freunde durch Jakob den Lügner war hingegen gut. (Dazu Essay: *Pinocchios Nase und Jakob der Lügner.*) Der Warschauer Jude Jakob hat durchaus nach diesem kategorischen Prinzip gehandelt, indem er den sittlichen, politischen Kontext einbezog. Die Differenz zwischen Kant und Hegel liegt hier also in der Bestimmung von Wahrheit. Hegel stimmt mit dem strikten Lügenverbot völlig überein, er rechtfertigt die Lüge in keiner Weise und folgt hierin der Kantischen Pflichtethik. Das Lügen kann nicht als universalisierbar gelten, denn es würde den Begriff der freien Handlung und das Fundament von Gemeinschaftlichkeit verletzen, es kann kein moralisches Recht sein, keineswegs Wahrheit, sondern ihr Gegenteil. In einem Mord- und Terrorregime besteht allerdings sehr wohl eine totale Umkehrung aller Rechte und so besitzt ein solcher mit Fehl- und Desinformation agierender Widerstand doch Legitimität.

Ein gewissermaßen doppeltes Beispiel für Notwehr bietet die Episode *Horta rettet ihre Kinder*, die Roddenberry besonders schätzte. Das vernunftbegabte, aber völlig anders als Menschen aussehende und lebende Wesen namens Horta schützt ihren Nachwuchs, der vom Bergbau in ihrem Lebensraum äußerst bedroht ist. In dieser Notwehrsituation tötet Horta auch einige der Bergarbeiter. Zusammen mit den Abgesandten von der *Enterprise* wehren sich die in den Stollen Beschäftigten gegen ein vermeintliches Monster. Als Horta schwer verletzt ist, verzichtet Kirk aber auf die Rache und bittet Spock um vulkanische Kontaktaufnahme, die auch gelingt. Es stellt sich heraus, dass Horta kein Ungeheuer, sondern ein vernunftbegabtes, fühlendes Wesen ist und ihm deswegen die Würde desselben uneingeschränkt zukommen muss. Die Reaktion auf Horta soll somit verhältnismäßig sein, Schutz und Verteidigung des eigenen Lebens, aber angemessene Behandlung des anderen, keinesfalls Tötung. Horta hat, das spricht Kirk ihr ausdrücklich zu, in legitimer Notwehr gehandelt, als letztes Mittel zum Schutz ihres Nachwuchses. Und McCoy ist äußerst glücklich, dass er die Verletzung erfolgreich behandeln kann. Sein Eid als Arzt bezieht sich eben nicht nur auf die medizinische Hilfe für Menschen oder Mitglieder der Föderation. Und dann tritt der äußerst seltene, aber Hoffnung vermittelnde Fall der friedlichen Kooperation zwischen den so verschiedenen Lebensformen ein – übrigens zum Vorteil beider Seiten. Das Gelingen dieses Prinzips würde die Erde zweifellos auch im 21. Jahrhundert zu einem besseren Ort verändern.

Problematisch, mindestens grenzwertig bleibt die von Spock benutzte vulkanische Praktik der Gedankenverschmelzung mit Valeris in *Das unentdeckte*

Land, um ihr Geheimnisse zu entreißen, was in den Grenzbereich der Folter führt. Spock war voller Zorn, weil er hoffte, Valeris würde seine Nachfolgerin werden. Hier muss mit der Pflichtethik das prinzipielle Folterverbot herausgestellt werden, da es ein grundlegendes, nicht zu suspendierendes, absolutes und nicht auflösbares Recht darstellt – das der Unantastbarkeit der Würde. Fehlinformieren, Nichteinhalten von Versprechen, Tricks und Märchenerzählen sind kein Verstoß gegen solches fundamentales Recht, somit in Notsituationen legitim. Foltern oder Rächen hingegen sind dies in keiner Weise, in keiner Situation, auch wenn die Nutzenethiker auf den möglichen Preis der Vernichtung von Millionen verweisen. Die Übeltäter sind allerdings zu bestrafen, jedoch nicht mit blinder Rache zu behandeln.

Mit einem Seufzer sagt Kirk an einer Stelle zu seinem Schiffsarzt: »Mein Gott, Pille, was habe ich getan?« Da kommt eine lange Liste fragwürdiger Handlungen zusammen: Das schamlose Falschinformieren und Täuschen von Kruge, Chang und Khan, die bewusste Entführung der *Enterprise*, Befehlsverweigerungen und der Befehl zur Selbstzerstörung dieses seines Schiffes, das verbotene Kapern eines klingonischen Bird of Prey, was ein Kriegsgrund sein könnte. Er setzt das Leben vieler aufs Spiel für seinen Freund Spock, mit der loyalen Unterstützung der Freunde – alle für

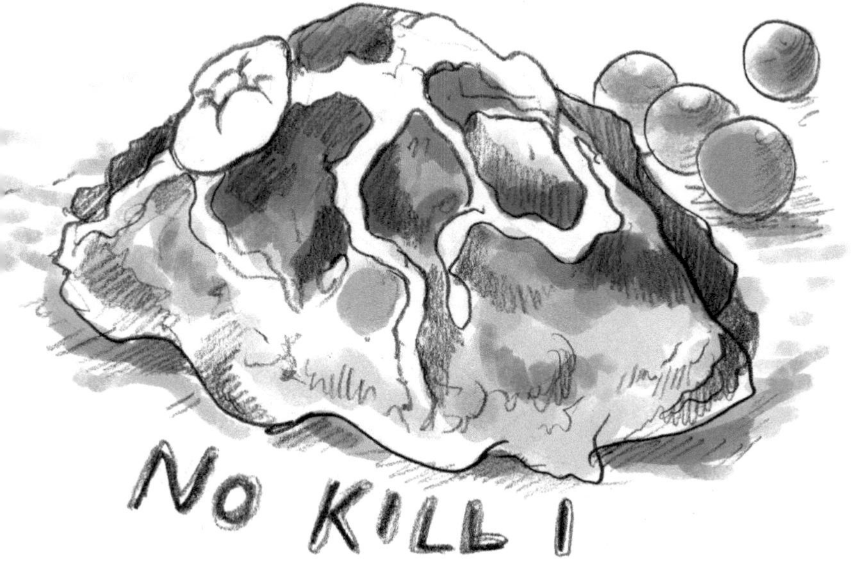
NO KILL I

einen. Beide Handlungen, die von Mr. Spock und die seiner Freunde, geschehen in einer außerordentlichen Notlage in einer Ausnahmesituation. Mr. Spock war bereit das Wertvollste zu opfern, sein Leben, die Freunde wollen ebenso den unübersehbaren Beweis der Freundschaft liefern. Hier sind die Absichten, die Triebfedern des Handelns dem kategorischen Imperativ entsprechend. Das Wohl aller kann als allgemeines Prinzip des Handelns angesehen werden und das Wohl eines Einzelnen ist zugleich unverzichtbarer Bestandteil des Wohls für alle. Absicht und Resultat des Handelns können so zusammengedacht werden.

> **Kirk:** »Weil das Wohl von Einzelnen genauso schwer wiegt wie das Wohl von vielen.«

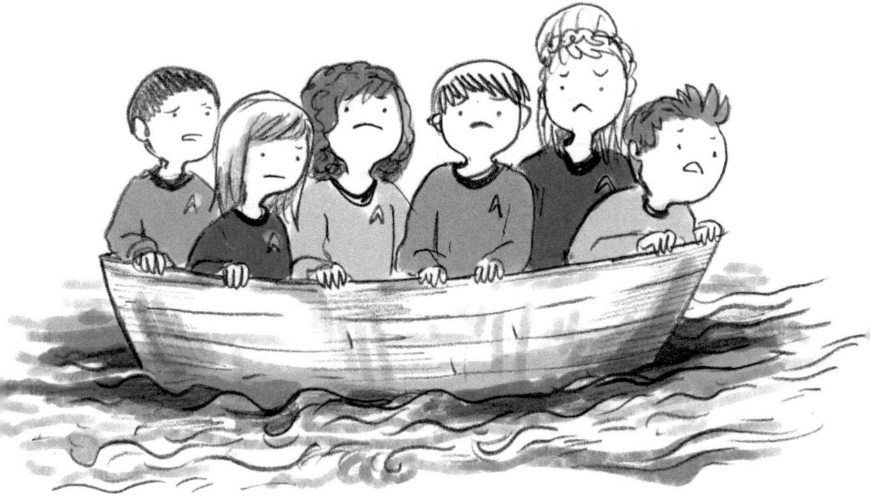

Das Sägen an dem Ast, auf dem wir sitzen

Die Nachhaltigkeit und das Tier

In der Episode *Brot und Spiele* werden nach der Ankunft im 20. Jahrhundert eine starke Verschmutzung der Atmosphäre durch Benzin- und Industrieabgase und eine beachtliche Menge von giftigem Kohlenmonoxid gemessen, begleitet von McCoys ironischem Kommentar zu diesem für das 23. Jahrhundert altmodischen Thema des Schutzes der natürlichen Existenzbedingungen für lebende Wesen:

> **Spock:** »Faszinierend. Die Atmosphäre hier ist der des 20. Jahrhunderts erstaunlich ähnlich. Starke Umweltverschmutzung durch Industrieabgase, beachtliche Mengen von Kohlenmonoxyd und zum Teil verbrannte Kohlenwasserstoffe.«
> **McCoy:** »Man nannte es Smog.«
> **Spock:** »Ja, stimmt, Doktor. Mein Kompliment. Ich wusste gar nicht, dass Sie in Geschichte so bewandert sind.«
> **McCoy**: »Bin ich gar nicht. Ich wollte nur verhindern, dass Sie uns einen Riesenvortrag über dieses altmodische Thema halten.«

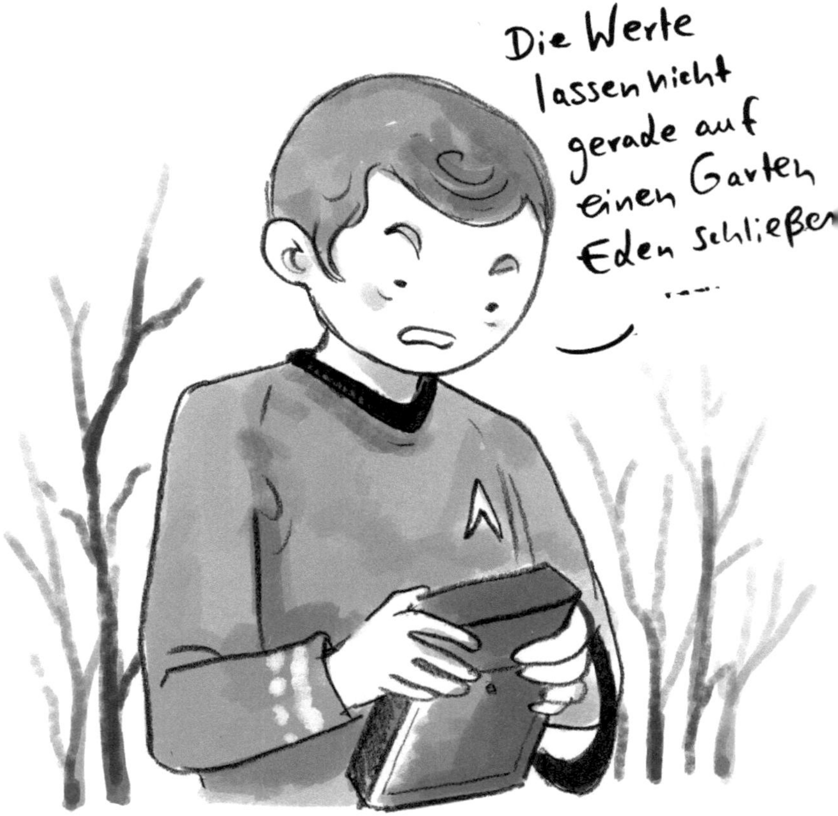
Die Werte lassen nicht gerade auf einen Garten Eden schließen ....

»Die Menschheit hat dafür gesorgt, ihre eigene Zukunft zu zerstören« – so ein Kernsatz im *Star Trek*-Film *Zurück in die Gegenwart*, welcher eindrucksvoll die ökologische Frage thematisiert. Hier spielt Mr. Spock im Rückgriff auf *Brot und Spiele* auch auf den Verschmutzungsgrad der Erdatmosphäre am Ende des 20. Jahrhunderts an. Die Zivilisation im 23. Jahrhundert wird von einem fremden und übermächtigen Raumschiff grundlegend bedroht, die gesamte Existenz der Föderation steht auf dem Spiel. Nachdem endlich die Signale der fremden Sonde als Singen von Buckelwalen identifiziert werden, reift die Erkenntnis, dass nur Buckelwale Rettung bringen könnten. Aber diese stehen im 23. Jahrhundert nicht mehr zur Verfügung, denn diese Meeressäugetiere wurden von Vertretern der »Krone der Schöpfung«, den Menschen, in den vorherigen Jahrhunderten mit aller Überheblichkeit und aller Unvernunft ausgerottet.

Wozu braucht der Mensch Buckelwale? Der Walfang ist doch eine Quelle für wirtschaftlichen Gewinn, für manche Helden unserer Spezies sind die Tiere gar ein Leckerbissen. Alle diese angeblich Vernunftbegabten stürzen auf einen gefrorenen Strom, von »dessen Eis jeder so viel als möglich für sich loszureißen strebt, ohne daran zu denken, dass je mehr er sich bereichert, desto mehr er seinen und aller Untergang beschleunigt«. Dieser um 1800 geschriebene Satz Hegels liest sich wie eine Voraussage für das

20. und 21. Jahrhundert. Spock spricht treffend von der »menschlichen Arroganz, von ihrer besonderen Fähigkeit, völlig unlogisch zu handeln«.

Die Menschheit steht in diesen Jahrhunderten vor außerordentlichen und komplexen Herausforderungen. Neben den in vielen Regionen katastrophalen sozialen und politischen Verhältnissen gibt es gewaltige Umweltschäden, welche die Lebensgrundlagen in gravierender Weise gefährden. Die Globalisierung scheint als eine alles bestimmende Schicksalsmacht über den Menschen zu schweben, den einen Segnungen und Gewinn bringend, den anderen Verlust und Ruin. Die Menschheit gleicht dem Goetheschen Zauberlehrling, der die von ihm selbst heraufbeschworenen Monster nicht in Schach zu halten vermag. Nur: Die Goethesche Lösung mit dem Spruch des alten Meisters: »Besen, Besen, seid's gewesen« steht uns nicht zur Verfügung. Die Menschheit tanzt in vielerlei Hinsicht auf einem Vulkan (nicht auf dem Planeten gleichen Namens) und läuft Gefahr, sich selbst schwer zu beschädigen oder ganz und gar zu vernichten, die letzte Weltwirtschaftskrise und Fukushima stehen exemplarisch hierfür. Ungeachtet der Explosion von Wissen und faszinierender technischer Innovationen, vom Internet bis zu alternativer Energiegewinnung, ungeachtet auch der Verbesserung des Lebensniveaus in vielen Ländern und der Ausbreitung demokratischer Strukturen, trotz der unbestreitbaren

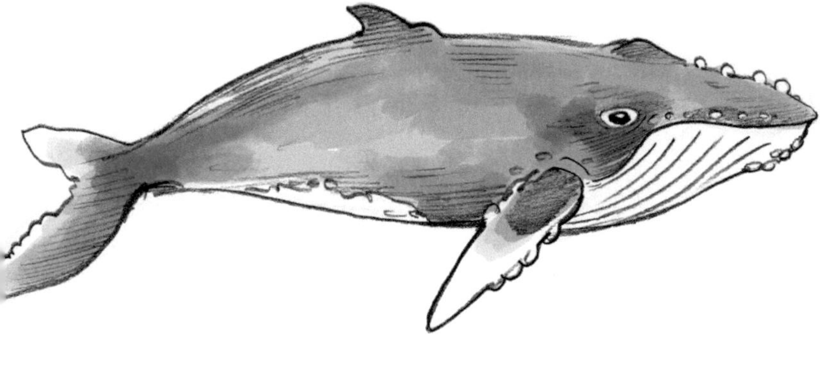

Fortschritte im Technischen, Politischen, Sozialen und Kulturellen sind die bedrohlichen Problemlagen höchst kompliziert.

Die Zerstörung der natürlichen Lebensvoraussetzungen hat heute ein gigantisches Ausmaß angenommen, wichtige natürliche Grundlagen unseres Lebens bilden die Opfer an den unheiligen Götzen namens »Wachstum«, bei dessen Erwähnung immer nach dem Kriterium der Bewertung gefragt werden sollte: Was wächst hier? Dient es nachhaltig der Verbesserung der Lebensbedingungen? Angesichts wachsender Armut, wachsender Unsicherheit, wachsender Rüstungsausgaben, wachsender Wüsten, wachsender Abfallberge, wachsenden und jahrhundertelang strahlenden Atommülls oder wachsender Ölteppiche im Meer ist Wachstum ohne Kriterium alles andere als sinnvoll. Die heutige Welt leidet an vielen solchen problembeladenen und desaströsen Verwachsungen, die der Vermessenheit des babylonischen Turmbaus gleichen. Neben den Atom-Super-GAUs Tschernobyl und Fukushima stehen die verheerende Ölkatastrophe im Golf von Mexiko, die ungezügelte Abholzung von Wäldern, speziell der für das ökologische Gleichgewicht so wichtigen Regenwälder, die dramatische Reduktion der biologischen Artenvielfalt, die tagtägliche Abschlachtung von Millionen von Tieren, die genetische Veränderung von Pflanzen und Tieren ohne Kenntnis der Langzeitfolgen. Regisseur Nimoy

»war von dem Buch *Biophilia* des Harvard-Biologen Edward Wilson beeindruckt gewesen, in den das zunehmende Artensterben und der Zusammenbruch von Nahrungsketten behandelt wurde«.[35] Spock erinnert unmissverständlich an die unverantwortliche Nichtbeachtung der Nebenwirkungen der Atomtechnologie im 20. Jahrhundert – tausend Jahre wird dieser Müll weiterstrahlen. Den Walfang geißelt er als »nicht logisch«! Aus Spocks Mund die schärfste aller möglichen Kritiken. Worauf Dr. Gillian antwortet: »Wo steht geschrieben, dass Menschen logisch sind?« – Spock diagnostiziert eine Überheblichkeit der Menschen.

Der speziell durch die industriellen Nationen verursachte Klimawandel bedroht massiv viele Lebensbedingungen und ganze Landstriche, Flüsse, Seen wie Weltmeere. Auch an unserer eigenen Natur wird zunehmend Raubbau betrieben, ungesunde Ernährung und Lebensweise, Doping- und Enhancement-Fanatiker wie die sogenannte »Wunsch-Medizin« streben nach dem perfekten Körper, wie bei der Atomtechnologie unter Ignoranz der Neben- und Langzeitwirkungen. Die Figur des Khan steht in zweifacher Weise in Bezug zu diesen Gefahren: Zum einen repräsentiert er in der Episode *Der schlafende Tiger* einen im Rahmen des sogenannten eugenischen Projekts genetisch gezüchteten »Über-Menschen«, worin sich der Wahn von der Zucht eines genetisch besseren, leistungsfähigeren Menschen zeigt. Auch heute werden von manchem Enhancement-Vertretern die ethischen Bedenken pseudo-ethisch hinwegerklärt. Zweitens wurden im Genesis-Projekt (*Der Zorn des Khan* und *Auf der Suche nach Mr. Spock*), das Khan als Waffe missbrauchen will, ebenfalls die Neben- und Langzeitwirkungen unterschätzt, mit der desaströsen Folge der Zerstörung des gesamten Planeten.

Die eigenen und äußeren Naturfundamente unseres Lebens, die dynamischen ökologischen Gleichgewichte befinden sich heute in einer nie da gewesenen Gefahr. Das Geschwätz der von Hochmut und Dummheit triefenden Wachstumsprediger gleicht dem Verhalten der drei berühmten Affen – nichts Böses hören, nichts Böses sehen, nichts Böses oder Schlechtes sagen. Man will die Probleme nicht wahrhaben, Spocks Diagnose der Ignoranz trifft den Nagel auf den Kopf. Das Verhalten der Menschen gleicht mitunter dem legendären Pfeifen im dunklen Wald. Hegels Bild vom schmelzenden Eis hat einen realen Hintergrund erhalten: Nicht nur die Gletscher und der in der Arktis lebende Eisbär sind vom Abschmelzen des Eises bedroht, für die gesamte Existenz des Menschen auf dem blauen Planeten ist das Eis brüchig und sehr dünn geworden. Wir sägen zunehmend an dem Ast, auf dem wir sitzen, wir befördern die Kernschmelze der gesamten Erde. Die für die Menschheit existierende »Fluchttür beim Klimawandel steht nur

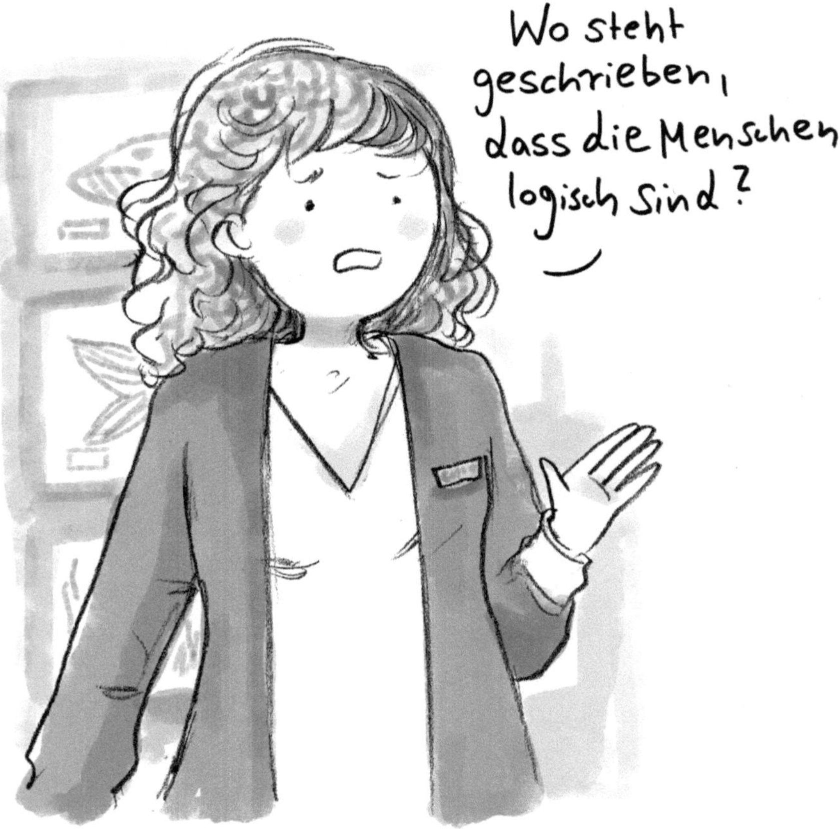
Wo steht geschrieben, dass die Menschen logisch sind?

noch eine Handbreit offen. Wenn wir tatsächlich in diesem Jahrhundert eine globale Erwärmung von fünf, sechs Grad zustande bringen, dann wird es auf diesem Planeten eine Hochzivilisation, wie wir sie heute kennen, nicht mehr geben«.[36] Möglicherweise aber könnten dann wenigstens die Buckelwale überleben, falls es noch eine ausreichende Population gibt und die immer weiter voranschreitende Verschmutzung der Meere nicht auch deren Lebensraum vernichtet.

Die originale *Star Trek*-Serie und die Filme spielen im Prinzip nie auf der Erde des 23. Jahrhunderts. Alle Geschichten ereignen sich im Weltraum oder auf der Erde der Vergangenheit. Das Einzige, was wir von der Erde des 23. Jahrhunderts mitbekommen, sind Videoübertragungen irgendwelcher Admiräle, die Kirk zurechtweisen, ihm ins Gewissen reden oder ihm eine neue Mission aufzwingen wollen. Wie genau es auf der künftigen Erde aussieht, bleibt unklar. Wir erfahren nichts über eine Regierung, über mögliche Ländergrenzen, die sich vielleicht schon aufgelöst haben. Wir erfahren auch nichts über die Populationsgröße der Menschheit oder darüber, wie in diesem Jahrhundert Industrie und Landwirtschaft betrieben werden. Man kann also nur mutmaßen. Und so war es von Gene Roddenberry wohl auch gedacht, dass alle grundlegenden Probleme auf der Erde unter Kontrolle gebracht wurden. In *Zurück in die Gegenwart* wird beispielsweise gesagt, dass es kein Geld mehr gibt.

Auch keine Klimakatastrophen, keine Ernährungskrise und keine Kriege auf dem blauen Planeten. Die Menschheit würde demnach zwangsläufig nachhaltig handeln und wirtschaften. Erst diese positiven Voraussetzungen haben dazu geführt, dass die Menschen den Weltraum friedlich erforschen können. Dieses Weglassen der »Realität« auf der Erde der Zukunft erscheint bequem, weil man sich nicht die Blöße geben muss, neue Lebens- und Regierungsformen zu erklären. Aber die Lücke lässt eben auch Platz, unsere ganzen Hoffnungen für die Zukunft der Menschheit hineinzuprojizieren, im guten Sinne einer gelungenen Utopie.

Naturale Nachhaltigkeit - Der Wald als Musterfall des Ökologischen

Dass der Terminus des »Nach-haltenden« oder Nachhaltigen, des für die Zukunft Wichtigen und Bleibenden zuerst in der Forstwirtschaft entstand, entsprang keineswegs dem Zufall. Dies ergab sich vielmehr aus der notwendig langfristigen Sorge um den Wald als eines der wertvollsten Güter der Erde, dessen Bedeutung besonders für Klima, Boden und Wasser unbestritten ist. Der Förster kennt die langen Lebenszyklen der Bäume, deren Existenz oft über seine eigene Lebenszeit hinausgeht. Er weiß über die Zusammenhänge von ökologischen Systemen und ihre Verwundbarkeit Bescheid, er hat Wissen über das Lebendige, über die *Öko-Logik*. Er ist ein Hegender von Profession, er handelt ganz im Sinne der Spockschen Logik. Der Umgang mit dem Wald kann nicht durch bloße Okkupation und Gewinnmaximierung geleitet sein, sondern muss sich auch am gemeinschaftlichen Interesse orientieren und somit Schonung und Vorsorge mit einschließen. Der Wald stellt ein gemeinschaftlich-öffentliches Gut dar. Das Verhältnis zu ihm, das »forstliche Bewusstsein«, dessen oberstes Anliegen der langfristige Fortbestand des Waldes als ein funktionierendes ökologisches Ganzes ist, bildet ein Muster für das vollständig logische Prinzip der Nachhaltigkeit. Wie für den Wald gilt dies auch für Flüsse, Seen und Meere.

Diesen Begriff des Nachhaltenden, der Vorsorge wurde erstmals 1713 vom Forstwissenschaftler Hans Carl von Carlowitz formuliert – er spricht von »continuierlicher, beständiger und nachhaltender Nutzung«. In seiner Studie *Sylvicultura oeconomica* wird in Anknüpfung an die Formeln vom pfleglichen Umgang und der behutsamen Nutzung formuliert: Für die »Conservation und den Ausbau des Holzes« sei es entscheidend, dass »es eine continuierliche beständige und nachaltende Nutzung gebe, weil es eine unentbehrliche Sache ist ohne welche das Land in seinem wesentlichen Sein nicht bleiben mag«.[37] Die Rechnung ist einfach: Es kann nicht mehr Holz genutzt werden, als der Wald »verträgt«. Es muss ein Gleichgewicht von Zuwachs und Wegnahme von Bäumen gewährleistet sein, dem Wald muss ein Recht auf Regeneration zugemessen werden. *Sylvicultura oeconomica* schließt einen vernünftigen Waldbau in sich ein, die Waldungen sind »*vernünftig* einzurichten«.[38] Bestimmt hätte Spock diesen Gedanken besonders geschätzt.

Somit sollen Nutzen bzw. Gebrauch des Waldes mit der Rücksicht auf die Erhaltung seines »Gleichgewichtes« verbunden werden. Das Zu-Eigen-Machen des Natürlichen soll mit dem Belassen des Natürlichen, dem So-Sein-Lassen, in eine vernünftige Einheit gebracht werden. »Vorsorge für den künftigen Gebrauch« zielt auf eine schonende Nutzung des Natürlichen, gegen die Ausrottung der Pflanzen und Tiere, denen als Lebendiges ein bestimmter intrinsischer, d. h. ihnen innerlicher Wert zukommt. Für die Schonung in »Rücksicht auf die Erhaltung« müssen das andere und das Zukünftige notwendig Berücksichtigung finden.

Dieses Prinzip der Nachhaltigkeit in Carlowitz' *Sylvicultura oeconomica* kann auf die gesamte Ökonomie übertragen werden. Die Gegenwart verlangt eine neue *Cultura oeconomica*, eine an der naturalen wie sozialen Nachhaltigkeit orientierte Wirtschaft, im Gegensatz zum bankrotten marktfundamentalistischen Industrialismus, der umweltzerstörende und weltplündernde Folgen zeitigt. Pures Gewinnstreben untergräbt die Nachhaltigkeit und gefährdet damit den Wald massiv. Bei jeder Nutzung muss die »Gesunderhaltung« des Waldes im Zentrum stehen, im ureigensten Interesse des Menschen. Was für den Wald gilt – die Waldungen vernunftmäßig einzurichten – kann auf die gesamte Wirtschaft übertragen werden: Die neue *Cultura oeconomica* als ökologische Ökonomie lehrt die Natur so schonend und hegend zu behandeln, dass sie als solche einen Nutzen nachhaltig gewährt – ein Kontrastprogramm zu unserer Welt am Anfang des 21. Jahrhunderts. Nicht nur der tropische Regenwald in Brasilien wird brutal abgeholzt, sondern auch die Buchenwälder in Deutschland und Waldbestände in vielen Regionen. Dies betrifft in gleicher Weise auch die Vorsorge im Blick auf das Wasser und natürlich die großen Meere mit der Erhaltung der Vielfalt der maritimen Lebensformen, einschließlich der Wale. Jedoch verursacht die Menschheit bis heute eine gigantische und kaum rückgängig zu machende Zerstörung der Lebensbedingungen von Meerespflanzen und -tieren. »Durch die Verbrennung von Kohle und Öl setzen Menschen Kohlenstoff frei, der zig Millionen, in den meisten Fällen sogar Hunderte Millionen Jahre eingeschlossen war. Dabei kehren wir die geologische Geschichte mit der Geschwindigkeit eines Raumschiffs mit Warp-Antrieb um [...] Wenn es noch lange so weitergeht, wird das Vermächtnis des

Anthropozäns wahrscheinlich eines der bemerkenswertesten, wenn nicht gar verheerendsten Ereignisse in der Geschichte unseres Planeten sein.«[39]

Heute herrschen ein perverser Vernichtungsfeldzug auf den Weltmeeren und ein »Holzrausch« als drastische Verstöße gegen die gemeinschaftlichen Belange, der Gedanke von der »Bewahrung der Schöpfung« wird in vielerlei Hinsicht missachtet.[40] Trotz gegenteiliger Beteuerungen vieler Verantwortlicher werden Wald und Meer, obwohl entscheidende Grundlage zur Sicherung des Lebens von Mensch, Tier und Pflanze, immer mehr Gegenstand wirtschaftlicher Nutzung und purer Gewinninteressen. So gefährdet das kaum gebremste Streben nach Gewinnmaximierung die gesamte Zukunft des Menschen.

Die ökologische Nachhaltigkeit muss Carlowitz zufolge in Verbindung mit der »Beförderung der allgemeinen Landes-Wohlfahrt« betrachtet werden. Es geht heute um den Aufbau eines sozialen Staates, der als einzige Instanz soziale Nachhaltigkeit und eine gerechte Verteilung der Güter zu garantieren vermag. So kann die Nachhaltigkeit – als naturale und soziale – zu einem Grundprinzip der Konstituierung einer freien, modernen Gesellschaft avancieren. Der gordische Knoten bisheriger Wachstums(un)logik muss hierfür durchschlagen werden. Alle Versuche, diese Gefahren zu verharmlosen, vergrößern die Umweltschäden. Der besonders in den letzten Jahrzehnten massiv gestartete *Angriff auf die Vernunft* (Al Gore) verlangt konsistente und kreative Abwehrstrategien, im Kern eine neue Konzeption einer sowohl ökologisch als auch sozial nachhaltigen gerechten Gesellschaft und einer entsprechenden Weltordnung. Nebenbei: Al Gore gilt als ein großer *Star Trek*-Fan und hat angeblich als Student öfter die Serie gesehen, anstatt zu studieren.

Ein erster wichtiger Ansatz zur Bewältigung dieser Probleme war das während des »Erdgipfels« von Rio de Janeiro 1992 formulierte »Dreieck der Nachhaltigkeit« von Ökonomie, Ökologie und sozialer Gerechtigkeit, ein zweiter Schritt Ende 2015 mit dem Vertrag von Paris. Beides richtet sich gegen das verhängnisvolle »Dreieck« der Marktfundamentalisten: Privatisierung, Ausplünderung der Natur und »Zurückdrängen« des sozialen Staates.

Die Sorge für heute und eine »die Zukunft berücksichtigende und sichernde Vorsorge« - Grundriss für den Gedanken der Nachhaltigkeit

Für die philosophische Beschäftigung mit dem Thema Nachhaltigkeit spielt das Denken Hegels bislang kaum eine Rolle, wohl völlig zu Unrecht.[41] Zwei seiner Schlüsselbegriffe, Sorge und Vorsorge, richten sich präzise auf den Kern der Thematik, auf die Sorge um das heutige Leben und die Vorsorge für künftige Generationen.

Eine neuere Stellungnahme des Bundesverfassungsgerichtes hinsichtlich des Gentechnik-Gesetzes hält folgendes Prinzip fest: Die Gentechnik »greift in elementare Strukturen des Lebens ein. Die Folgen solcher Eingriffe lassen sich, wenn überhaupt, nur schwer rückgängig machen«. Das Bundesverfassungsgericht spricht vom Grundgesetzauftrag »in Verantwortung für die künftigen Generationen die natürlichen Lebensgrundlagen zu schützen«, im Sinne »einer größtmöglichen Vorsorge«.[42] Im Interesse des Gemeinwohls müssen massive Eingriffe in das ökologische Gefüge also unterlassen werden. Die zerstörerischen Veränderungen ökologischer Gleichgewichte wie etwa der Weltmeere sind kaum auszugleichen. Die Schwierigkeiten und Gefahren, die mit dem Genesis-Projekt in *Star Trek* verbunden sind, zeigen dies in aller Deutlichkeit. Auch mit diesem Vorhaben sollte fundamental in Lebenszusammenhänge eingegriffen werden, was eben katastrophale Folgen nach sich ziehen kann.

Die Unverletzlichkeit der Person bedeutet die Unverletzlichkeit meines besonderen, natürlichen Daseins sowie das Verbot jeglicher Misshandlung oder gar Tötung einer lebendigen Person, beispielsweise das absolute Verbot der Verletzung, Verstümmelung oder Folter – ein Grundsatz für moderne

Verfassungen. Zur Personalität gehört daher fundamental und untrennbar das Recht auf Körperlichkeit, das Recht auf die lebendige Existenz des Einzelnen. Insofern die Besitznahme des eigenen Körpers zur Formierung des Natürlichen zählt, muss die Person auch das Leitmotiv der Sorge und Vorsorge beachten, die Gesunderhaltung des Körpers als ein Verhalten in Rücksicht auf die Bewahrung des Lebens, immer im Sinne einer gelingenden Verbindung des sinnvollen Formens des Natürlichen und des mitunter erforderlichen Verzichts auf das direkte Eingreifen. Dieses »Nicht-Eingreifen« hinsichtlich anderer Zivilisationen ist ja eine oberste Direktive der Föderation, auch das Nichteinmischungs-Prinzip genannt. Dies kann jedoch auch auf Flora wie Fauna bezogen werden. Schon heute erweist sich das Einschleppen von manchen fremden Arten in ein anderes Ökosystem als gigantisches Problem.

Eine zweite Stufe umfasst die Gestaltung der *äußeren* Welt, das Eigentum an *äußeren* Sachen. Was beinhaltet die Rede vom vernünftigen Gestalten der äußeren Welt, von der Erhaltung der natürlichen Lebensbedingungen? Es stellt sich zum ersten die bereits angesprochene Frage der Aneignung sogenannter elementarischer Sachen wie Luft und Wasser.[43] Diese aus der Sicht des schottischen Philosophen David Hume »wertvollsten aller äußeren Güter« dürfen keinesfalls privatisiert werden. Die Weltmeere müssen so auch

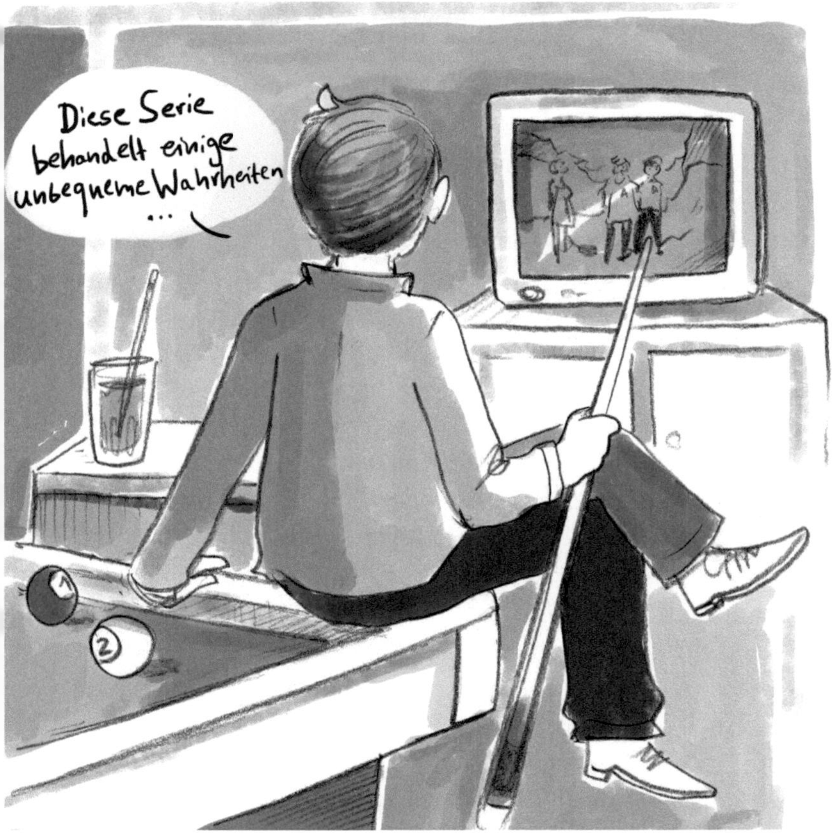
Diese Serie behandelt einige unbequeme Wahrheiten ...

als Lebensraum erhalten werden. Dieses Existenzrecht müssen wir denkenden, vernünftigen Wesen auch den Walen, diesen gigantischen Meeressäugern zugestehen. Zu den elementarischen Sachen müssen ganze ökologische Systeme gerechnet werden, da sie die Grundlage für das Leben darstellen. Aus Hegels Perspektive sind diese elementarischen Dinge von der Besitznahme ausgeschlossen, nur einzelne Dinge können in Besitz genommen werden. Dieser Gedanke des Verbotes privater Aneignung elementarischer Güter verdient besondere Aufmerksamkeit und hat erhebliche Tragweite, etwa beim Umgang mit dem Wasserreichtum der Erde (Meere, Flüsse, Arktis, Antarktis) oder beim Schutz der Erdatmosphäre. Aufgrund der festgestellten erheblichen Luftverschmutzung ordnet Spock in der Episode *Brot und Spiele* den entdeckten Planeten der Entwicklungsstufe der Erde des 20. Jahrhunderts zu, was eine deutliche Kritik an dieser heute gängigen Missachtung natürlicher Gleichgewichte darstellt. Die für solche Gleichgewichte unbestreitbare Relevanz der Besitznahme elementarischer Sachen steht im Zentrum. Solche vernichtenden Eingriffe stellen aus Hegels Sicht prinzipielles Unrecht dar, weil es sich bei diesen Gütern um gemeinsame Existenzvoraussetzungen der Menschen handelt.

Eine »die Zukunft berücksichtigende und sichernde Vorsorge«

Ein Kernelement der Konzeption der Sorge und Vorsorge besteht in der scharfen Kritik am Gedanken der Herrenschaft gegenüber dem Natürlichen, in der Ablehnung der Unterdrückung und Knechtschaft der Natur, worin die Beziehung auf das Gegenständlich-Natürliche sich auf das bloße »Haben« reduziert. Solche Versuche des Unterwerfens der Natur gehen zumeist mit einem ungeheuren Hochmut des Menschen gegenüber der Natur einher, verbunden mit der Behauptung der Rechtlosigkeit der Natur und der These von einer berechtigten Misshandlung des Natürlichen. Stattdessen geht es darum, wie »der Mensch in der Umgebung der Welt heimisch und zu Hause«, bei sich selbst und folglich frei sein kann, sowohl in der natürlichen als auch in der kulturellen Welt (Hegel). In der Bearbeitung der Erde muss besonderes Augenmerk auf die Erhaltung der Pflanzenwelt und das Hegen der Tiere gelegt werden, die Gewässer und Wälder der Erde sind hierfür entscheidend. Dieses Eigene soll aber nicht bloß angeeignet, sondern erhalten und dauernd haltbar oder nachhaltig werden. Eine künftige Aneignung für künftige Generationen muss gewährleistet sein, auch spätere Generationen müssen saubere Luft atmen können und saubere Meere mit singenden Buckelwalen vorfinden. Der Grund hierfür liegt in der Gemeinsamkeit der Lebensbedürfnisse der Einzelnen und der Sorge für deren jetzige und künftige Befriedigung – Sorge und Vorsorge. An die Stelle der bloß rohen Verzehrung und Zerstörung des Naturobjekts treten seine »schonende« Formierung und Erhaltung. Darin liegt ein dauerndes Mittel und eine die Zukunft berücksichtigende und sichernde Vorsorge – die Vorsorge für den künftigen Gebrauch. In seinem Gentechnik-Urteil spricht das Bundesverfassungsgericht vom Grundgesetzauftrag, »in Verantwortung für die künftigen Generationen die natürlichen Lebensgrundlagen zu schützen«, im Sinne »einer größtmöglichen Vorsorge«,[44] hier findet also Hegels Begriff der Vorsorge Verwendung. Dieses Urteil entspricht §20 des Grundgesetzes, worin die Nachhaltigkeit ausdrücklich fixiert ist[45], somit indirekt auch die Verpflichtung zur Erhaltung der Wale.

Eingedenk der Relevanz des Maßes bei der Befriedigung der Bedürfnisse muss also ein maßvoller Umgang mit den natürlichen Ressourcen des Lebens stattfinden. Maßvoll heißt hier ein dem Gegenstand (dem gesamten ökologischen Gefüge) angemessener, adäquater Umgang, der das Eigentümliche dieses Systems respektiert, ein Hegen also im weitesten Sinne. Wie in Bezug auf »elementarische Sachen« können auch hier die Bestimmungen, die das Privateigentum betreffen, dem Gemeininteresse untergeordnet werden. Dabei könnte an Gegenstände gedacht werden, die etwa für die Erhaltung des ökologischen Gleichgewichtes essenziell sind, vor allem auch »einfache« Sachen (Gewässer, Steine, Sand, Wiese o. ä.). Diese Gegenstände würden dann im Interesse des Gemeinwesens und des Gemeinwohls der privaten Besitznahme teilweise oder ganz entzogen werden. Ich handle vernünftig, angemessen oder »hegend«, indem ich etwas unterlasse, wodurch das natürliche, ökologische Gleichgewicht einschneidend verletzt würde. Mein Tun stellt sich somit als Unterlassen dar, als ein die natürlichen Gleichgewichte respektierendes Zurückhalten und Suspendieren eines folgenreichen Eingreifens. Es geht bei diesem Hegen oder Schonen um »ein Benehmen in Rücksicht auf die Gegenstände, wodurch sie erhalten werden«[46] – ein erster Ansatz für das Prinzip der Nachhaltigkeit, der Bewahrung des Lebens, des wahrhaften, vernünftigen Umgangs mit der Umwelt. Nachhaltende Nutzung gründet sich somit auf ein Wissen bezüglich jetziger und zukünftiger Situationen, auf die Berücksichtigung heutiger und künftiger Rechte freier Subjekte.

Ein Raubvogel und die Buckelwale

Leonard Nimoys Film *Zurück in die Gegenwart* präsentiert ein eindrucksvolles Plädoyer für den skizzierten Gedanken der Nachhaltigkeit und hat zwei Kernaussagen. Erstens: Die Menschheit hat im 20. Jahrhundert mit der Ausrottung der Wale ihre eigene Zukunft in höchste Gefahr gebracht. Zweitens betont die engagierte Meeresbiologin und Wal-Expertin Dr. Gillian Taylor den entscheidenden Gedanken, dass wir auch von der Perspektive der Wale aus denken müssen: »Wie geht es den Walen?« Wie fühlen sich diese Säugetiere der Meere, unsere engen Verwandten?[47]

Was freie Wesen zum Leben brauchen, darf »nicht nur ein totes Mittel sein, sondern dieses freie Wesen muss sich noch mit ganzem Sinn und Selbst darin lebendig fühlen, muss in der Welt zu Hause sein können« (Hegel). Der »Tempel der Welt«, in welchem der Mensch haust, muss vor der Verwandlung in tote Klötze und Steine bewahrt werden, sonst wird er darin nicht heimisch sein können und sich selbst aus seinem zweiten Paradies hinauswerfen. Von fundamentaler Bedeutung dafür sind der Respekt vor den natürlichen Lebensvoraussetzungen, der Respekt vor der lebendigen Pflanzen- und Tierwelt, die Überwindung der arroganten, einseitig anthropozentrischen Weltsicht. Mr. Spock sagt zur Walforscherin ganz deutlich: »Sie haben sie (die Wale) sehr gern, aber trotzdem sind sie verdammt nicht Ihre Wale!!«

Der Mensch muss wieder begreifen, dass er ein Tier ist – das »einzige Tier, das weiß, dass es ein Tier ist«. Dieser Unterschied zu den anderen Tieren beinhaltet eine besondere Verantwortung für alles Leben im Universum, auch für den Wald und die Buckelwale.

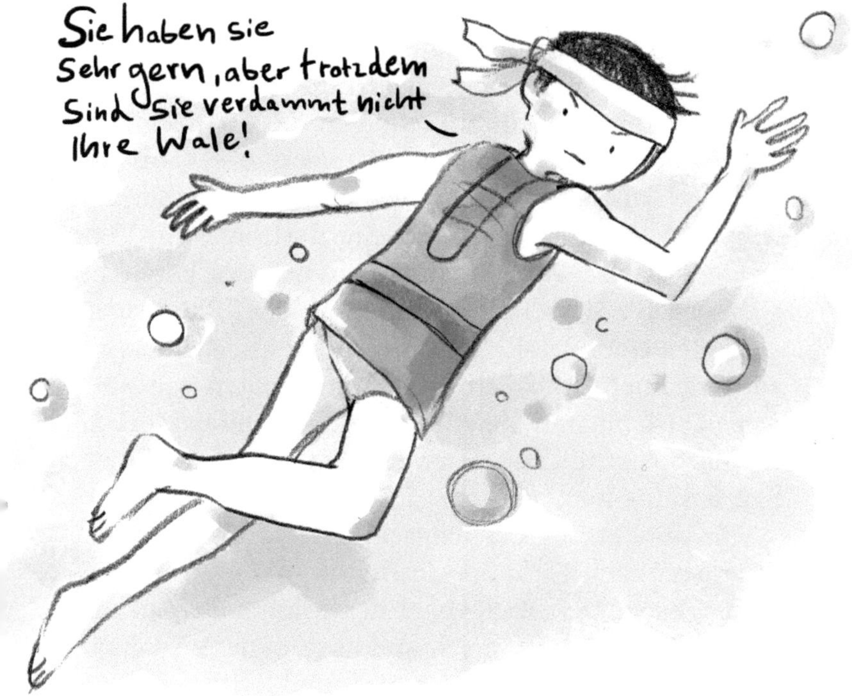
Sie haben sie sehr gern, aber trotzdem sind sie verdammt nicht Ihre Wale!

Der Befund über die gegenwärtige Lage sieht leider anders aus: Der natürliche Reichtum wird exzessiv vernichtet, pro Tag 20000 Hektar Ackerland zerstört, 50000 Hektar Wald abgeholzt, pro Tag sterben 100 biologische Arten aus! Besonders betroffen sind die Lebensformen der Gewässer und der Weltmeere. Die Menschheit begeht damit Selbstverletzung und beginnt ihren langsamen Suizid, denn das vernichtete andere gehört zu ihrem eigenen Leben. Zugleich wächst auch der Widerstand gegen dieses unvernünftige Tun, etwa durch das Walfang-Moratorium von 1982, das inzwischen zu einer erfreulichen Vergrößerung der Wal-Populationen geführt hat, dies gilt auch für irdische (nichtklingonische) Raubvögel, die unter Naturschutz stehen. Allerdings stellen sich ausgerechnet demokratisch regierte Staaten wie Norwegen, Island und Japan gegen das Walfangverbot, das europäische Land Norwegen gar mit der offenen Begründung kommerzieller Interessen.

Für die Rettung der menschlichen Spezies auf der Erde benötigen Kirk, Spock und Co. dann zwei tierische Wesen: Den Raubvogel der Klingonen und die Buckelwale der Terraner – und dazu natürlich vulkanische und menschliche Vernunft und Raffinesse. Die fremde Sonde bedroht mit ihren hochenergetischen Signalen die gesamte Energieversorgung der Erde, Mr. Spock kann schließlich die Töne als die Stimmen von Buckelwalen identifizieren. Nur diese unsere

»bucklige« Verwandtschaft kann den Planeten retten. Auch wird hierin die Unhaltbarkeit eines hochmütigen Anthropozentrismus sichtbar:

> **Spock**: »Es gibt auch noch andere intelligente Wesen. Nur die menschliche Arroganz nimmt an, dass diese Botschaft an die Menschen gerichtet ist.«

Unsere Verwandten, die Tiere

Die Tiere können nicht wie bloße Sachen, nicht wie Steine oder Metalle behandelt werden. Noch Kant hatte die Position vertreten, dass der Mensch Person sei und darin »ein von Sachen, dergleichen die vernunftlosen Tiere sind, mit denen man nach Belieben schalten und walten kann, durch Rang und Würde ganz unterschiedenes Wesen«. Im Unterschied dazu formulierte der Philosoph vom moralischen Standpunkt aus eine Pflicht des vernünftigen Wesens zur Enthaltung von gewaltsamer und grausamer Behandlung der Tiere, weil das Mitgefühl als natürliche Anlage des Menschen abgestumpft und ausgetilgt werden könnte. Kant sieht eine indirekte moralische Verpflichtung in Bezug auf Tiere, direkt sei die Pflicht allerdings immer nur Pflicht des vernünftigen Menschen gegen sich selbst. Fichte stellt sogar das Tier rechtlich in eine Reihe mit »toter Materie«, die der Mensch als Mittel für seine Zwecke gebrauchen darf. In Hegels Philosophie hingegen erfolgt ein einschneidender Wandel der Sichtweise, der zunächst in der Herausstellung eines bestimmten inneren Wertes, eines Eigenwertes tierischen Lebens Ausdruck erhält: Durch das Vermögen der Empfindung stehen die animalischen Organismen Hegel zufolge auf dem höchsten Punkt der Natur, ihnen kommt Selbstständigkeit und Subjektivität zu. Selbstgefühl und Seele sind gemeinschaftliche Attribute von Mensch und Tier, der Mensch unterscheidet sich vom Tier wohl nur durch das begreifende Erkennen. Gerade deshalb, weil der Mensch weiß, dass er ein Tier ist, hört er auf, ein Tier der bisherigen Form zu sein. Die Humanspezifik liegt im Vermögen des »Denkens des Denkens«, das Tier weiß seine Zwecke nicht als Zwecke. Der Mensch ist eine »durch Vernunft modifizierte Tierheit und durch Tierheit modifizierte Vernunft«, ein »drittes aus beiden«.[48] Das Tier verfügt über ein Grundelement des Handelns, über das praktische Verhalten zu den Dingen. Das animalische Bedürfnis, die tierische Begierde bezeichnet Hegel als »Idealismus der Gegenständlichkeit, wonach letztere kein prinzipiell Fremdes für das Tier ist«. Die Subjektivität der Tiere äußert sich in ihrem praktischen Verhalten, die Tiere gehen auf die Dinge zu, greifen, erfassen und verzehren sie.

Das hier nur angedeutete neue Verständnis zum Status des tierischen Lebens zeitigt erhebliche

Konsequenzen. Falls (und dies scheint seitens der Ernährungswissenschaft weitgehend belegt) der Mensch aufgrund seiner »Natur« zu seiner Ernährung und Entwicklung nicht ständig tierische Nahrungsmittel benötigt, gibt es keinerlei Recht zur massenhaften Tötung von Tieren für Ernährungszwecke. Wenn dieses »Natur-Argument« – die natürliche Bestimmung des Menschen als Fleischfresser – stürzt, fehlt dem Menschen jegliche Rechtfertigung »ohne Not« seine engsten Verwandten zu töten und ihre Kadaver zu essen. Dies beinhaltet eine Revolution für das menschliche Ernährungsverhalten überhaupt, wenigstens bis zur Mischung von tierischer und vegetarischer Ernährung. Nicht nur das Quälen von Hund und Katze, sondern auch das in der Massentierhaltung praktizierte willkürliche und barbarische Töten zum Zwecke der Fleischproduktion, nichtartgerechte Haltungen von Tieren wie die Gefangenschaft in Legebatterie und Zoo müssen als inakzeptable, unrechtliche Handlungen eingeschätzt werden, da ein empfindendes Wesen um dessen selbst willen nicht schlecht behandelt werden darf. Die genannten Handlungen verstoßen gegen das spezielle Lebensrecht der Tiere, gegen ihr »Wohl«, gegen ihre Berechtigung, da sie eben keine Sachen sind.[49] Spock und alle anderen Vulkanier sind Vegetarier und dies wohl aus kulturellen Gründen, nämlich der Vermeidung jeglichen gewalttätigen und andere empfindende Wesen unterwerfenden Handelns.

Zusätzlich zu dem fundamentalen ersten Argument kann zweitens das Wohl des Menschen in Anschlag gebracht werden: Insofern die Gewährleistung menschlicher Ernährung nicht zwingend tierische Nahrung verlangt, wäre das Überwiegen pflanzlicher Nahrung entschieden vorzuziehen, zumal diese nachweislich wesentlich effektiver und gesünder zur Sicherung der Welternährung beitragen kann. Außerdem bliebe beim Verzicht auf die Massentierhaltung der Erde ein beträchtlicher Teil der Treibhausgasproduktion erspart. Auch dies wäre ein positiver Faktor zur Bewältigung der globalen ökologischen Probleme.

Die Rechte der Tiere, ihre Berechtigungen, verdienen eine präzise Festlegung. Die klare Vertretung dieser Rechte bleibt unsere unbedingte Pflicht gegenüber unseren nahen »Verwandten«. Im wahrsten Sinne des Wortes müssen wir ihre Fürsprecher sein. Tiere als lebendige, empfindende und selbstständige Wesen stehen zu sich zwar nicht in der Beziehung des Eigentümers und sind so selbst nicht rechtsfähig. Ein Tier vermag nicht gut oder böse zu handeln, auch wenn diese Kennzeichnungen gang und gäbe sind: meine böse Katze, die meinen sündhaft teuren Teller aus Meißner Porzellan zerschlagen hat; der böse Wolf, der die Großmutter gefressen hat. Aber in seiner Subjektivität, in seinem *»Sich-im-Besitz-Haben«* liegt die spezielle, innere Berechtigung des tierischen Lebens, die eine unbedingte Zustimmung durch die menschlichen Wesen verlangt. Das bewusste Töten von Tieren kann nur unter speziellen Umständen, nur im Falle von Ausnahmesituationen (etwa bei der Schädigung natürlicher Gleichgewichte durch Tiere) oder im Falle der Notwehr (Angriffe auf Menschen, Gefahr von Krankheiten und Epidemien) gerechtfertigt sein.

Wer aber denkt, Tiere könnten alles das, was wir auch können, verfehlt ebenfalls den Punkt. Elefanten und Krokodile gehören so nicht ins Parlament und Haie nicht in Aufsichtsräte, Heuschrecken nicht auf den Weltmarkt, Füchse nicht in Expertenkommissionen, obwohl man von Äsop bis Walt Disney dazu neigt, sowohl das Gute als auch das Böse tierisch zu verbildlichen. Aber Tiere können eben auch nicht als Sachen »misshandelt« werden, das jeweilig bestehende Recht gehört auf den Prüfstand. Obschon den Tieren im Bürgerlichen Gesetzbuch zugesprochen wird, dass sie keine Sachen sind, finden im Falle der Tiere doch die für Sachen geltenden Vorschriften Anwendung, wobei die besonderen Schutzvorschriften für Tiere zu beachten sind. Zudem hat das deutsche Grundgesetz den Tierschutz verankert. Diese Unstimmigkeiten zeigen die ambivalente oder schizophrene Positionierung zum Tier und zum Tierrecht an und müssen mit einer klaren Bestimmung der Rechte des Tiers überwunden werden.

Jedenfalls bilden der Umgang mit den Tieren sowie die entsprechende formell rechtliche Festlegung in

Form von Gesetzen gewichtige Kriterien für die Einschätzung der Rechtlichkeit und Vernünftigkeit, der Modernität einer Gemeinschaft. Hegen und Bewahren der natürlichen Umwelt, Sorge und Vorsorge, Nachhaltigkeit, Beachtung der Berechtigungen der Tiere sind unbedingtes Recht und unbedingte Pflicht. Die bloße Herrenschaft über die Natur, ihre Degradierung zu einer bloß ökonomischen Größe droht in den Ruin der Lebensvoraussetzungen umzuschlagen und wäre ein gemeinschaftlicher Suizid, die Zerstörung des menschlichen Lebens schlechthin. Da wir es Hegel zufolge bei den Realisierungen des Wollens stets mit uns selbst zu tun haben, kann die natürliche Lebensumwelt nur als etwas untrennbar zu uns Gehöriges verstanden werden, als unser verlängertes Dasein, als unser verlängerter Körper, als ein Teil von uns. Der frevelhaft-zerstörende Eingriff erscheint so als Angriff auf uns selbst und gleicht der vorher angesprochenen Selbstverstümmelung und Selbstvernichtung. Letztere sind stets möglich, weil die Freiheit eben auch ihre dunkle Seite hat: Gedankenlosigkeit, Dummheit, Willkür und unvernünftiges Tun – die Gefahr des Zeugens dieser Ungeheuer bleibt bestehen. Allerdings ist es gerade nicht die Vernunft, welche jene heraufbeschwört, sondern die Un-Vernunft; unzulängliches Denken und Tun, eben dies, was Mr. Spock die menschliche Arroganz und Überheblichkeit nennt.

Im Anschluss an Hegel wäre auch hier jenseits von

Herrschaft und Knechtschaft, jenseits von Hochmut und Demut zu denken und zu handeln.

Um die Erde zu retten, muss die *Enterprise*-Besatzung auf ihrem klingonischen Raubvogel – den in *Bounty* umgetauften *Bird of Prey* – eine Zeitreise in die Vergangenheit, ins 20. Jahrhundert unternehmen und singende Buckelwale, das Walpärchen George und Gracie, in das 23. Jahrhundert zu bringen. Diese Reise ins 20. Jahrhundert gerät zur unmissverständlichen ironischen Kritik dieses Zeitalters, ein *Star Trek*-Film, der sich im Komischen und im Humor versucht, mit Erfolg![50] Die Zuschauer müssen über sich selber lachen. Die Raumfahrer gehen so auf Walfang zur Rettung der Wale und der menschlichen Existenz auf der Erde. Man verliebt sich in die Meeressäuger, Scottys unübertrefflich strahlendes Gesicht nach dem Hochbeamen von George und Gracie spricht Bände. Auch Mr. Spock muss dann in das Lebenselement der Wale springen, um gemeinsam mit seinen *Enterprise*-Freunden dem Gesang der großen und friedlichen Meeresgiganten zu lauschen. Mit diesem Singen kann die Zivilisation des 23. Jahrhunderts vor dem Untergang bewahrt werden. So finden sich die Buckelwale, der Raubvogel und die *Enterprise*-Mannschaft in den Wellen vor Sausalito, mit Blick auf die auch im 23. Jahrhundert »nachhaltig« existierende *Golden Gate Bridge* von San Francisco.

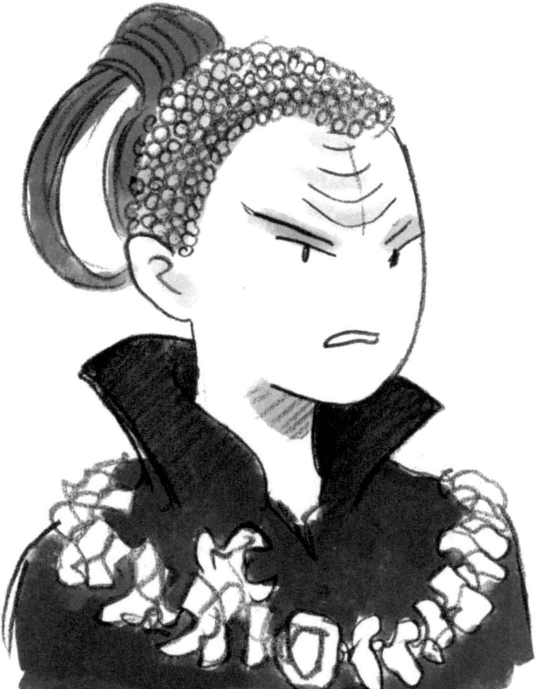

»Mord rufen und des Krieges Hund' entfesseln«

Die Überwindung des ewigen Teufelskreises der Rache

Der klingonische Kanzler Gorkon schlägt Gespräche zu einem Friedensabkommen mit der Föderation vor, um die künftige Existenz seines Volkes zu sichern. Die Föderation – ihr Sonderbotschafter Spock hatte vermittelt – nimmt das Verhandlungsangebot an, verbunden mit der Hoffnung auf beständigen Frieden. Der ewige Kreislauf von Krieg und Vergeltungskrieg, der Teufelskreis des ewigen Rächens soll durchbrochen werden. Die unendliche Geschichte der wechselseitigen kriegerischen Gewalt soll ihr Ende finden. Das Prinzip Gleiches mit Gleichem vergelten oder des Aug um Aug, Zahn um Zahn soll auf den Müllhaufen der Geschichte geworfen werden.

Allerdings soll ausgerechnet Captain Kirk mit seiner *Enterprise* das Klingonenschiff mit Gorkon eskortieren und die sichere Reise zum Verhandlungsort gewährleisten. Hatten die Klingonen doch seinen Sohn ermordet, was er noch nicht verzeihen kann. Außerdem forderte der klingonische Botschafter am Anfang von *Zurück in die Gegenwart* den Tod für den

Enterprise-Captain. Dieser spricht dann auch die verhängnisvollen Sätze des Misstrauens und der Rache aufs Band:

> **Kirk**: »Klingonen habe ich noch nie vertraut und werde ihnen nie trauen.«

In diesem »nie« liegt die fatale Konsequenz des Rachegedankens, die prinzipielle Unversöhnlichkeit. Auch verkündet Khan im Film *Der Zorn des Khan*, dass er Kirk immer jagen werde, »durch die Flammen der ewigen Verdammnis«. Bis ans Ende wird er gegen ihn kämpfen, für alle Ewigkeit will er ihn lebendig begraben. Am Schluss des Films *Das unentdeckte Land* kommt es aber zu einem Handschlag mit den Klingonen, mit der Tochter von Gorkon, verbunden mit der Vision eines künftigen friedlichen Nebeneinanders der so unterschiedlichen Völker. Der Regisseur beider Streifen, Nicholas Meyer, hatte früher das von Roddenberry entworfene Zukunftsbild des Friedens als »bullshit futurism« bezeichnet und dem Film *Der Zorn des Khan* ein stark militaristisches Design gegeben, im Film *Das unentdeckte Land* hat er dies wieder im Sinne von Roddenberry revidiert. Die Idee für den Film entstand auch direkt nach dem Fall des eisernen Vorhangs – es sollte eine Parabel auf diese Ereignisse sein.

Das Thema der blutdürstigen Rache, der Erbfeindschaft als Fehde bis in den Tod (Ernst Moritz Arndt), des unaufhörlichen Dürstens nach Rache, des permanenten Heimzahlens steht nicht nur in den Streifen *Der Zorn des Khan* und *Das unentdeckte Land*, sondern auch in der *Star Trek*-Episode *Das Gleichgewicht der Kräfte* im Mittelpunkt und stellt so einen der wichtigsten philosophischen Inhalte der *Star Trek*-Geschichten dar. Dabei bezieht sich dieses Fehde-Prinzip auf die Beziehung zwischen Einzelnen bzw. ihren Familien wie auch auf die Verhältnisse zwischen Gruppen wie etwa Völkern und Staaten. Dafür stehen die unüberwindliche Fehde der Familien von Romeo und Julia in Shakespeares gleichnamiger Tragödie oder die absurde These von der ewigen Erbfeindschaft von französischem und deutschem Volk. Oft werden die Racheadressaten verknüpft – Kirk, die *Enterprise* und die ganze Föderation sollen vernichtet werden. Überall sollen Vergeltungsschläge auf Vergeltungsschläge folgen, ein ewiger Revanchismus, dessen Kern Privat- oder Selbstjustiz bzw. ein vermeintliches Recht ist, worauf sich einzelne Völker berufen. Dies geschieht stets in einem Raum ohne vernünftiges Gesetz. Der englische Philosoph Francis Bacon hat die Rache treffend als eine Art »wilder, wildwachsender Gerechtigkeit« beschrieben und damit das doppelte Gesicht der Rache angesprochen: Es wird zwar eine Untat gesühnt, aber ohne rechtliche Grundlage. Dieserart Rache prägt den Western *Spiel mir das Lied vom Tod*, eine Geschichte aus dem wilden Westen als einem

Zustand der Gesetzlosigkeit, wo sich die Menschen als *outlaws*, als Gesetzlose gegenüberstehen wie in einem Spiel ohne Schiedsrichter.

Mit General Chang und Khan treten zwei äußerst eindrucksvolle Vertreter des Racheprinzips auf, der Teufel erweist sich wie schon Mephisto in Goethes *Faust* auch hier als faszinierende Figur. Das Teuflische erscheint als die dunkle Seite und als der »große Weltschatten«. Christopher Plummer und Ricardo Montalban setzen zweifellos schauspielerische Glanzlichter der *Star Trek*-Saga.[51] Der Klingonengeneral Chang, der sich als Krieger durch und durch versteht, trägt stets einen Handschuh, den anderen hat er wohl Kirk als Fehdehandschuh hingeworfen. Beide Geschichten haben einen berühmten literarischen Hintergrund: Sowohl der Filmtitel *Das unentdeckte Land* wie auch Changs Lieblingssprüche stammen aus dem Werk von William Shakespeare.

Der Zorn des fanatischen Khan

»Die Rache ist ein Gericht, das am besten kalt serviert wird.« – Dies gilt als der Lieblingsspruch des Khan. In seinem Bücherregal stehen Shakespeares *König Lear*, John Miltons *Paradise lost* und schließlich mit Hermann Melvilles Roman *Moby Dick* eine klassische Rachestory über den von blinder Vergeltungssucht getriebenen Walfänger Ahab. Dieser jagt fanatisch und gnadenlos den weißen Wal, da ihm dieser – in tierischer Notwehr – ein Bein abgerissen hatte. Interessanterweise steht auch hier – wie in der *Reise in die Gegenwart* der Wal als Symbol des Guten und Schönen im Vordergrund. Khan versteht sich als »*Über-Mensch*«, er nutzt alle Mittel der Grausamkeit, Heimtücke und Folter. Am Schluss zitiert Khan dann auch mit Inbrunst die letzten Worte des Kapitäns Ahab: »Bis ans Ende würde ich mit dir kämpfen. Der Hass siegt jetzt.« Nur Tiere hassen nicht. Letztlich obsiegt der Wal und Ahab wird in der eigenen Schlinge getötet, womit das Scheitern des Rachegedankens auf eindrucksvolle Weise gezeigt wird, das gilt auch für den Untergang des zornigen Khan. Dieser fordert vehement die Vergeltung von Gleichem mit Gleichem: »Ich werde dich so zurücklassen« – so Khan zu Kirk – »wie du mich!« Frieden und Versöhnung werden grundsätzlich abgewiesen, Kirk und sein Schiff sollen wie ein Tier gejagt und zur Strecke gebracht werden. Das Agieren des »Über-Menschen« Khan wird eben durch den fanatischen Hass getrübt. Nur: »Die Rache ist ein Zeichen eines kleinen und schwachen Geistes und die Freude einer niederen Seele.« (Juvenal) Ein selbst niedriger Affekt, der oft klare Entscheidungen unmöglich macht und so zum eigenen Untergang führt – der klassische Fall des Bumerangs, der schließlich auf Khan zurückschlägt.

Die Wut des Rächers Chang

Von außerordentlich hoher suggestiver Kraft bleibt die Rolle des Klingonengenerals Chang, dessen hasserfüllter kriegerischer Rachefeldzug von martialischen Sprüchen aus Shakespeares Dramen begleitet wird. Dies veranlasst McCoy schließlich zum Ausruf: »Ich würde was bezahlen, wenn er endlich die Klappe halten würde!« Die literarische Artikulation von Rache und Krieg in diesen Dramen kann wohl als unübertroffen gelten, es sei denn, man liest Shakespeare im klingonischen Original![52] Nebenbei: Schon als Militärpilot im 2. Weltkrieg hatte Roddenberry gerne Shakespeare zitiert, womit er sich nicht gerade beliebt machte.[53] Hinsichtlich des Shakespeare-Repertoires kann nur Spock Chang das Wasser reichen, der Spitzohrige kennt genau die Stelle aus dem *Hamlet*. Leider verzichtet das Drehbuch auf die einmalige Chance, Shakespeare-Sätze gegen die Rache in den Mund von Spock zu legen. Aber der bezüglich Shakespeare wohl nicht so kundige Kirk muss ja das Hauptziel der Rache im Zentrum des Kampfes bleiben und damit auch der Hauptpartner der Dialoge sein. Dies eröffnet die Chance, hier mögliche Shakespeare-Spock-Gegenworte einzublenden.

Eine erste Schlüsselszene von *Das unentdeckte Land* ist das gemeinsame Dinner mit der klingonischen Delegation auf der *Enterprise*, begleitet von Chekovs sarkastischer Bemerkung: »Rate mal, wer zum Essen kommt!« Hier prallen die gegenseitigen Vorbehalte und Vorurteile bereits aufeinander. Chang propagiert sein Ideal des Kriegertums und spricht mit Bewunderung zu Kirk »als Krieger zu Krieger«. Im Hintergrund des Dinners steht auch die Doppeldeutigkeit des Wortes Gericht und der von Khan geliebte Satz aus dem 19. Jahrhundert, der als klingonisches Sprichwort ausgegeben wird:

> »Die Rache ist ein Gericht, das am besten kalt serviert wird.«

Nicht ein Gericht als unabhängige Schiedsinstanz, nicht ein unparteiischer Dritter, nicht die über den Parteien stehende *Justitia* entscheidet, sondern der kalte erbarmungslose Kampf der Krieger. Es herrscht kein Zustand von Recht und Gesetz, sondern gesetzlose Willkür. Hier klingt Harmonicas *Lied vom Tod*, von Hamlet wird der Tod als das unentdeckte Land bezeichnet. Die äußerst gewichtige Umdeutung kommt vom Klingonen-Kanzler Gorkon – die Zukunft wird jetzt zum unentdeckten Land.

Dieses Ringen zwischen Tod und Zukunft, zwischen Apokalypse oder friedliche Weiterexistenz bestimmt den gesamten Film. Gorkon und Kirk sind sich so zwar einig, dass die ›schöne neue Welt‹ (Shakespeare) für sie nur schwer erreichbar ist, da die

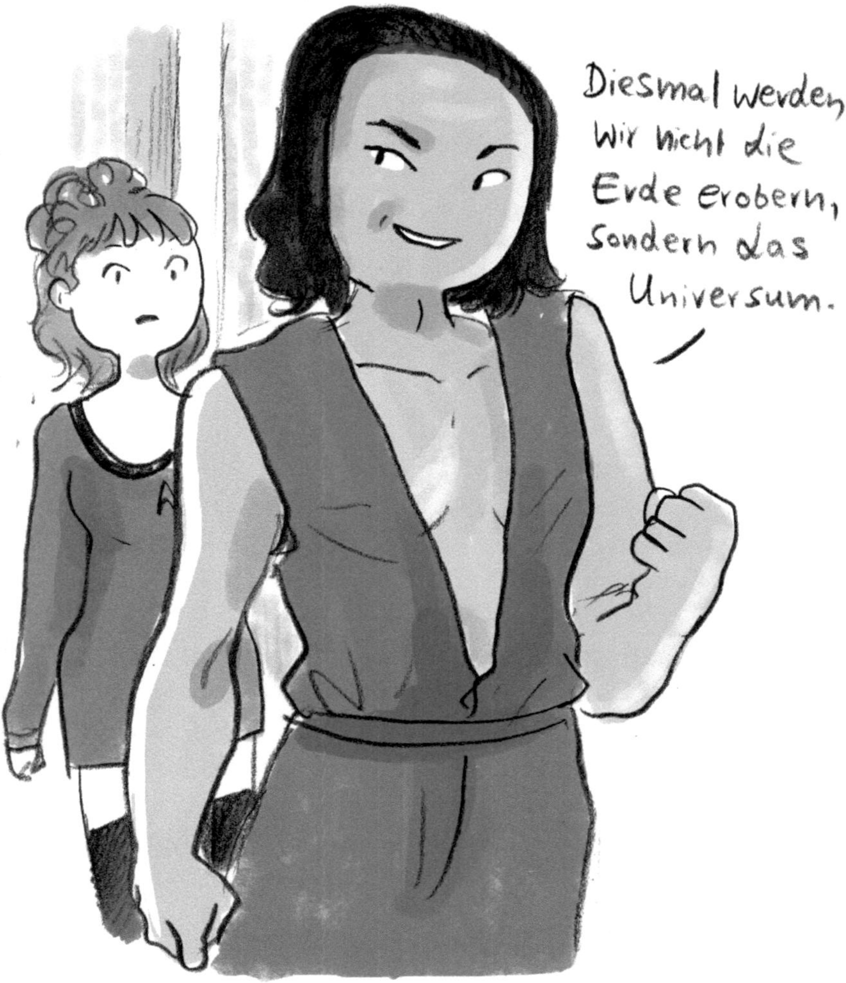
Diesmal werden wir nicht die Erde erobern, sondern das Universum.

Kontrahenten noch von den überkommenen Vorurteilen und der Unversöhnlichkeit geprägt sind. Aber aus der Sicht beider lohnt es sich, den Frieden anzustreben. Gegen den Gedanken der schönen neuen Welt propagiert Chang das Muster der hässlichen alten Welt. Im Weltall seien ALLE Krieger, in deren Tun es nur um Hamlets »Sein oder Nichtsein« geht – auf gut Klingonisch: *taH pagh taHbe'*. Changs kalte Speise der Rache wird gar mit der Nazi-Parole vom »Volk ohne Raum« garniert. Chang: »Unser Volk braucht Raum.« Kirk: »Erde, Hitler 1938.«

Changs Glaubensbekenntnis stammt aus Shakespeares *Heinrich V.*, aus dessen Kriegsruf der General auch später den Anfang zitiert.

> Noch einmal stürmt, noch einmal, liebe Freunde!
> Doch bläst des Krieges Wetter euch ins Ohr.
> Dann ahmt den Tiger nach in seinem Tun,
> Spannt eure Sehnen, ruft das Blut herbei
> Entstellt die liebliche Natur mit Wut,
> Dann leiht dem Auge einen Schreckensblick.
> Nun knirscht die Zähne, schwellt die Nüstern auf
> Ich seh euch stehn wie Jagdhund an der Leine
> Gerichtet auf den Sprung; das Wild ist auf
>
> – Auszüge aus der Ansprache Heinrich V.

Auch hier gebraucht der Dichter das Bild des Krieges als eines von der Leine zu lassenden Hundes und die

Metaphorik vom Krieg als einer Jagd auf Tiere. Das Dinner war keinesfalls eine Sternstunde der Diplomatie, die Verständigung würde schwierig werden. Und wie so oft in der Geschichte verbünden sich sonst radikal unversöhnliche Hardliner beider Seiten, die schon die ganz große Intrige gesponnen haben. Wie ernst nehmen diese Kriegsfanatiker aber dann die Rede von der Erbfeindschaft? Hinter ihren Taten steht so nur das in Gang halten der Konflikte, das Schüren der Kriegsfeuer. So kommen wie so oft die Feinde des Friedens aus beiden Lagern, hier Chang und seine Gefolgsleute, dort General Cartwright von der Erde, der romulanische Botschafter und die heimtückische, sich in die *Enterprise* einschleichende und brutal mordende Vulkanierin Valeris, der Spock besonderes Vertrauen entgegengebracht hatte. Chang gibt sich wie Khan in seiner hasserfüllten Verblendung »standhaft wie des Nordens Stern«, immer unter Berufung auf die eine vermeintliche Gleichheit, auf die gnadenlose Botschaft vom »Aug um Aug, Zahn um Zahn«. »Wenn ihr uns beleidigt, sollen wir uns nicht rächen?«, so Shakespeare-Chang. »Es ist mehr Würde im großmütigen Vergeben als in Rache.« So könnte Shakespeare-Spock geantwortet haben. Mittels einer freien Entscheidung »das Geschehene ungeschehen zu machen und im Vergeben, Verzeihen und Vergessen das Verbrechen zu vernichten« – darin erkennt Hegel eine der höchsten Anerkennungen der

Majestät des Geistes. Auf den markigen Slogan der Rache und des Kriegs »Mord rufen und des Krieges Hund' entfesseln«, von dem die deutsche Redeweise von der *Entfesselung* des Krieges stammt, hätte Spock vielleicht mit dem englischen Dichter entgegnet: »Es wird mit Blut kein fester Grund gelegt, kein sicheres Leben schafft uns andrer Tod.« Die treffendste Antwort auf das Gefasel von Gleichheit in diesem Zusammenhang kommt vom römischen Kaiser und Dichter Marc Aurel: »Die beste Art, sich an jemandem zu rächen, ist, es ihm nicht gleichzutun.«

An entscheidender Stelle der Auseinandersetzung mit Chang erkennt Spock die Achillesferse des aufgrund des überlegenen neuen Schiffes der Bird-of-Prey-Klasse scheinbar übermächtigen Kriegsherrn. Vielleicht mit Juvenal und Friedrich Schiller diagnostiziert er ein »zweidimensionales Denken« beim Einäugigen. Bei den Stichworten Selbst- oder Privatjustiz, Strafe oder Rache könnten philosophische Überlegungen ansetzen.[54]

Die Differenz zwischen Strafe und Rache

Wesen mit freiem Willen – Menschen, Vulkanier, Romulaner etc. – können auch Unrecht tun. Unser Wille wird dann in Gestalt seines äußeren Daseins – Körper und äußerliches Eigentum – angetastet, verletzt, erleidet Gewalt. Es kann dem Akteur in dieser Weise durch Gewalt Zwang angetan werden. Khan zu Kirk: »Ich habe dich verletzt. Und ich möchte es weiter tun, dich verletzen.« Dieser erste Zwang der Verletzung bleibt immer unrechtlich, er zerstört sich Hegel zufolge in seinem Begriff selbst, er ist keine freie Tat. Laut Kant ist ein unrechtlicher, illegitimer Zwang »ein Hindernis für die Freiheit«, der diesem Zwang aber entgegengerichtete Zwang könne als »Verhinderung eines Hindernisses der Freiheit« angesehen werden, woraus die Befugnis des Zwingens des ersten Zwangs erwächst. Dies betrifft die Berechtigung der Strafe für Khan, deren Maß natürlich umstritten bleibt.

Gegen Willkür, Gewalt und Unrecht, gegen Verbrechen kann und muss ein Gegen-Zwang ausgeübt werden, der Hegel zufolge nur als ein erster Zwang scheint, aber doch zweiter Zwang ist. Der Bestrafung von Cartwright, Valeris und dem romulanischen Botschafter als einem zweiten Zwang ging der von diesen drei Personen verübte erste Zwang, das Verbrechen, voraus. Rechtlich ist der Zwang nur als die Überwindung eines ersten, unmittelbaren Zwanges zu sehen. Es handelt sich um das Recht gegen das Unrecht. Als rechtmäßig kann allein der zweite Zwang im Sinne des aufgehobenen ersten, unrechtlichen Zwangs eingestuft werden, als Wiederherstellung des Rechts, der Bestrafung von Khan und der drei Verschwörer. Die Strafe – Ausdruck des zweiten Zwangs – muss der Tat des Täters zugerechnet werden, die Strafe kehrt den ersten Teil, das unrechtliche Tun des Täters um und erst damit wird seine Handlung vollständig. Die Strafe ist nur die Manifestation seines eigenen verbrecherischen Willens. Dies weist Khan prinzipiell von sich und rechtfertigt seine früheren mörderischen Verbrechen als große Taten. Das Verbrechen gilt aber, darauf fußt Hegels Gedanke der Strafe, als »eine ihrem Wesen nach nichtige Handlung, eine Verletzung des freien Willens als Willen«, die Strafe verlangt.

Die Rechtsübertretung verursacht Verletzungen beim Opfer, aber das Recht selbst bleibt unverletzbar. In der Strafe zeigt sich das Aufheben des Verbrechens. Die Strafe kann insoweit als gerecht bezeichnet werden, als sie den Willen des Täters darstellt, sogar seinen Anspruch und sein Recht(!) als ein zurechnungsfähiges Subjekt. Der Täter hat mit der Verletzung des Rechts eben auch sich selbst verletzt. Dem verbrecherischen Tun muss daher die Strafe hinzugerechnet werden, sie ist bereits in der Täterhandlung gesetzt, muss als ein dem unrechtlichen Tun internes Moment gedacht werden. So darf die Strafe als die Manifestation des Verbrechens, als die »andere Hälfte« der Täterhandlung angesehen werden, als die Umkehrung des Verbrechens gegen den Täter selbst. Der Täter verletzt im Verbrechen das Opfer, sich und das Allgemeine. Die *Eumeniden*, die altgriechischen Strafgöttinnen versinnbildlichen diese gerechte Strafe.

Der Täter selber hat mit der Untat die *Eumeniden* geweckt, die sonst schlafen. Mit der Strafe wird der Verbrecher jedoch ausdrücklich als Vernunftwesen anerkannt (»als Vernünftiges geehrt«) und nicht zum »schädlichen Tier« herabgewürdigt. Hierin liegt das Problem der von Kirk veranlassten Verbannung von Khan auf einen kaum bewohnbaren Planeten. Diese Strafe erscheint als unangemessen und hat zum außerordentlichen Zorn des Khan wesentlich beigetragen. Auch bei der Zumessung des Strafmaßes darf keinesfalls Gleiches mit Gleichem vergolten werden.

Jedoch praktizieren noch heute sich als modern und freiheitlich verstehende Staaten die Racheattitüde der Todesstrafe, ein zutiefst niedriges, inhumanes Tun, dem sogar noch das Etikett des Rechts aufgeklebt wird. Mit diesem Todesritual, mit dem Grundmuster der Revanche als offensichtlichem Unrecht stellt man sich uneingestanden eben auf die gleiche Stufe des fanatischen Verbrechens und übt selbst Inhumanität. In modernen demokratischen Gemeinwesen sollte endlich Mozarts *Zauberflöte* gespielt werden: »In diesen heil'gen Hallen kennt man die Rache nicht.«

In der Strafe darf die Wiedervergeltung nicht nach dem unsäglichen und unhaltbaren Prinzip »Aug um Aug, Zahn um Zahn« erfolgen. Die Strafe in der Weise der Rache bleibt dem Inhalt nach zwar scheinbar rechtmäßig, aber als ein Tun des nur privaten Willens repräsentiert die Rache eine neue Verletzung, was in die ewige Wiederholung führt. Entscheidend ist die Überschreitung dieses unüberwindlichen Wiederholens des Rächens als Privat- oder Selbstjustiz in einem dritten Urteil. Insofern die Vernichtung des Nichtigen »durch die verletzte Person selbst geschieht, ist es Rache; insofern sie durch einen allgemeinen Willen und im Namen desselben vollbracht wird, ist sie Strafe.« (Hegel) Die Rache wird in der griechischen Mythologie von den *Erinnyen*, den *Furien* als den Rasenden repräsentiert, als solche Rasende treten Khan und Chang hervor. Die Strafe ist dagegen durch die wohlmeinenden *Eumeniden* vorgestellt, die zwar die Übeltäter verfolgen, nach der Strafe jedoch sofort wieder einschlafen. Die Strafe beinhaltet sowohl Wiedergutmachung als auch Sanktion für die prinzipielle Rechtsverletzung. Die Rache zielt zwar auch auf Gerechtigkeit, aber in der puren Rache wird das Zerstören einfach wiederholt bis an den St. Nimmerleinstag. Insofern also die rächende Strafe die vorhergehende Struktur nur einfach reproduziert, ergibt sich der ewige Kreislauf der Vergeltung. Das Überwinden der Rache bedeutet, es dem Täter nicht gleichzutun. Die gerechte Strafe kann nur in einem anderen, dritten Urteil gelingen, durch die Schlichtung einer dritten Instanz, wofür die strafende Gerechtigkeit steht, durch die Neutralität eines Schiedsgerichtes, eines unparteiischen Schlichters, was vor dem klingonischen Gericht nicht ausreichend der Fall ist.

Das Gleichgewicht der Kräfte - Der Ausstieg aus der ewigen Wiederkehr des Gleichen

In der *Star Trek*-Folge *Das Gleichgewicht der Kräfte* symbolisiert eine kleine schimmernde Energiewolke den Hass zwischen den verschiedenen Lebewesen und ihr Verlangen nach Krieg und Rache. Die Wolke schöpft ihre Energie aus diesem hasserfüllten Kampf und befeuert diesen mit ihren Mitteln, mit der Fanatisierung der Kontrahenten: »Im Rausch der Rache wird auch ein guter Mensch zur Bestie.« Der in diesem indianischen Sprichwort thematisierte *Rausch* – Kirk: »Ihr seid wie verhext!« – erfasst auch die Mitglieder der *Enterprise*-Crew wie auch deren Widersacher: Der jeweils andere wird zum Teufel erklärt, er wird verteufelt, verbunden mit dem Aufruf, die anderen umzubringen. Es bestehe kein Zweifel an der Schuld der Klingonen, so die herrschende Auffassung auf der *Enterprise* – McCoy: »Was brauchst du für einen Beweis. Wir wissen, wie Klingonen sind, nämlich alle Mörder!« Der ebenso durch die Wolke verwirrte Chekov faselt etwas von einem (nicht existenten) Bruder, den die Klingonen, diese Tiere(!), ermordet hätten. Am Grabe habe er hierfür Rache geschworen – ein typisches Muster für Rachestorys, sie beginnen oft mit einem Schwur am Grabe eines nahestehenden Opfers. Wiederum wird der Vergleich der anderen mit Tieren gewählt, von gemeinen Schweinen und Spock als haarigem Gorilla ist die Rede. In der *Star Trek*-Episode *Spock unter Verdacht* spielt ein ähnliches Motiv eine Rolle. Ein Mitglied der Mannschaft wurde früher von den Feinden getötet, die jetzt von einem Vulkanier angeführt werden, so kommt Spock sofort in Verdacht.

Die Nazis setzten solche hassgetränkten Vorurteile in radikaler Form um, bis hin zum Völkermord. In den von Reichpropagandaminister in Auftrag gegebenen Filmen *Jud Süß* und *Der ewige Jude* werden die jüdischen Menschen mit dem Teufel assoziiert und mit Ungeziefer und Ratten verglichen. Diese antisemitischen Propagandaschinken, die in keinster Weise den Namen Kunst verdienen, haben jedoch durchaus zum Rausch des Judenhasses und der anschließenden Judenvernichtung beigetragen.

In der Episode *Das Gleichgewicht der Kräfte* versuchen Kirk und Spock, obwohl zeitweise auch vom Rachevirus infiziert, ihre Freunde von der Verhexung, von der Manipulation zu befreien:

> **Kirk**: »Was ist bloß mit uns geschehen? Warum verhalten wir uns wie Bestien?«

In den Dialogen dieser Episode fallen die Stichworte *pro* und *contra* ewiger Krieg und sogenannter Erbfeindschaft, *pro* und *contra* des Fehde-Prinzips zwischen Völkern, Staaten, zwischen unterschiedlichen Vertretern von Wesen mit freiem Willen. Dann wird des Pudels Kern offengelegt: Falscher Patriotismus und abgrundtiefer Hass auf andere Rassen und andere ethnische Gruppen, auf das andere schlechthin. Der erznationalistische Eiferer Ernst Moritz Arndt predigte unablässig seinen gefährlichen hasserfüllten Unsinn von der Erbfeindschaft zwischen Franzosen und Deutschen, die These von der Erblichkeit einer Pflicht zur Rache. Und wieder kommen die üblichen Klischees zum Einsatz: Der Erbfeind sei der Teufel in purer Gestalt, der »Franzmann« der »Feind schlechthin«. Im Unterschied zum »reinen« deutschen Volk sei das französische »verbastardet« und eigentlich nur »verfeinerte Juden«. Arndt feierte seine aggressive Frankophobie mit dem Ruf nach der »Fehde bis in den Tod«, Chang und Khan hätten ihre Freude daran gefunden. Goethe und Hegel hingegen hielten diese Forderung nach »Blutrache« für die unterste Schublade der Dummheit, die heute jedoch in Gestalt von Fremdenfeindlichkeit wieder ihr inhumanes Haupt erhebt. Wo einst Synagogen brannten, dort brennen heute Flüchtlingsunterkünfte.

Kirk will endlich das Kriegsbeil begraben, nicht die klingonischen Widersacher, das Verlangen nach Rache muss gestoppt werden, sonst ist der Untergang aller unvermeidlich – mit Gorkons Worten: Sonst wird der permanente Krieg herrschen. Die Völker dürfen nicht weiter als primitive Kampfhähne und blutrünstige Monster agieren, das Töten und weiter Töten, die ewige Revanche muss durchbrochen werden. Nicht zufällig spricht man vom Ausbrechen aus dem Teufelskreis der satanischen Wolke. Man »zündete *eintausendachthundertsieben* Kriegsfeuer an, um sich warm zu halten durchs Kalt-Machen der andern« (Jean Paul). Dies war ja auch das probate Verfahren der Energiewolke. Und im Weltraum herrscht laut Khan eine solche Kälte.

Nur zwischen den Völkern, zwischen den verfeindeten Seiten ist keine dritte Macht, kein Schlichter vorhanden. Trotzdem ist Kirk fest entschlossen, die Kreise des teuflischen Rächens zu stoppen, gemäß der Einsicht von Francis Bacon: »Wer auf Rache sinnt, reißt seine eigenen Wunden auf.« Dem 77-fachen Heimzahlen und Vergelten soll der Garaus gemacht werden. Schon Hamlet zauderte und hatte beträchtliche Skrupel in Bezug auf seine Rache, der rächende *Graf von Monte Christo* kommt am Ende seines Feldzuges trotz der Belohnung derjenigen, die in der Denunziationsaffäre zu ihm standen, zur Einsicht der überzogenen Vergeltung. Friedrich Dürrenmatts *Alte Dame* und die *Antoinette* bei Olivia Vieweg müssen Vergeben lernen. Den einzigen Ausweg sieht Kirk in der totalen Umkehrung des Credos der Unversöhnlichkeit am Anfang des *Unentdeckten Landes*, dort hieß es: »Ich werde den Klingonen nie vertrauen.« Das

»nie« wird nun revidiert mit der alles umstürzenden, revolutionären Bemerkung: »Ich vertraue ihnen, den Gegnern« und setzt auf deren Einsicht. Ich lasse mein Schwert fallen und befolge den Rat des Marc Aurel: Den anderen eben nicht das Gleiche antun, oder der Empfehlung aus dem Neuen Testament: »Überwinde das Böse mit dem Guten.« Die jetzt völlig berechtigte Frage von Scotty, wer wird denn aber jetzt für das Leben des Captains garantieren, beantwortet Spock philosophisch wie logisch klar mit Hinweis auf das Offensein des Gelingens: »Niemand kann für die Handlungen eines anderen garantieren.« Gelingen oder Scheitern von Frieden und Versöhnung liegen so allein in der Hand von Wesen mit freiem Willen. Man kann diesen Schatten eben nicht wie Schlemihl loswerden, sonst hat man es nicht mit freien Wesen zu tun. Auch für die Klingonen ist der Verzicht auf die Rache ungemein schwer – »Wir haben schon immer gekämpft.« Die Überschreitung dieses verhängnisvollen »nie«, des »nie anders«, das Verzichten auf die Rache gleicht für alle Betroffenen, für alle Opfer dem Überspringen des eigenen Schattens. Infolge der Beendigung des Kampfes verliert die Wolke der kalten Rache in *Das Gleichgewicht der Kräfte* ihre Kraft. Der Hass, ihre teuflische Nahrung, war ihr jetzt entzogen und die kalte Macht musste jetzt in den kalten Weltraum fliehen.

Im Unterschied zum Klingonen-Kanzler Gorkon

sind Khan und Chang nicht zur Umkehr bereit. Sie sind eher der Meinung des Cyrano de Bergerac: »Die Welt mag untergehen, wenn ich mich nur rächen kann.« Khan will ja unter Berufung auf Milton lieber in der Hölle herrschen als im Himmel dienen und spricht seine berüchtigten letzten, aus dem Moby Dick entlehnten Worte:

> **Khan**: »Mit dem Feuer der Hölle werde ich bei dir sein. Der Hass siegt jetzt.«

Dank Spocks Opfer ist das der letzte Irrtum des zornigen Khan. Chang stirbt natürlich mit seiner Lieblingszeile aus Shakespeare auf den Lippen: »Sein oder Nichtsein – *taH pagh taHbe'.*« Das am Anfang von *Das unentdeckte Land* eingeblendete Gemälde von Marc Chagall in Spocks Kabine aus der »mythologischen Vorzeit des Menschen« bedeutet nicht die Apokalypse, nicht das Ende freier Lebewesen. Am Schluss der klassischen *Star Trek*-Reisen gelingt der Friedensschluss, der Ausstieg aus dem Rächen. Strafe muss allerdings sein, Rache darf nicht sein. Eine jede das Recht verletzende Tat verdient Kant zufolge Strafe, aber in keinem Falle Rache, Versöhnlichkeit sei Menschenpflicht – Kant contra Khan, Hegel contra Chang. Aber die rasenden Furien der Rache sind ohnmächtig, das Lied vom Tod verstummt. Nicht der Tod ist das *unentdeckte Land*, sondern die Zukunft, wie es Gorkon gewünscht hatte. Seine Tochter sieht jetzt den Beginn zur Realisierung der Vision ihres ermordeten Vaters, Kirk die Verwirklichung der Vision seines ermordeten Sohnes – man kann sich die Hand reichen.

In der Episode *Krieg der Computer* erinnert Kirk daran, dass Blut von Millionen Jahren Barbarei an den Händen der Menschen klebt:

> **Kirk:** »Aber wir können das stoppen ... um all das zu beenden, um endlich Frieden zu schließen!«

Zwei der grundlegenden Einsichten spricht Spock in der Episode *Das Gleichgewicht der Kräfte* aus, ganz im Sinne seines Geistesverwandten, des Logikers Hegel:

> **Spock**: »Nur der Wille zum Frieden kann den Rausch der Rache verbannen.« »Hass und Krieg können nur durch Vernunft besiegt werden.«

Spock könnte in Abwandlung von Shakespeare das Drama schließen:

»Frieden rufen und des Krieges Monster an die Kette legen!«

»Erfolg und Glück sind auf der Seite der Narren«

Über das Lachen

In der Episode *Kennen Sie Tribbles?* kommt es zu einem Gespräch zwischen Chekov und Scotty. Der Chefingenieur aus Schottland preist Whisky als ein göttliches, urschottisches Gesöff. Chekov nimmt den *running gag* des griechischen Familienvaters im Film *My big fat greek wedding* vorweg, der alle englischen Wörter auf ihren griechischen Ursprung zurückführt: Chekov schreibt alle großen Errungenschaften der Menschheit Mütterchen Russland zu: Der Whisky beispielsweise stamme von zwei russischen Großmüttern aus St. Petersburg. Da schleicht sich doch ein leises Lächeln ein.

Auf einer seiner Reisen mag das Sternenschiff auch an dem Asteroiden *Aristophanes*, der seit 1960 diesen Namen trägt, vorbeigekommen sein. Mr. Spock hätte wohl aus der schier unerschöpflichen Schatztruhe seines Wissens den Großmeister der antiken Komödie zu den klügsten Humoristen der Erdlinge gezählt. Shakespeare konnte er übrigens exakt wörtlich zitieren, sicher auch die Komödien des genialen Engländers.

Nach Aristophanes hätten die Menschen wohl eher einen Riesen-Quasar benennen sollen, nicht diesen Winzling von Asteroiden, schließlich war Aristophanes ein Stern erster Ordnung! Diese Namensgebung würde der freche Liebling der alten Griechen sich allein wegen der Geschichte von einer Himmelsstadt verdienen, die einer Raumstation gleiche. In der Komödie *Die Vögel* – so könnte Spock fortgesetzt haben – stehen ja fliegende Wesen im Mittelpunkt, gewissermaßen Vorboten der intergalaktischen Kosmoskreuzer. Der Komödiendichter habe auch weitere schöne Bilder von Himmel und Fliegen geschaffen, z. B. die von den Erdenbürgern oft gebrauchte Rede vom *Wolkenkuckucksheim* für die realitätsfernen Einbildungen von Dichtern, Philosophen und Politikern. Die *Star Trek*-Episode *Die Wolkenstadt* nimmt dieses Thema von Aristophanes' Komödie *Die Wolken* auf: Kirk und Spock gelangen auf der Suche nach dem wertvollen Mineral *Zenait* zum Planeten Ardana. Dort herrscht ein Regime, das die privilegierten Bürger in einer Wolkenstadt leben lässt, während die Bergarbeiter in Minen mit verseuchter Luft arbeiten müssen und dazu verdammt sind, weit unter ihren Möglichkeiten zu bleiben. Auch ist Aristophanes der Schöpfer der Redewendung *Eulen nach Athen tragen.* Dies heißt so viel wie Rotwein ins Piemont bringen, Fußball nach Deutschland oder Detektivromane nach England. Chekov könnte sicher entgegenhalten, dass diese Redensarten und der Humor überhaupt ja doch ursprünglich aus dem Munde von Mütterchen Russland stammen. Die Vulkanierin Saavik hatte den Humor ein schwieriges weil unlogisches Konzept genannt. Hat Mr. Spock mit dem Lachen eines der menschlichen Gefühle geschätzt?

Der Humor als Umkehrung des Gewohnten

Dem für seinen Humor und seine Rollen als Hercule Poirot und Mr. Fix bekannten Schauspieler Peter Ustinov galt der Humor als eine komische Art ernst zu sein. Auch für Immanuel Kant hat nur derjenige wirklich Humor, der das Leben ernst nimmt. »Komik ist Wahrheit und Schmerz.« (John Vorhaus).[55] »Nicht nur die großen Humoristen waren sehr ernst, sondern gerade einem melancholischen Volke, den Briten, haben wir die besten zu danken«, so Jean Paul. Der geniale Schöpfer des *Gulliver*, Jonathan Swift, und der Verfasser des großartigen humoristischen Romans *Tristram Shandy*, Laurence Sterne, gehörten dem geistlichen Stand an. Swift war Priester der anglikanischen Kirche in Irland, Sterne studierte am Jesus College in Cambridge und wirkte zunächst als Pfarrer.

Ein Beispiel für den Humor als eine überraschende Wendung, eine feine und zum Lachen animierende Umkehrung in einer höchst ernsten,

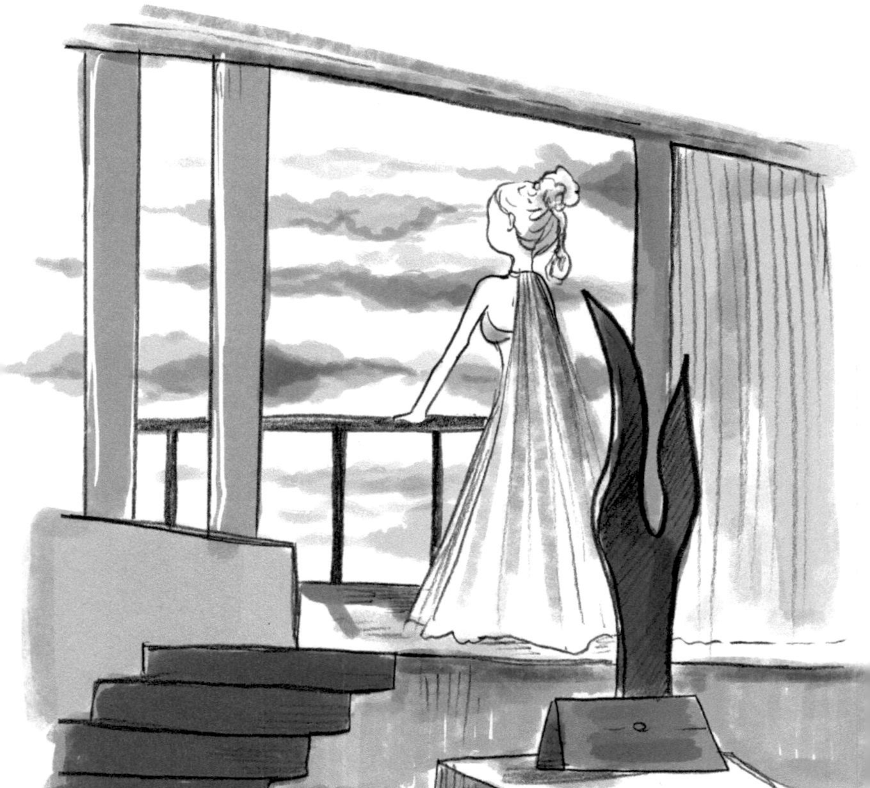

ja lebensbedrohlichen Situation liefert McCoy auf dem Höhepunkt des tödlichen Kampfes mit dem Klingonen-Kreuzer unter General Chang, dessen aus dem Arsenal des großen Shakespeare stammenden martialisch-kriegerischen Sprüche die Mannschaft der schwer getroffenen *Enterprise* mit anhören muss: »Mord rufen und des Krieges Hund' entfesseln!« Als ihm dies zu viel wird, brilliert McCoy mit einem Glanzstück von Galgenhumor – Lachen in schier aussichtsloser Lage – und zwar mit Shakespeare gegen Shakespeare. In Anspielung auf den verzweifelten Ausspruch von Richard III. »Mein Königreich für ein Pferd« bemerkt der Doktor mit dem Humor eines in fast hoffnungsloser Situation Bedrohten:

> **McCoy**: »Ich würde was bezahlen, wenn er endlich die Klappe halten würde!«

Er ruft eben nicht nach dem Ende des Beschusses, sondern mit dem hoffnungsstiftenden Humor gegen die Schrecken der Welt, hier gegen Changs unerträgliches Gerede aus dem klingonischen Todesschiff. Diese Art einer Umkehrung oder Umstülpung, dieser Kontrast zu einer bestehenden Situation zeigt sich auch in alltäglichen Ereignissen, etwa wenn ein übertrieben stolz und gravitätisch daher Schreitender, mit dem letzten Schrei der Mode Gekleideter stolpert und in einen Hundehaufen fällt, somit das Gegenteil des von ihm Bezweckten eintritt. Auch empfiehlt ein Klingone mal ernsthaft, Shakespeare im klingonischen Original zu lesen! Der deutsche Dichter Paul Friedrich Richter, der sich in Verehrung für sein Idol Jean-Jacques Rousseau Jean Paul nannte, war ein Meister dieser Weise des Umkehrens, des Verkehrens des Gewohnten. Die Pointe des Witzes liegt seiner Auffassung nach darin, dass sich etwas schlagartig in sein Gegenteil wandelt, das Vorherige sich umkehrt und auflöst. Im Humor sieht Jean Paul das Gesetz der Umkehrung (der Inversion) am Werke – »die Höllenfahrt bahnt die Himmelfahrt«, ähnlich wie ein Vogel aus der Mythologie, der dem Himmel seinen Schwanz zukehrt und rückwärts in den Himmel fliegt. Der *Enterprise* stößt diese Verkehrung in anderer Form auch selbst zu, ihre Himmelfahrt zum Wissen kehrt sich oft in eine Höllentour um. Der Humor ist so ein Gaukler, der auf dem Kopfe tanzt und dann den Nektar »hinaufwärts« trinkt.[56] Im Blick auf die Politik gab Laurence Sterne ein treffliches Beispiel für die Verkehrung: »Im Vordergrund des Gemäldes steht ein Staatsmann, der das Rad der Politik gleich einem dummen Tier in verkehrter Richtung dreht, er dreht es gegen den Strom der Korruption – lieber Himmel – statt mit ihm.«[57]

Der Humor als Regenschirm des Weisen

Der wahre Witz stellt sich als geniale Verknüpfung der ihrem äußeren Anschein nach fremdartigen Vorstellungen hinsichtlich einer unerwarteten Gleichheit dar. Auch der geistreiche Humorist Aristophanes spielt virtuos mit der Verkehrung der Verhältnisse: Im Gegensatz zur Geschichte des überaus ernsten Euripides, der den edlen und würdigen Königssohn *Bellerophontes* auf dem stolzen Götterross *Pegasus* zu den olympischen Göttern fliegen lässt, schickt der Komödiendichter den Weinbauern *Trygaios* mit einem stinkenden Mistkäfer gen Himmel – anstelle des eleganten Pferdes ein übelriechendes Insekt als Raumflieger. Und doch gelingt es dem Winzer die Friedensgöttin *Eirene* zu befreien und damit den Krieg zu beenden – *Eirene* wäre auch ein passender Namen für die im Geiste des Friedens reisende *Enterprise* gewesen. Aber wer kennt heute noch so genau die altgriechische Mythologie. Jedenfalls hat *Star Trek* auf angenehme Weise auch solches Wissen vermittelt, etwa über Apoll, Zeus, Tantalus, Lethe oder die Medusa.

Man kann kaum etwas Gegensätzlicheres finden als die Dinge, worüber Menschen lachen, dies reicht von Plattheiten aus manchen Comedyserien bis zum Wichtigsten und Tiefsten. Dieser tiefe Ernst im Humor zeigt sich in der genannten Komödie *Der Frieden* von

Aristophanes: Einerseits war unter Androhung der Todesstrafe ein Aufruf gegen den Krieg eigentlich strengstens verboten. Zweitens wird das Thema mit dem gebotenen Ernst behandelt, wobei natürlich die Torheiten, Dummheiten und Albernheiten der Bürger vorgeführt werden, etwa wenn sie aufgefordert werden, an »einem Strang zu ziehen« und sie dann ein Tauziehen veranstalten. Aristophanes geht es um die Verteidigung der athenischen Demokratie, um die Abwehr der Symptome von deren Verfall und Untergang. Gelacht wird über die Eitelkeit und Ruhmsucht der Politiker, die Lügen und Tollheiten der Redner, die Engstirnigkeit und die flatterhafte Geschwätzigkeit der Bürger, ihre pfauenhafte Überheblichkeit. Die Späße und der Spott haben einen tiefen Grund, und klare politische Absicht: das Gelingen und Fortbestehen der bedrohten demokratischen Ordnung. Aristophanes war kein gewöhnlicher Possenreißer, kein seichter Spaßvogel, kein primitiver Lustigmacher, kein elender Witzling, sondern ein verantwortungsbewusster athenischer Bürger, dem es um das Wohl seiner Stadt ging, hier um die Umkehrung des »verkehrten« Zustandes namens Krieg. Seine großartige Komik greift *nicht* das Humane an, sondern nur einzelne Dummheiten und Beschränktheiten der Bürger. Dominant beim Humor bleibt der Ton des Menschlichen, der Mensch mit seinen Schwächen und Launen wird mit Schonung und Gutherzigkeit humorvoll gesehen, mit Sympathie

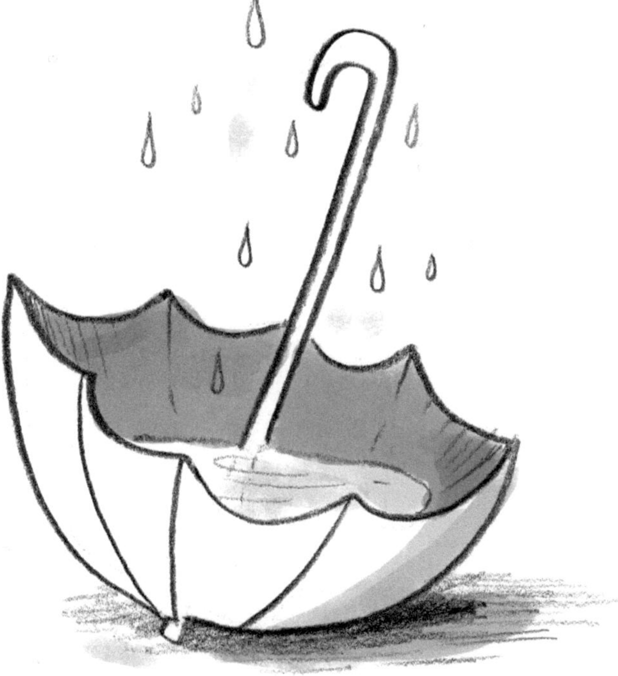

belächelt. Scotty sagt zum PC aus dem 20. Jahrhundert: »Computer, hallo Computer.« Darauf reicht ihm McCoy die Maus, in die dann Scotty wiederum zu sprechen versucht und sich dann über die technische Rückständigkeit mokiert.

Goethe spricht anlässlich des Humors von Laurence Sterne von »edler Duldung und zarter Liebe für den Menschen« – in dem Allerwunderlichsten blicke immer noch etwas Verstand, Vernunft und Wohlwollen hindurch, die uns anziehen und fesseln. Das Menschliche im Menschen werde ungeachtet seiner Schwächen und Fehler entdeckt. Die Bürger behalten ihr Zutrauen zu sich selbst, die komische Heiterkeit bleibt der Gewinner, trotz aller Zerrissenheit der Welt entsteht eine Wohlgemutheit, ein »Sauwohlsein« (Hegel). Diese Sprache, dieses Tönen des freien Humors gleicht dem Gelächter der olympischen Götter bei Homer, die in ihrer inneren Ruhe lachen, wie wenn »eine Lerche in freien Lüften singt«. Dies galt nicht für Alexander in der Episode *Platons Stiefkinder*, der als Hofnarr billige Scherze machen und stets lächeln muss. Hier hat sich der Autor dieser Episode auch des Instruments der Umkehrung bedient – aus dem legendären griechischen König Alexander dem Großen wird der unterdrückte Kleinwüchsige Alexander.

Hegel zufolge kommt in der dem komischen Gegenstand betreffenden Umkehrung die freie Subjektivität des Zuschauers und Zuhörers zum ungestörten

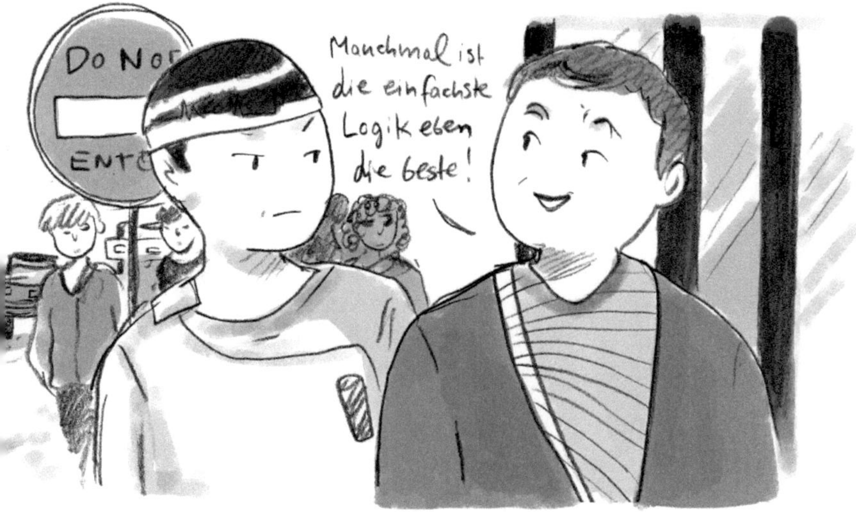
Manchmal ist die einfachste Logik eben die beste!

und ungetrübten Genuss ihrer selbst. Man lacht über die eigenen Schwächen und über die Auflösung der beschränkten Torheit, des ach so menschlichen Irrtums. *Zurück in die Gegenwart* besticht mit einer wahren Fundgrube voll von gelungener Situationskomik, die komische Seite zeigt sich im Belächeln von kleinen Schwächen unserer heutigen Welt. Kirk und Spock verlassen gerade vor der Abfahrt einen Bus im San Francisco des 20. Jahrhunderts, in den sie kurz zuvor eingestiegen waren:

> **Spock**: »Was meint er [der Busfahrer] damit: Nur passend?«

Ein Besucher der Vereinigten Staaten von Amerika im 20. und am Anfang des 21. Jahrhunderts, der dort mit dem Bus fahren möchte, wird diesen Witz verstehen. Besser ist immer, sich vorher den Fünfdollarschein in Eindollarscheine und Quarters (25 Cent-Münzen) wechseln zu lassen.

Der Humor kann zur großen Antithese des Lebens avancieren, zum Urlaub vom Leben, er betreibt das Verlachen der Welt. Die Helden des Aristophanes, Don Quijote und Sancho Pansa wie Gulliver stehen auf dem Felsen des Humors und werfen von dort die Dummheiten und Unfertigkeiten des Menschengeschlechts überhaupt hinunter. Jean Paul spricht hier explizit vom Welt-Humor, worin der Humorist nicht die Welt schlechthin verachtet, sondern eben seine Verwandtschaft mit der Menschheit nicht leugnet und eben keine leeren oder frommen Predigten gegen die Dummheit hält, sondern auch über sich selber lacht. Darin zeigt sich die wahre Größe des Menschen, wenn er über seine eigenen Unfertigkeiten zu lachen vermag.[58]

Die »Narrensprünge der Fantasie« beinhalten radikale Umstülpungen, es wird empfohlen, nicht vom Himmel, sondern von der Hölle aus zu schreiben. In der frühneuzeitlichen Satire *Gargantua et Pantagruel* von Francois Rabelais, in welcher die Verkehrung eine entscheidende Rolle innehat, tritt die Weisheit im Gewande der Narrheit auf, der Ernst verbirgt sich im Gelächter. In diesem Lachen tritt das Charakteristische des Menschen hervor, laut Aristoteles ist der Mensch das einzige Tier, das lachen kann. Der Kontrast erscheint als Umstülpung des Himmels und des Klosters. *Epistemon* – der Wahrheitssucher – findet das Jenseits als eine Symbiose von Himmel und Hölle vor, in welcher alle früheren weltlichen und sozialen Verhältnisse umgekehrt sind, ein totales Auf-den-Kopf-Stellen der verkehrten, weil ungerecht eingerichteten diesseitigen Welt. Die großen Figuren der Weltgeschichte müssen jetzt ihren Lebensunterhalt hart erarbeiten: Der in den Olymp erhobene Aeneas als Müller, die ägyptische Königin Kleopatra als Zwiebelverkäuferin und Papst Alexander als Rattenfänger, der im Königsornat auftretende Diogenes verprügelt Alexander den Großen. Die Teufel treten als lustige Kerle auf.

Einen weiteren Helden der Antipode, der Verkehrung von Einbildung und Wirklichkeit, von Traum und Realität haben wir im köstlichen, unübertroffenen Ritter aus der La Mancha. Der *Don Quijote* aus der Feder von Miguel de Cervantes war der erste humoristische Roman der europäischen Neuzeit, ein Werk, das zweifellos zu den größten Meisterwerken der Dichtung zählt. Sein zusammen mit Sancho Pansa geführter Kampf gegen die Windmühlen seiner Fantasie, gegen die ihm als feindliche Heere erscheinenden Hammelherden wie auch die blutige Schlacht gegen Krüge mit rotem Wein haben in der Diskrepanz zwischen seiner selbstgewissen Einbildung und der Realität ihre humoristische Kraft.

Dem stolzen, auf seinem dürren Gaul Rosinante sitzenden Ritter zeigt die Realität meist ihr Hinterteil. Wenn Sancho seinen Ritter daran erinnert, dass die Realität doch ganz anders aussieht als die Einbildung des Don, so bemerkt dieser wiederum mit frappierender Umkehrung: Falls dies stimme, wäre es ja wohl schlimm für die Wirklichkeit! Daraus entsteht ein Motiv zu Veränderung des Bestehenden, die Freiheit als der Standpunkt der modernen Zeit kann hervorschimmern, die *Narrenweisheit.*

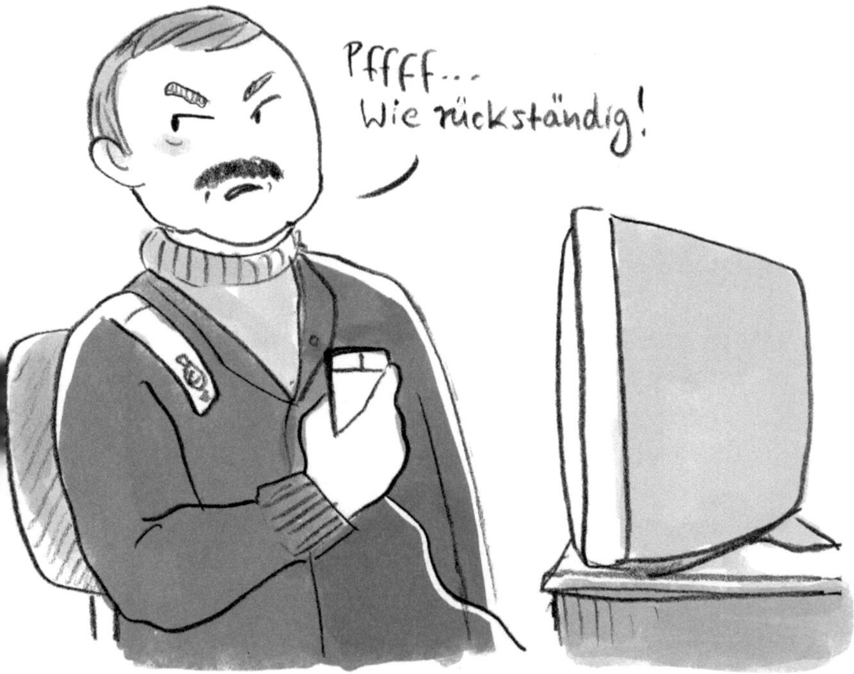
Pffff...
Wie rückständig!

Scharfsinn und Humor

Aufgrund seines »Über-Humors« beschreibt Friedrich Nietzsche Laurence Sterne als den freiesten Dichter aller Zeiten und schließt darin an die vergleichbaren Lobpreisungen von Sterne durch Goethe, Jean Paul und Hegel an. Der Humor habe Sternes Protagonisten, Tristram Shandy, keinen Augenblick des Lebens im Stich gelassen. Als der Tod an seine Tür pochte, hieß er ihn ein anderes Mal kommen, und zwar in einem so »heitern Ton sorgloser Gleichgültigkeit«, dass der Tod an der Richtigkeit seines Tuns zweifeln musste und Shandy Hall verließ. Aber nach diesem Besuch des Todes – so Tristram – sei es kein richtiges Leben mehr, da der Hurensohn jetzt wisse, wo er wohne.[59] Logischer Scharfsinn und Humor als aufeinander angewiesene Kräfte gelten hier als die obersten Verzierungen des Menschengeistes. Viele verstehen sie als unsere am höchsten geschätzten, unentbehrlichsten und als die am schwersten zu erringenden Fähigkeiten. Im einen liegt genauso viel Sinn und Symmetrie wie im anderen. Nimmt man eines weg, sieht es aus wie »eine Sau mit einem Ohr«.[60] Laurence Sterne vergleicht beide Vermögen mit den Nagelköpfen auf der Rücklehne seines Sessels, die miteinander abgestimmt sind, sich gegenseitig zu heben. »Schnelles Traben und langsames Nachdenken hätten wie Witz und Urteil seinen eigenen, miteinander unverträglichen

Rhythmus. Auf seinem Klepper könnte er alles vereinbaren und alle Gegensätze miteinander versöhnen«.[61] Die Vertreter des Witzes repräsentieren den gegenseitigen spottenden Einspruch, das Chaos und die Vielfalt »der Stöße und Gegenstöße«, die Leute der Logik stellen die Ordnung, Versöhnung und Einheit dar. Der Hauptvorteil des vergleichenden Witzes bestehe in der Absicht des Reinigens, »den Verstand hell [zu] machen, bevor es zur Beweisführung kommt, um ihn auf solche Weise von allen Stäubchen und Flecken verdunkelnder Materie zu säubern, welche, wenn man sie darin schwimmen ließe, das Begreifen erschweren und alles verderben müsste.«[62] In einer Falte des Gesichtes des »freiesten Schriftstellers aller Zeiten« sehen wir – so Nietzsche über Laurence Sterne – zugleich das Ernsthafte wie das Lächelnde – die Ähnlichkeit zu Mr. Spock dürfte unübersehbar sein. Bei ihm kommt der feine und gebildete Humor zum Ausdruck, auch wenn er manche Wortspiele und Metaphern nicht versteht. Das geht Menschen bei Humor und Witz anderer Kulturen und Sprachen ähnlich.

> **Dr. Gillian**: »Wollen Sie sich dies nicht aus dem Kopf schlagen?«
> **Spock**: »Ich sehe keinen Grund zur Selbstverstümmelung!«

Humor und Skepsis

Als einen der Moderne angemessenen Regenschirm des Weisen (Erich Kästner), als ein Rettungsring für die modernen Stürme (Wilhelm Raabe) gilt auch bei Hegel der Humor. Der Gedanke des wahren oder tiefen Humors nimmt eine Schlüsselstellung in Hegels *Philosophie der Kunst* ein und repräsentiert in besonderer Weise einen Grundzug der modernen Kunst.[63] Letztere wird auf ihrer höchsten Höhe zur Kunst der Komik und des Humors. Hegel verweist zugleich auf das »zweideutige Doppellicht« des Komischen, auf das beständige Schwanken zwischen der Tiefe des Witzes und bloß willkürlich-bemühtem, primitivem Witz, zwischen genialer Kombinatorik und nicht verstehbaren Assoziationen, zwischen wahrhafter Humanität und frostig-geschraubtem Witz eines Pseudo-Humors der Abscheulichkeit, zwischen genial-frappierenden Neuschöpfungen und mancher platt-geistlosen Primitivismen früherer und heutiger vermeintlicher Comedys und Comedians.

Laurence Sternes humoristischer Zweifel an der Existenz der Welt tilgt die These von der Welt als Gegebenes, zerschmettert alles Dogmatische, alles Unbegründete. Der Humor stellt laut Hegel eine Form poetischer Skepsis dar. Die Skepsis als die freie Seite der Philosophie hat ihr Komplement im Humor, welcher die freie Dimension der modernen Kunst darstellt, einer Kunst, die sich durch die Integration des wahren Humors auszeichnet. Modernes Denken der Subjektivität verlangt die vollbrachte Skepsis, sonst hat man keinen Begriff von dieser Subjektivität. Sie verlangt aber ebenso das Lachen, den freien Humor, die gelungene Komik, sonst besitzt man keine rechte Vorstellung von Freiheit und geistigem »Sauwohlsein«. Diese Formen des Skeptischen könnten Schutz vor dogmatischer Erstarrung und fundamentalistischer Verblendung verleihen.[64] Im genannten Sinne charakterisierte Friedrich Theodor Vischer dieses Komische als »die in die Sprache des Zwerchfells übersetzte negative Seite der Hegelschen Methode«.[65]

Ein gelungenes Beispiel für den Einsatz des Zweifels findet sich im Film *Am Rande des Universums*: Gott, das vollkommene Wesen, will angeblich die *Enterprise* haben, so die Mitteilung des zwielichtigen Sybok. Daraufhin meldet sich Kirk in der Pose eines eifrigen Schülers und bringt in humoristischer Form ein schlagendes Argument in Gestalt des Zweifels:

Kirk: »Wozu braucht Gott ein Raumschiff?«
Der vermeintliche Abgesandte Gottes **Sybok**: »Du zweifelst an mir?«
Kirk: »Ich will einen Beweis.«
McCoy: »Jim, was soll das? Willst du seinen Personalausweis sehen?«

Im feinen, klugen Humor haben wir eine Freiheit des Geistes, der sich jeder Unterwerfung oder Knechtung widersetzt, alles Erstarrte und Überlebte verlacht. Sternes Hauptheld bezeichnet sich selbst als »geschworenen Feind des angemaßten und gemachten Ernstes«. Darin erblickt er nichts anderes als einen Deckmantel der Dummheit und Unwissenheit, denen er offen den Krieg erklärt, wo immer er ihn trifft und unter welchen Schutz und Schirm dieser auch steht. Er lässt hier nur selten Gnade walten und nimmt keine Rücksicht beim Einsatz seiner skeptischen Waffen, des zermalmenden Witzes und Humors. Im Visier solchen Spottes finden sich Eitelkeit, Dummheit, Aberglaube, die über die Höllenfahrt Luthers räsonierenden theologischen Dogmatiker, am Boden der Tintenfässer liegen gebliebene Buchstabengelehrte oder auch analytische Philosophen, die Flohsprünge ausmessen – kurzum – Torheiten des Menschen. Auch Mr. Spock ironisiert meist gegenüber McCoy in ähnlicher Weise die Dummheiten der Erdenmenschen, mit dem Hinweis auf die Unlogik vieler ihrer Handlungen und auf die Arroganz der Erdlinge:

> **Spock**: »Menschen treffen unlogische Entscheidungen.«

Aber durch den Humor kann eben alles scheinbar Heilige zertrümmert werden, durch die Macht origineller

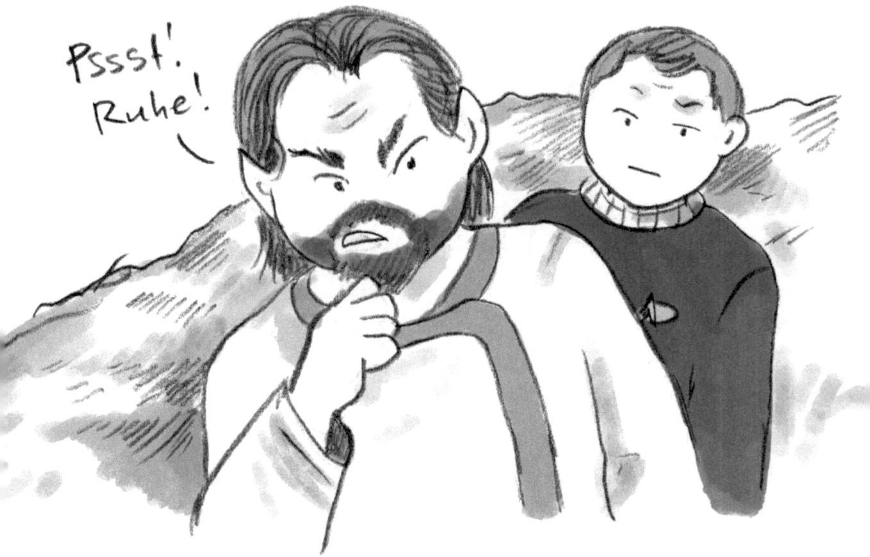
Pssst!
Ruhe!

Einfälle, durch Gedankenblitze und frappierende Umkehrungen. Im schallenden Gelächter erweist sich dann der Triumph der freien Subjektivität. Mr. Spock hingegen scheint im Inneren zu lächeln und wird dies oft nur durch ein leichtes Hochziehen der Augenbraue äußern.

Logischer Skeptiker und Humorist, Zweifel und Lachen repräsentieren das Widerstehen gegen alles vermeintlich Festgefügte, die Auflehnung gegen alles angeblich Evidente und ewig Sichere, gegen jegliche Art von Rechthaberei und Fundamentalismus. Sie gelten als besonders bemerkenswerte Exemplare der *Widerspenstigkeit*, als widerborstige Advokaten der Hölle, als Anführer einer ständigen Rebellion, als Blut saugende Vampire – als kritische und unvoreingenommene Geisteshaltungen. Als dieser Rebell ist der Humor ein Ketzer, ein Götterleugner, der alles Diktatorische mit Lachen und seiner Narrenweisheit attackiert. Als der völlig humorlose Apoll in der Episode *Der Tempel des Apoll* erklärt, er sei der altgriechische Gott und der absolute Herrscher, dem man sich bedingungslos unterwerfen müsse, entgegnet Pavel Chekov mit aller Keckheit des vernichtenden Humors: »Dann bin ich der Zar von Russland.« Zur Höflichkeit ermahnt, fügt er hinzu: »Er habe eben nicht jeden Tag mit Göttern zu tun«.

Über das Komische und das Lachen - Aristoteles, Nietzsche und Umberto Eco

In Umberto Ecos Roman *Der Name der Rose*, einem Geniestreich des 20. Jahrhunderts, ist der fanatische Verächter des Lachens bezeichnenderweise blind: der Mönch Jorge, der mit allen giftmörderischen Mitteln das Auffinden des zweiten Buches der Aristotelischen Poetik, des Buches über die Komödie und das Lachen zu verhindern trachtet. Dem Dogma des Blinden zufolge sei Lachen ketzerisch – Jesus habe nie gelacht. Aber Jesus und Spock haben eben doch gelacht. In Jorges Gegenspieler William von Baskerville, einer Figur, die Spock mit Sicherheit gefallen hätte, verbinden sich Scharfsinn und Heiterkeit. Er agiert als ein Mann des freien Wissens und des befreienden Humors und repräsentiert sowohl das Logische-Detektivische als auch das gebildete humoristische Verlachen, eine wahrhafte Symbiose des unvoreingenommenen, kritisch prüfenden Geistes mit der lachenden Narrenweisheit. Aus solchem Holze war auch Nietzsches[66] *Zarathustra* geschnitzt, ein Schelm und Schalksnarr, der große »Wahrlacher« – »Das Lachen sprach ich heilig: ihr höhere Menschen, lernt mir Lachen!«[67] Auch wenn es immer wieder aus der Froschperspektive tönt: »Es gibt etwas, über das absolut nicht mehr gelacht werden darf!«[68] Wer einen dogmatischen Sumpf trocken legen will, fragt auch die größten Frösche nicht um Erlaubnis, so ein bekannter Aphorismus. Gegen die »grenzenlose Fliegen- und Froscharmseligkeit« bleiben logische Skepsis und Lachen stets am Werke.[69]

Lachen als Verleiblichung und die Zweideutigkeit

Der Dichter Laurence Sterne gilt Nietzsche als der »große Meister der *Zweideutigkeit*«. Man kann nie sicher sein, ob er »ein ernsthaftes oder lächelndes Gesicht« hat, denn »er versteht sich auf beides in einer Faltung seines Gesichts«. Darin besteht eben »echt Sternescher *Überhumor*«. Eine »solche Freigeisterei bis in jede Faser und Muskel des Leibes hinein, wie er diese Eigenschaften hatte, besaß vielleicht kein anderer Mensch«.[70] Mr. Spock ähnelt mit seinem Hochziehen der Augenbrauen diesem Meister der Zweideutigkeit, man kann nie sicher ermessen, ob er sich mit diesem Mienenspiel distanziert oder freudige Zustimmung ausdrückt.

Das Lachen wird auch von Hegel als etwas Körperliches, Leibliches angesprochen, das ein inneres Gefühl zum Ausdruck bringt, aber nicht frei von Geist ist – feiner Humor benötigt Intellekt und Bildung. Unsere innere Heiterkeit tritt beim Lachen nach außen, als ein sich »über das Antlitz ausbreitender Glanz«, als Leuchten der Augen, als ein »gewaltsames unterbrochenes Ausstoßen unseres Atems«, als Prusten und auf die Schenkel schlagen – also in verschiedenen Gesten, Gebärden und Mimik. Dabei kann eine Stufenfolge des Lachens identifiziert werden, vom schallenden Gelächter mit Prusten, das nicht zwingend haltungslos ist, bis hin zum »sanften Lächeln der edlen Seele«. Das Spektrum reicht vom lauten Lachen eines Scotty bis hin zum Mienenspiel bei Spock. Dabei sind die Formen von Humor sehr vielfältig, die Palette reicht vom trockenen oder schwarzen Humor über Spott, Satire, Parodie, *Running Gag*, Posse und Farce bis hin zu Aprilscherz und Kalauer. In *Zurück in die Gegenwart* finden sich besonders viele gelungene Formen der Situationskomik:

McCoy möchte mit einem Shakespeare-Zitat gebetsartig die riesenhafte Gefahr des beabsichtigen Zeitsprunges mit dem klingonischen Bird of Prey verdeutlichen:

> **McCoy**: »Engel und Boten Gottes, steht uns bei!« Überraschend und frappierend darauf **Spock**: »Hamlet, 1. Akt, zweite Szene.«

In der Episode *Spukschloss im Weltall* ertönen schreckliche Hexengesänge, was Spock zu einer unfreiwillig komischen Bemerkung veranlasst – diese Art von Singen sei »künstlerisch nicht sehr wertvoll«. Auch wird mehrfach mit der Vieldeutigkeit der Metaphern und Redewendungen gespielt, Spock macht Kirk darauf aufmerksam, dass er jetzt in San Francisco viele farbige Metaphern verwendet, wie etwa: »Sie blöder Arsch!« Hier Beispiele für die Spockschen »Missverständnisse«:

> **McCoy** zu Spock: »Ich habe ihre Schuhe angehabt, die mir aber eine Nummer zu groß waren.«
> Darauf **Spock**: »Meine Schuhe?«
>
> Kirk gibt den Hinweis, dass jetzt gegenüber der Walforscherin die Karten richtig auszuspielen seien.
> **Spock**: »Wie kann Kartenspielen dabei helfen?«

Schließlich scheint sogar Spock die neue Redeweise ein ganz klein wenig zu gefallen, indem er öfters das Wort »verdammt« benutzt – aber eben manchmal nicht treffend wie bei »verdammt richtig«. Auch wird die Differenz zwischen den Lebensweisen verschiedener Zeiten und Jahrhunderte für eine Pointe genutzt. Dr. Gillian meint zu Kirk: »Sagen Sie nur, Sie kommen aus dem Weltraum!« Selbst das atomgetriebene Kriegsschiff trägt »zufällig« den Namen *Enterprise,* und zweimal wird ironisch auf die *Straßen von San Francisco* angespielt, eine andere TV-Kultserie mit Karl Malden und Michael Douglas.

Eine besonders doppelsinnige Form ist das »Lächeln in den Tränen«, die Freudentränen – ein Sachverhalt, der einem Computer oder einem Roboter natürlich verschlossen bleibt, aber von besonderem Gewicht ist, weil diese doppeldeutige Gefühlsäußerung über unser wichtigstes Sinnesorgan geht – das Auge. Während die Trauer die innerliche Zerrissenheit manifestiert – auch in Form von Tränen oder Lachen – haben wir beim freudigen Lachen die »auf Kosten des lächerlichen Gegenstandes empfundene Zusammenstimmung des Subjekts mit sich selbst«. Der Mensch kann, so Hegel weiter, bei sich selbst sein und damit sich frei fühlen. Sofern Lächeln eine vom Willen ausgehende Miene oder Gebärde wird, kann Spocks Mimik durchaus als freudiger Gefühlsausdruck minimalistischer Art angesehen werden, auch ohne das Zittern des Zwerchfells. Hegel erinnert an die Kinder des spanischen Malers Murillo, die trotz ihres schweren Geschicks tiefe Freude zeigen, ähnlich das Antlitz des fröhlichen Weintrinkers Sir John Falstaff, der wunderschönen komischen Figur bei Shakespeare.

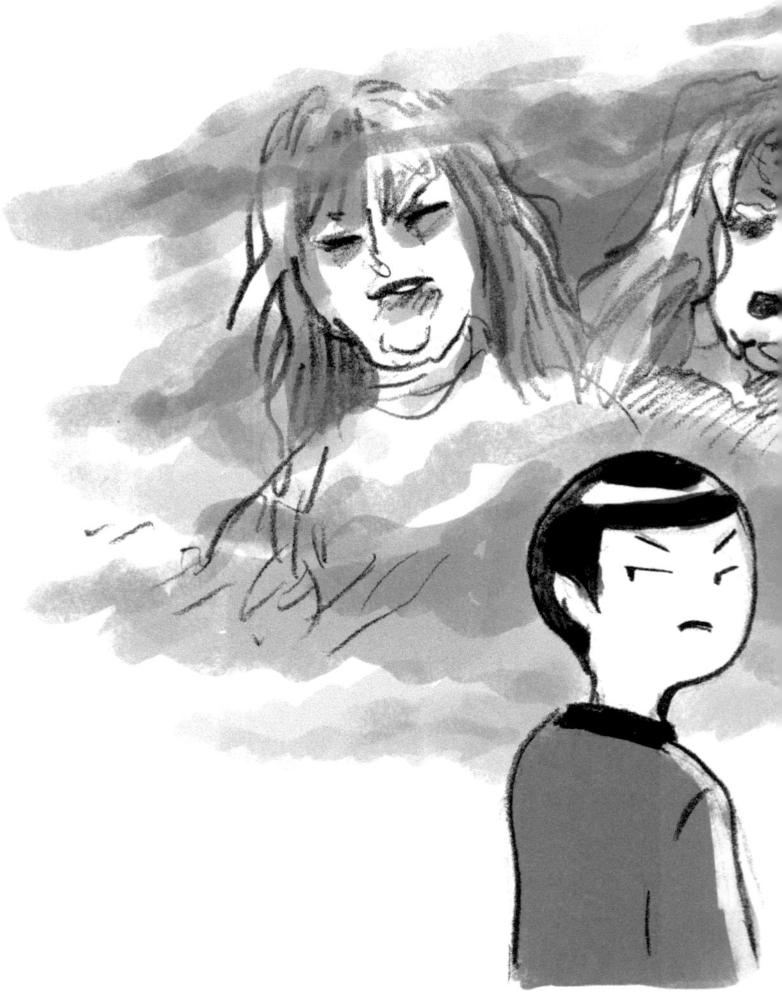

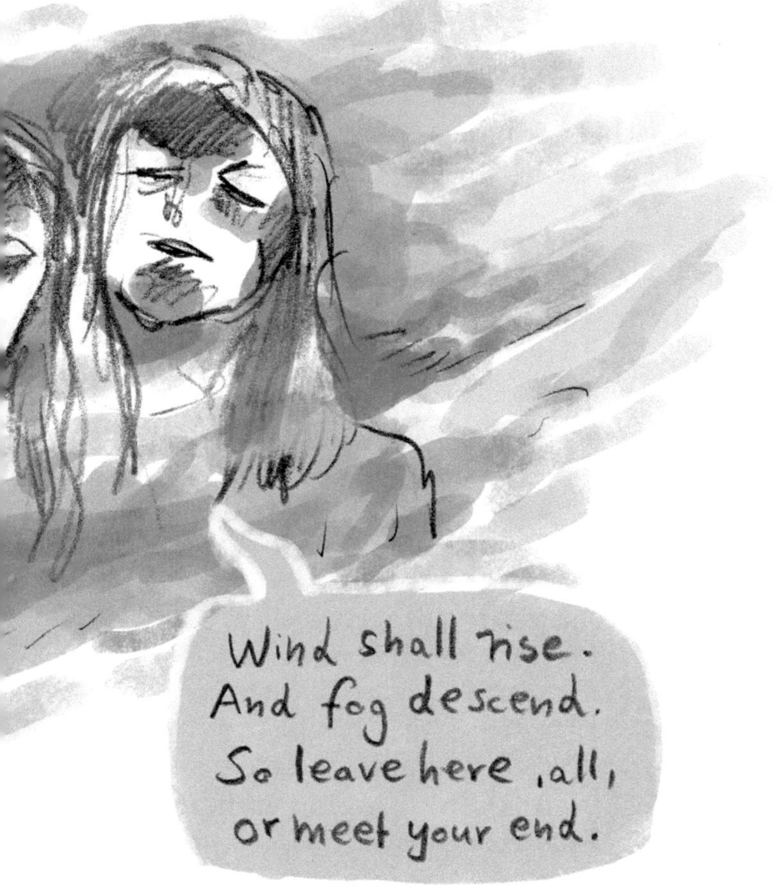
Wind shall rise. And fog descend. So leave here, all, or meet your end.

Das lachende Tier

Ich wohne in meinem eigenen Haus,
Hab niemanden nie nichts nachgemacht
Und – lachte noch jeden Meister aus,
Der nicht sich selber ausgelacht

Über meiner Haustür[71]

Die heutigen Wolkenkuckucksheime und dogmatisch-fundamentalistischen Anmaßungen und Schwindeleien aller Art sollten vor den Gerichtshof des Logischen und des Lachens gestellt werden. Alle Dummheiten der Menschen, die Tollheiten der Redner und Staatsmänner, die dogmatischen Gedanken aller Art von Hasspredigern müssen der »tiefsten Weise des Gelächters« preisgegeben werden. Und falls nötig, sollten wir auch für den Frieden und die Freiheit mit einem stinkenden Rosskäfer als einem Denkschiff zum Himmel fliegen, im Gepäck Aristoteles, Aristophanes und Hegel, zusammen an Bord mit Don Quijote, Zarathustra und William von Baskerville, am Steuer Kirk und Spock: »Es gibt vielleicht auch für das Lachen noch eine Zukunft.«[72] Als in Ecos *Der Name der Rose* auf dem Höhepunkt der Geschichte der blinden Mönche Jorge triumphierend das von ihm selbst vergiftete Aristoteles-Manuskript über das Lachen in sich hineinschlingt, beginnt der

Mönch ob seines vermeintlichen Sieges ausgerechnet zu *lachen*! William von Baskerville, erschüttert über den unwiederbringlichen Verlust des Buches über die Komödie, entgegnet jedoch – den Spieß umkehrend –, dass zwar der Aristoteles für immer verloren sei, aber keineswegs das Lachen der Menschen: Sogar dessen fanatischer Feind Jorge habe jetzt gelacht. Und mit McCoy und Spock, mit Aristoteles und Hegel könnten wir zusammenfassen: Die Vernunftwesen sind wissende und lachende Tiere.

> **Kirk** – Kapitän des Narrenschiffs: »Erfolg und Glück sind auf der Seite der Narren.«
> **Spock**: »Ein Witz ist eine Geschichte mit einem humoristischen Höhepunkt.«

Pinocchios Nase und Jakob der Lügner

Saavik: »Sie haben gelogen.«
Spock: »Ich habe übertrieben.«

In *Zurück in die Gegenwart* wird auf diese Stelle angespielt:
Kirk: »Es ist doch nicht notwendig, immer die Wahrheit zu sagen.«
Spock: »Ich kann doch nicht lügen.«
Kirk: »Wer spricht denn von lügen? Aber ein bisschen übertreiben, das konnten Sie früher sehr gut.«
Spock: »Verdammt, nein!«

Zum Abschluss der Episode *Der dressierte Herrscher* gelingt es der *Enterprise*-Mannschaft mit spezifisch menschlichen Verhaltensweisen wie Tanz, Lachen oder Spielen und speziell mit Unlogik und »Blödsinn« den Androiden Norman aus dem Konzept zu bringen und ihn schließlich mit Hinweis auf das berühmte *Lügen-Paradoxon*[73] zur Überlastung zu treiben. Das Paradox im Anschluss an den altgriechischen Denker

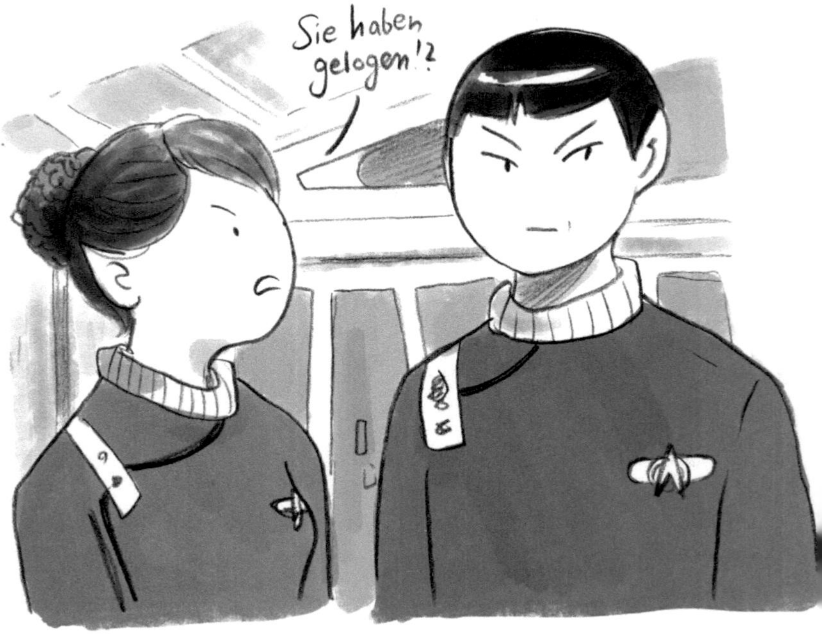
Sie haben gelogen!?

Epimenides liegt im Ausspruch: »Ein Kreter sagt, dass alle Kreter stets lügen.« Dieser von einem Bewohner von Kreta formulierte Satz fixiert somit seine eigene Falschheit, er soll als richtig gelten und zugleich Lüge sein, Minus und Plus, Positives und Negatives werden formal in einem Satz behauptet.

> **Mudd**: »Ich habe Sie angelogen.« »Sie können mir jedes Wort glauben, jedes Wort. Ich bin ein Lügner!«
> **Norman** (Androide): »Sie sagen, Sie sind ein Lügner, aber wenn alles, was Sie sagen Lüge ist, dann sagen Sie die Wahrheit. Aber Sie können nicht die Wahrheit sagen, weil alles was Sie sagen nicht die Wahrheit ist, alles Lüge. Ihre Wahrheit ist immer Lüge« ... »alles unlogisch« ... »widersprüchlich, nicht logisch«.

Pinocchios Nase wächst nur im Falle seines Lügens. Er sagt nun: »Meine Nase wächst jetzt gerade.« Sie wächst aber noch gar nicht. Gelogen oder nicht gelogen? Der Androide und sein innerer Rechner vermögen diese Art von Paradox nicht aufzulösen. Ebenso muss eine formale Logik daran scheitern, obwohl sie inzwischen – neben dem üblichen »wahr oder nicht wahr« drei-wertige – oder vielleicht künftig sieben- oder gar 77-wertige Logiken vorschlägt und damit wie der Computer des Androiden in die schlechte

Unendlichkeit der Endlosschleife gerät – nochmal plus 1 und wieder plus 1 und so weiter bis zum St. Nimmerleinstag. Laut dem Philosophen Ludwig Wittgenstein kann man auf diese Weise fortfahren bis man »schwarz wird« und ewig diese brotlose Kunst betreiben, die heute gar in der analytischen Philosophie oft als höchste Wissenschaft gepriesen wird. Auch der Stammvater dieser heute institutionell schier übermächtigen Mode-Philosophie, der Jenaer Philosoph und Logiker Gottlob Frege, versuchte (vergeblich) ein ähnliches Paradox auf formale Weise zu lösen: die Vagheit des Wortes *Haufen.* Wie viele Körner müssen vorliegen, bis man von einem Körnerhaufen sprechen kann? Zwei, drei oder zehn? Man weigert sich einfach rechthaberisch, die Grenzen der eigenen formalen Logik zu akzeptieren, statt sich mit der eigentlich inhaltlich-philosophischen Frage der Lüge zu beschäftigen.

Wann liegt also eine Lüge vor? Ist unbedingte Aufrichtigkeit und Wahrhaftigkeit notwendig, vielleicht sogar geboten? Oder sind Falschinformation und Täuschung in manchen Fällen zulässig? Darf ich in Ausnahmesituationen bestimmte Personen hinters Licht führen? Keine Tricks, Kirk! Die Täuschung der Maschine scheint ja unproblematisch, aber wie es ist bei Vernunftwesen mit freiem Willen?

Der Commander: Ein notorischer Schwindler? Ein Lügenbaron?

Captain Kirk ist oft ein listiger Fuchs, einer der anderen einen Bären aufbindet, der Klingonen und Romulaner austrickst, der schummelt und flunkert, dass sich die Balken biegen, der schier übermächtige Gegner blufft. In der Episode *Pokerspiele* wird das Raumschiff von einem furchterregenden Wesen bedroht, das die Zerstörung der *Enterprise* angekündigt. Mr. Spock räumt ein, dass er keine Alternative weiß, die logisch sei. Dies bringt Kirk auf den zündenden Einfall: Nicht Schach, sondern Poker! Kirk gibt nun vor, einen Stoff namens *Corbomit* zu besitzen, der für jeden Angreifer zum Bumerang wird – in höchster Not hat dieser Bluff Erfolg. Spock gratuliert zum guten Pokern und stimmt indirekt dem Bluff zu.

Spock: »Ein faszinierendes Spiel, Poker!«

Der Kommandant schwindelt und mogelt, mit Finten und Scharaden bekämpft er gefährliche Widersacher. Ist er nun aber ein klassischer Lügenbaron, der Ritte auf einer Kanonenkugel behauptet? Ein Baron Münchhausen, der vorgibt, sich an seinem eigenen Schopf aus dem Sumpf gezogen zu haben? Oder gleicht Kirk mehr dem listigen Griechen Odysseus, der mit dem trojanischen Pferd ein Symbol der

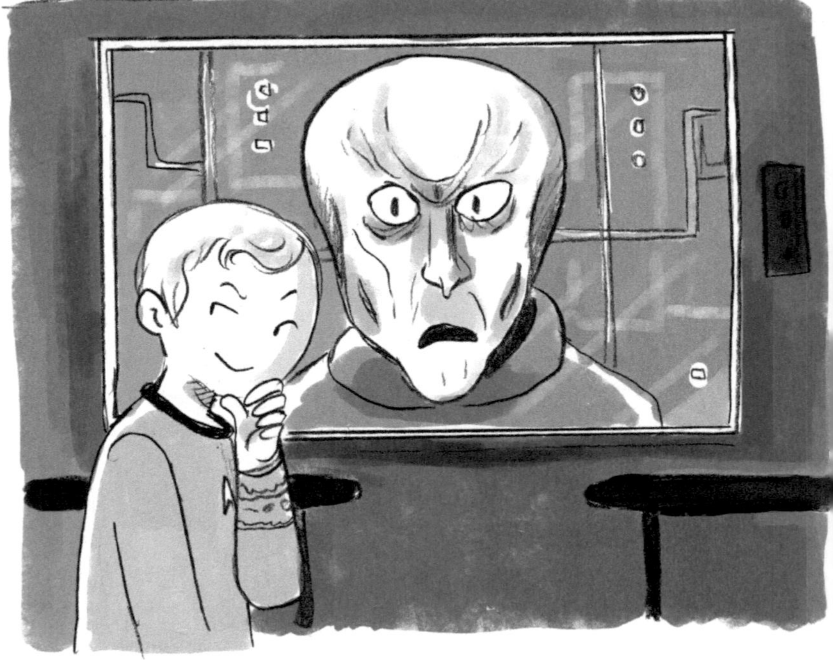

Hinterlist schuf, oder James Stewart in der großartigen Westernkomödie *Der große Bluff* und dessen gelungener Irreführung der Gegner? In dem 2013 mit mehreren *Oscars* auszeichneten Film *Argo* geht es um die Befreiung von bedrohten Bürgern der USA unter Vorspiegelung falscher Tatsachen. Man gibt vor, einen Science-Fiction-Film zu drehen. Das für solche Bluffs nötige Pokerface besaß der gute Kirk zweifellos, dies belegt neben der Episode *Pokerspiele* auch die an die romulanische Raumschiff-Kommandantin in der Folge *Die unsichtbare Falle* gerichtete falsche Beteuerung, dass man keine Spionage betreibe, obwohl er gerade als Spion unterwegs ist. Ist er ein Schwindler, ein wölfischer Lügner im Schafspelz? Eine musterhafte Form der philosophischen Debatte um die Lüge findet sich in der Kontroverse zweier Denker am Ende des 18. Jahrhunderts, zwischen Immanuel Kant und Benjamin Constant.[74]

Die Lügen-Kontroverse zwischen Benjamin Constant und Immanuel Kant

Dieser Disput zwischen dem französischen und deutschen Philosophen spiegelt sich besonders in Kants Aufsatz *Über ein vermeintes Recht aus Menschenliebe zu lügen* aus dem Jahr 1797. In dieser Auseinandersetzung wird mit einem geeigneten und anschaulichen Beispiel für ein falsches Informieren gearbeitet: Jemand wird verfolgt und hat sich in mein Haus geflüchtet. Dann klopft ein Mörder an meine Haustür und fragt, ob sich gerade ein Mann in mein Haus geflüchtet habe. Wäre nun – so fragt Constant – meine Zeugenaussage in Gestalt einer Lüge gegenüber dem Mörder ein Verbrechen? Constant vertritt die Auffassung, dass der Begriff von Pflicht untrennbar von dem des Rechts ist, und fügt hinzu: Da, wo es keine Rechte gibt, gibt es auch keine Pflichten. Die Wahrheit müsse ich so nur denjenigen erzählen, die Anspruch auf Wahrheit haben. Lügen kann ich somit in eben jenem Falle, in dem ich einem anderen – hier dem vom Verbrecher Verfolgten – ansonsten schaden könnte.

Kant hingegen besteht auf der kategorischen Pflicht, in *jeder* Situation zu *jeder* Person wahrhaftig auszusagen, selbst dann, wenn ein ungerechter Zwang mich nötigt, unwahrhaft zu sein. Die Wahrhaftigkeit bleibe unbedingte Pflicht des Menschen gegenüber einem anderen Menschen, ohne jegliche Ausnahme, auch dann, wenn für mich oder andere daraus erhebliche Nachteile erwachsen können. Ein nicht mit irgendwelchen Ausnahmen einzuschränkendes Gebot der Vernunft sei es, in allen Erklärungen wahrhaft und ehrlich zu sein. Die Lüge als vorsätzlich unwahre Deklaration würde Kant zufolge die Pflicht grundlegend verletzen, dem Menschlichen überhaupt gewaltigen Schaden zufügen und eine vernünftige

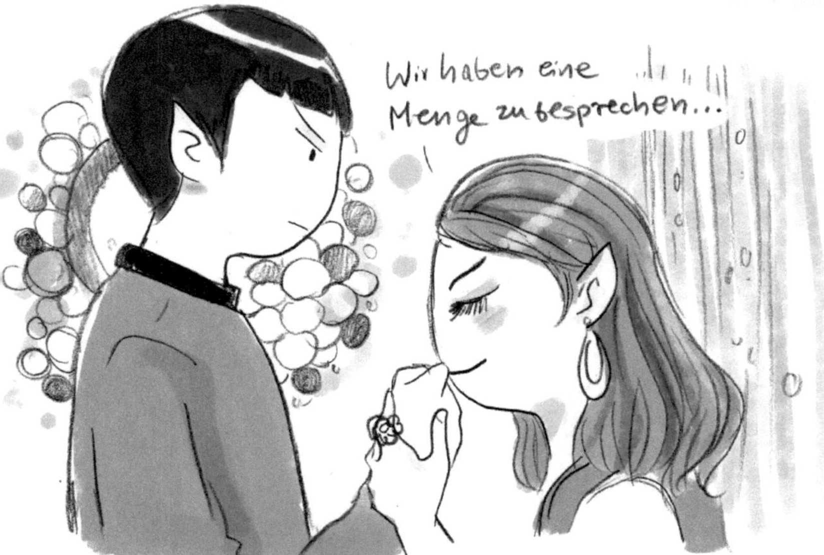
Wir haben eine Menge zu besprechen...

Gemeinschaft unmöglich machen, weil das Fundament, die Quelle des Rechts dadurch angetastet und unbrauchbar gemacht werde. Dem Humanen als Allgemein-Menschlichem werde durch die Verfälschung Unrecht zugefügt. Spock scheint wegen seiner vulkanischen Herkunft diesem Kantischen Prinzip verpflichtet zu sein und setzt dies auch gegen andere Vulkanier ein:

> **Lt. Valeris:** »Ich kann mich an keine Namen mehr erinnern.«
> **Spock**: »Das ist eine Lüge.«

Sulu auf dem Planeten Satanius der Galaxie Pandoria

Die Positionen der beiden Philosophen enthalten durchaus zutreffende Argumente, aber zugleich auch ungenaue und unhaltbare Gedanken. Dies soll an einer erfundenen Extremsituation dargestellt werden, die aber von der Grundstruktur her dem Constant-Kantischen Beispiel entspricht. Mit dem folgenden (in den *Star Trek*-Episoden nicht auftauchenden) Beispiel soll das Grundproblem der Lüge anschaulicher erklärt werden: Sulu wird bei einer missglückten Rettungsaktion in die Galaxie Pandoria verschlagen, zu welcher der Planet Satanius zählt. Dort hat der absolute Tyrann über diese Galaxie, Ultimus, seinen

Regierungspalast. Ultimus herrscht in seinem Reich mit allen Mitteln einer totalen Diktatur. Allerdings gibt es oppositionelle Kräfte. Sulu war ohne Wissen über die politische Situation einem Notruf von einem Schiff der Widerständler gefolgt und von der Armee des Tyrannen festgenommen worden. Auf dem kleinen Raumtransporter, dem er zu Hilfe kommen wollte, gab es nur einen Überlebenden, Libertus, der Sulu über die barbarische Tyrannei ins Bild setzen kann. Libertus kommt vor Gericht und Sulu soll als Zeuge aussagen. Vom Richter Zerberus, einem fanatischen und meist die Todesstrafe verhängenden Diener des Tyrannen, erhält Sulu Informationen über die sogenannten Umstürzler und Terroristen. Er wird als Zeuge vereidigt, er habe die Wahrheit und nichts als die Wahrheit zu sagen und wird dann befragt, welche Auskunft er zur Beteiligung des Angeklagten an den Aufruhrplänen geben könne. Da die Pandorianer annehmen, dass es in allen Galaxien ausschließlich Diktaturen gibt, gehen sie davon aus, dass Sulu das Vorgehen kennt. Wie soll Sulu nun als Zeuge aussagen? Muss er die ihm bekannten Fakten darlegen? Darf er schwindeln und irreführen? Darf er Sachen erfinden oder soll er schweigen? Wie kann er die von Kant eingeforderte Wahrhaftigkeit in dieser auch für ihn selbst höchst bedrohlichen Situation erreichen?

In der Episode *Schablonen der Gewalt* werden in Bezug zur Nazi-Diktatur die gleichen totalitären

Machtstrukturen vorgeführt – »Mitte 20. Jahrhundert – Nazi-Deutschland«. Unter dem Eindruck dieser Verhältnisse des offensichtlichen Unrechts und mörderischen Terrors gebrauchen Kirk und Spock schließlich verschiedene Instrumente der Irreführung und Täuschung. Sie treten gar in Nazi-Uniformen auf – der Zustand des Unrechts hat alle Werte auf den Kopf gestellt, so dass Falschinformieren und Täuschen legitimer Widerstand sind.

Auf diese »Umkehrung« als Umwertung der Werte wollte Constant aufmerksam machen, wenn er eine der handelnden Personen als Mörder beschreibt und somit den Aspekt von Falschinformieren anspricht, der nicht nur das formale Lügen-Paradoxon betrifft, sondern eine moralische und rechtliche Situation, in welcher der Zeuge sich befindet. Im Beispiel des Gerichtes auf Satanius wird das noch sichtbarer, der Kontext der Entscheidung in seiner Relevanz noch deutlicher. Man könnte jetzt mit Constant hinzufügen, dass es dort, wo es kein Recht gibt, mit anderen Worten dort, wo extremes Unrecht herrscht, auch keine Pflichten gegenüber den Repräsentanten des Unrechts gibt. Somit dürfte Sulu dem Höllenhund Zerberus falsches Zeugnis geben, da dieser ja die totale Umkehrung des Rechts personifiziert. Zerberus kann gar nicht als Richter gelten und der Gerichtshof schlechterdings nicht als *Gericht* angesprochen werden. Dies gilt natürlich auch für das »Gericht«, das die

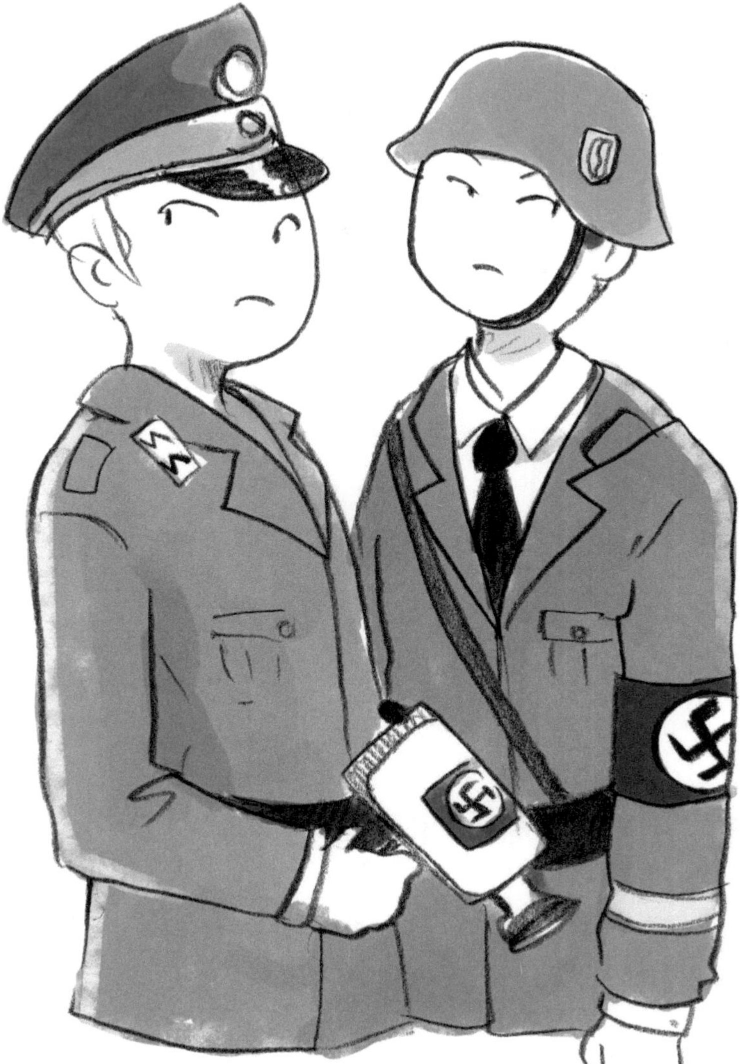

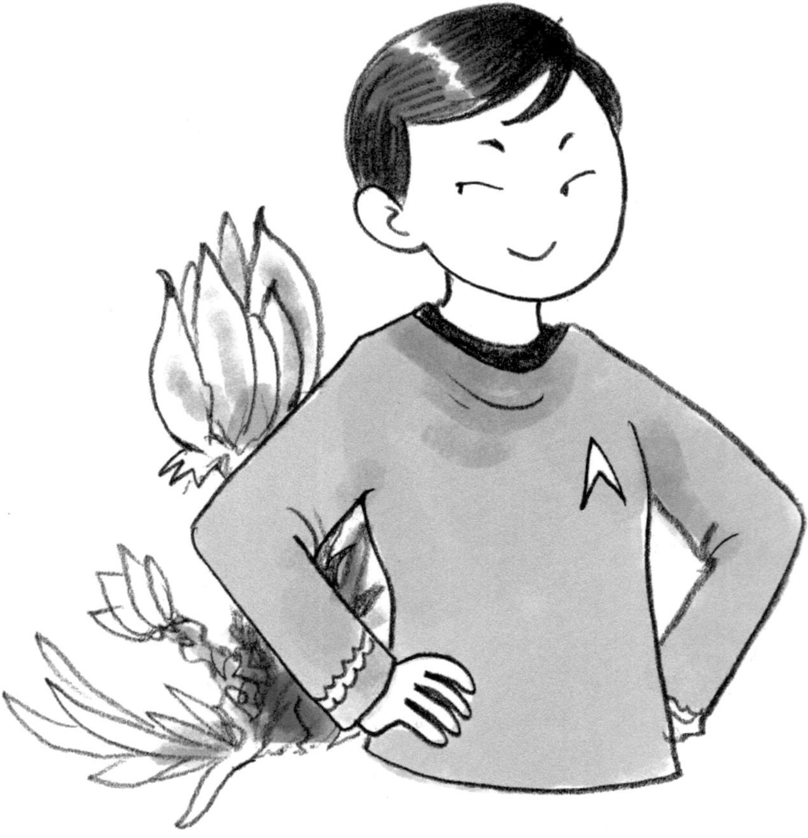

romulanische Kommandantin mit Mr. Spock abhält, wo sie Anklägerin und Richterin in einer Person ist. Zerberus repräsentiert das Unrecht, die Rechtswidrigkeit überhaupt – er war ein Justizmörder, ein Verbrecher schlimmster Sorte und entspricht Constants Beschreibung des *Mörders*. Es wird somit gar nicht der Richter fehlinformiert, sondern der Richter als Mörder! Er war kein unparteiischer Beurteiler, sondern der Vertreter der Anklage schlechthin.

Dies bedeutet, dass im Falle einer Falschaussage Sulu zur Bewahrung von Wahrheit und Recht beigetragen hätte und somit – mit Kants Worten – das Rechtsfundament, die Rechtsquelle nicht zerstört, sondern an entscheidender Front verteidigt hätte. Dies hat auch Spock mit seiner Zeit schindenden Verzögerungstaktik getan. Entgegen Constants Sicht hätten die Zeugen Spock und auch Kirk in *Pokerspiele* eben nicht gelogen, obwohl sie Sätze sprachen, die mit den Tatsachen nicht übereinstimmten. Die vorsätzlich falschen Deklarationen könnten als Wahrhaftigkeit angesehen werden, eine Wahrhaftigkeit, auf die ja Kant in unbedingter Form besteht. Alle drei – Sulu in der als Beispiel behandelten Pandoria-Story, Spock und Kirk in *Schablonen der Gewalt* – hätten in diesen Ausnahmesituationen mit ihrer bewussten Verfälschung die uneingeschränkte, ausnahmslose Pflicht eines Wesens mit freiem Willen gegenüber jedem anderen Wesen mit freiem Willen erfüllt. Dies betrifft auch die anderen Täuschungs- und Schwindelhandlungen Spocks, wenn er etwa seinem Freund und früheren Kommandanten Pike hilft (*Talos IV*) oder wenn er Kirk für tot erklärt (*Das Spinnennetz*):

> **Spock**: »Sie wissen ja, wie das in so einer Krise ist. Eine Entscheidung jagt die andere, und zu einer Nebenbeschäftigung kommt man da kaum (murmelt).« Mit dem Murmeln möchte er das Einräumen des Schwindelns oder Lügens vermeiden – *Vulcans never lie – Vulkanier lügen nicht.*

Zugespitzt: In der beschriebenen (in *Star Trek* nicht vorkommenden) Extremsituation besteht sogar die in großer Gefahr zu realisierende Pflicht zur Fehlinformation oder zum Bluff. Im Prozess ist Sulu verpflichtet, den Justizmörder Zerberus und seinen rechtswidrigen Gerichtshof zu ignorieren. Auch im Kantischen Sinne wurde durch ein solches Verfahren, genau wie durch die verschiedenen höchst gefährlichen und vielleicht zerstörerischen Angriffe auf die *Enterprise*, die Allgemeinheit verletzt, mit anderen Worten die universellen Rechte der vernünftigen Wesen geschädigt oder massiv bedroht. Auch schwebte Sulu vor Zerberus in höchster Gefahr und konnte blitzschnell aufgrund der Willkür des »Richters« vom Zeugen zum Angeklagten werden.

Beiden Positionen, von Constant und Kant, liegt ein ungenaues Verständnis von Wahrheit und Lüge zugrunde. Beide definieren Lüge als eine einfache, unrichtige Beschreibung eines gegebenen Sachverhaltes, Wahrheit oder wahre Aussage als eine formale Übereinstimmung der formulierten Sätze mit dem betreffenden vorangegangenen Ereignis. Sie verkennen somit die normative, die moralische und rechtliche Dimension der Handlung des Lügens, obwohl Kant das wunderbare Wort von der *Wahrhaftigkeit* gebraucht. Eine Tat wie Falschinformieren beinhaltet nämlich die Bewertung der Aktion, sie kann gut oder böse, rechtlich oder unrechtlich sein, falsch informieren ist somit nicht *per se* lügen! Nur dann, wenn es als *böse* oder *unrechtlich* bewertet wird, das schließt ein, dass es in bestimmten Fällen auch als *gut* oder *rechtlich* eingeschätzt werden kann. Sowohl beim Kreter-Paradox als auch bei Pinocchio sind diese inhaltlichen, normativen Bestimmungen nicht präsent. Dort bleibt alles auf der formalistischen Ebene und damit ist das Dilemma unauflösbar. Nur: Lügen ist eben genuin eine moralisch oder rechtlich zu bewertende Handlung.

Beide, Constant und Kant, setzen Falschaussagen und Lügen gleich und verfehlen ungeachtet ihres gewichtigen Beitrags damit einen angemessenen Begriff der Lüge. Vor dem Gericht des Zerberus gibt es keine Pflichten, da es – so Constant – keine Rechte gibt. Aber ungeachtet dessen gilt auch hier das Kantische kategorische, prinzipielle Gebot gegen die Lüge, nur das jetzt die Falschaussage oder das Schweigen des Zeugen Wahrhaftigkeit besitzt. Zugespitzt formuliert: Wer Zerberus und Satanius arglistig täuscht, wer wie Kirk und Spock den Frieden verteidigt und in Notwehr reagiert, hat wahrhaftig gehandelt, wohl geblufft und getäuscht, aber eben nicht gelogen! Auch hier also keine Zulassung des Lügens, allerdings das Mandat des Verfälschens und Täuschens! So gibt es kein vermeintes Recht, aus Menschenliebe zu lügen, wohl aber ein Recht auf Fehlinformation in Zuständen des Unrechts, Fehlinformationen, die dann aber keine Lüge darstellen. Wenn ein Tyrann das Recht bricht, dann gibt es das Recht auf Widerstand dagegen, egal was das Gesetzbuch dieses Staates verlangt.

Jakob der Lügner

Auch der im Warschauer Ghetto während der Nazi-Herrschaft gefangenen Jude Jakob, die Hauptfigur in Jurek Beckers Roman *Jakob der Lügner*, war eben kein Lügner, obwohl er seine Freunde irreführt und ihnen zur Stärkung der Hoffnung auf das Überleben die falsche Information einer baldigen Befreiung des Ghettos durch die an Warschau heranrückende sowjetische Armee gibt. Angeblich hat er dies in seinem Radio von einem britischen Sender gehört, ein riskanter aber wahrhafter Schwindel! Ein zutiefst humanes Tun, das keinesfalls eine Lüge, also nichts Böses oder Unrechtliches darstellt. Die puren Informationen, die Sätze an seine Freunde stimmen in keiner Weise mit dem realen Kriegsgeschehen überein, die Befreiung des Ghettos ist in weiter Ferne. Aber seinen Freunden und ihm selbst drohen Verzweiflung und Verlust der Hoffnung. Viele sind dem Suizid nahe, deshalb greift Jakob zu diesem zweischneidigen und ultimativen Mittel, das auch das Risiko späterer Enttäuschung in sich birgt, eine Tat jenseits der Lüge, jenseits von Bosheit und Unrecht.

Der große Bluff - Pokerface Kirk und Schlitzohr Spock

Mr. Spock gab die Anweisung, dem Sternenflottenkommando mitzuteilen, dass der Warpantrieb nicht funktionsfähig sei.

> **Lt. Valeris:** »Eine Lüge.«
> **Spock:** »Nur ein Irrtum.«

Kirks Schwindel über die Corbomit-Waffe hatte in *Pokerspiele* bei Balok Erfolg gehabt. In der Episode *Die unsichtbare Falle* gibt ein sichtlich gestresster und überforderter Commander Kirk den Befehl zum streng verbotenen Eindringen in die zwischen der Föderation und den Romulanern vereinbarte neutrale Zone und verletzt damit offensichtlich das bestehende Abkommen, das der Friedenssicherung dienen soll. Bedenken seitens der Mannschaft bürstet er in barschem Befehlston ab und setzt seine Anweisungen ungeachtet der Bedenken durch. Er scheint von allen guten Geistern verlassen und sich selbst nicht mehr im Griff zu haben. Die *Enterprise* gerät aus diesem Grund in den Würgegriff dreier Kreuzer der Romulaner, wird umstellt und gestoppt. Kirk und Spock werden auf das Flaggschiff der Romulaner gebeamt und von der Kommandantin nacheinander verhört. Kirk gibt einen Ausfall von Geräten und daraus resultierende Navigationsfehler an – »beim besten System geht nach langer Nutzung etwas kaputt« – eine Ausrede, ein offensichtlicher Schwindel. Kirk betont dazu noch ausdrücklich, dass die Sternenflotte keine Spionage betreibe und niemand im Entferntesten solche Absichten verfolge. Die kluge romulanische Kommandantin verlangt jedoch anschließend eine klare Aussage von Mr. Spock. Der sich daran anknüpfende Dialog ist von höchstem Interesse für das philosophische Thema des Lügens: Zuerst bezieht sich die Romulanerin auf die sprichwörtliche und überall bekannte Zuverlässigkeit und Wahrhaftigkeit der Vulkanier:

Romulanerin: »Entspricht diese Einschätzung

der Kinder des Vulkan der Wahrheit oder ist dies eine Erfindung von Dichtern?«
Spock: »Dies ist die Wahrheit.«
Romulanerin: »Sagen Sie mir aufrichtig, bei Ihrer Ehre als Vulkanier, ob Kirks Aussage zutrifft?«
Spock: »Ich habe das Recht, auf Fragen nur dann zu antworten, wenn meine Ehre nicht verletzt wird.«
Romulanerin: »Dreschen Sie nicht leeres Stroh!«
Spock: »Es ist nicht unwürdig, die Wahrheit für sich zu behalten.« (Spock beruft sich scheinbar auf sein Zeugnis- oder Aussageverweigerungsrecht, räumt aber in diesem Satz zugleich ein, dass es eine Wahrheit gibt, die er für sich behalten will.)
Romulanerin: »Es gibt also eine von Spock verschwiegene Wahrheit und diese bedeutet wohl, dass die Föderation über das neue Tarnverfahren für romulanische Raumschiffe informiert wurde und die *Enterprise* jetzt im Spionageauftrag unterwegs ist.« Damit trifft sie durchaus den Nagel auf den Kopf – die Föderation will die Technik ihres getarnten Schiffes erkunden – und kündigt an, dies aus Kirk mit allen Mitteln herauszupressen.
Spock: »Der Kommandant Kirk war überfordert

> und nicht mehr Herr seiner Entscheidungen und hat aus Eigenmächtigkeit und Geltungssucht die *Enterprise* in die verbotene Zone geführt.«
> **Kirk** zu **Spock**: »Sie lügen! Schweigen Sie, gemeiner Lügner! Sie Feigling, Sie Verräter!«

Damit ist das Muster für eine klassische Lügenstory aufgebaut, speziell spannend im Blick auf Mr. Spock, der ja von seiner vulkanischen Erziehung her die Pflicht zu unbedingter Wahrhaftigkeit und Aufrichtigkeit hat, also ein überzeugter Kantianer sein müsste, denn die Vulkanier scheinen grundsätzlich die Lüge abzulehnen. Aber erstens würden sie auch das Recht auf Notwehr in Anspruch nehmen und zweitens ist Spock beides: halb Mensch und halb Vulkanier. Er scheint so zwischen den Positionen von Kant und Constant hin und her zu schwanken. Das Spitzohr spielt das von langer Hand abgekartete falsche Spiel seines Kommandanten mit, wird zum vorsätzlich und hinterlistig täuschenden Schlitzohr. Darf er deswegen als Lügner bezeichnet werden? Er lässt sich zum Schein sogar auf einen Flirt mit der attraktiven Romulanerin ein, die ihm das *Enterprise*-Kommando verspricht. Er ist durchaus von ihr beeindruckt, ohne jedoch seine Scharade, seine Hinterlist preiszugeben. Seine Doppelzüngigkeit manifestiert sich in einer doppeldeutigen Bemerkung während eines Ganges an Bord: »Dann machen wir einen Umweg.« Den sich aggressiv gebärdenden Kirk, der ihn wieder wüst als Verräter beschimpft, behandelt er mit seinem vulkanischen Todesgriff – der große Bluff eines vorgetäuschten Todes, den Kirk auch hinsichtlich der schwer getroffenen *Enterprise* angewendet hat – »Totstellen des Raumschiffs«. Auch hier sind sämtliche romulanischen Ärzte darauf hereingefallen, nur McCoy ist jetzt über das falsche Spiel im Bilde und holt den scheintoten Captain auf sein Schiff zurück. Kirk bringt dann die Irreführung auf den Punkt: »die ganze Komödie«, gespielt zum Zwecke des Diebstahls der romulanischen Tarnvorrichtung. Als die Romulanerin die List durchschaut, kommt es zu einem zweiten interessanten Dialog mit Spock, der sich jetzt verteidigen muss:

> **Romulanerin**: »Wer sind Sie, dass Sie es wagen, mir so etwas anzutun?« – (Gemeint ist das Hintergehen, die Unaufrichtigkeit und die bewusste Täuschung seitens eines Vulkaniers.)
> **Spock**: »Der Sabotage bekenne ich mich schuldig!« Er tat seine Pflicht für die Raumflotte zur Abwehr einer tödlichen Bedrohung und damit zur Sicherung des Friedens. Die Romulaner müssten eigentlich wissen, wie wichtig Pflichterfüllung ist.

Zugleich spielt Spock hier nur auf Zeit, damit Scotty die Tarnkappe für die *Enterprise* rechtzeitig einrichten kann. Eine weitere Täuschung vor einem nicht legitimen Gericht mit der Anklägerin und Richterin in einer Person. Spock macht hier Argumente der Notwehr geltend, nur in solchen extremen Bedrohungsfällen sei der Bluff legitim, der Schwindel wahrhaftig, insofern bleibt der Vulkanier immer und streng ehrlich und aufrichtig. Er vermeidet so die einseitigen Auffassungen von Constant und Kant, hier im Blick auf ein politisches Erfordernis. Im Angesicht von Ausnahmesituationen, von Notständen, die ein Notrecht legitimieren, gilt ein Recht auf Widerstand gegen tödliche Bedrohung, im Interesse der Bewahrung des Lebens. Denn sonst sind den Föderationsraumschiffen alle Interventionen in die inneren Angelegenheiten anderer Staaten und Völker streng untersagt.

Falschinformation muss nicht in jedem Falle böse und unrecht sein, Schenken muss nicht in jedem Falle gut und rechtens sein. Das Geschenk des Odysseus an die Trojaner, das legendäre trojanische Pferd, zählt zu den berühmtesten Täuschungsmanövern und ist nicht zu vergleichen mit einem schönen Geburtstagsgeschenk an einen Freund. McCoy spielt ausgerechnet im Blick auf die Romulaner darauf an:

McCoy: »Trau keinem Romulaner, auch wenn er Geschenke macht!«

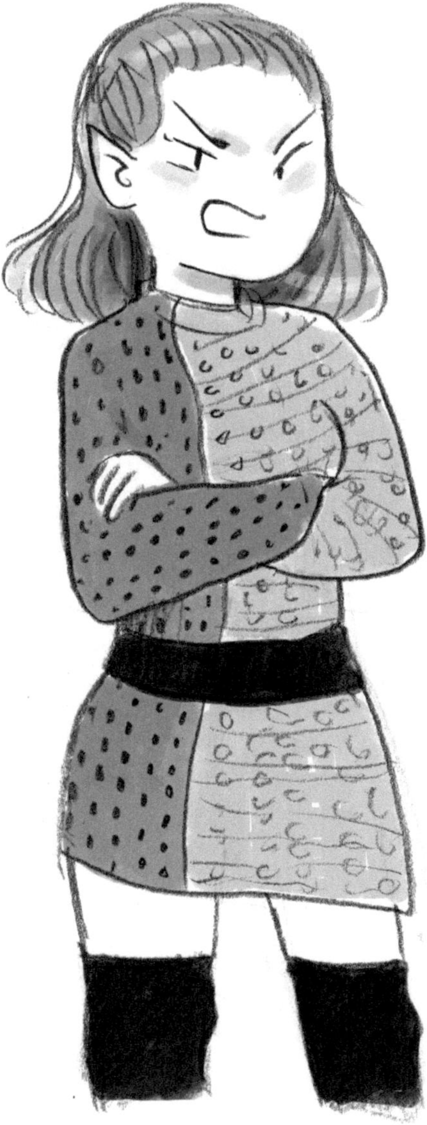

Mit ihrem Schummeln und Flunkern gleichen Kirk und Spock weniger dem Baron Münchhausen, sondern mit ihrer gewaltigen Finte eher dem Sheriff in der Westernkomödie *Der große Bluff.* In der Irreführung der eigenen Besatzung gleichen sie dem Warschauer Juden Jakob und sind wie dieser eben keine Lügner, da ihr Tun die Quellen des Rechts nicht verletzt, sondern die Allgemeinheit des Rechts gerade bewahrt. Und an Mr. Spocks Agieren wird deutlich, dass Wahrheit eben nicht auf die richtige Beschreibung eines Sachverhaltes oder eines Ereignisses reduziert werden kann, sondern dass Fehlinformation und Vorspiegelung falscher Tatsachen in Ausnahmefällen nicht unehrlich sind, sondern Wahrhaftigkeit darstellen.

Kirk kann weiterhin auf Münchhausens Kanonenkugel durchs Weltall sausen, denn im Unterschied zu Pinocchios Nase sind Spocks Ohren nicht gewachsen. Kirk musste allerdings für den großen Bluff falsche spitze Ohren anlegen, was dann Spock zur ironischen Schlussbemerkung veranlasst: »So lange und spitze Ohren passen nicht zu ihm!« Worauf auf der Brücke lautes Lachen einsetzt – das Lachen als höchstes Charakteristikum des Menschen.

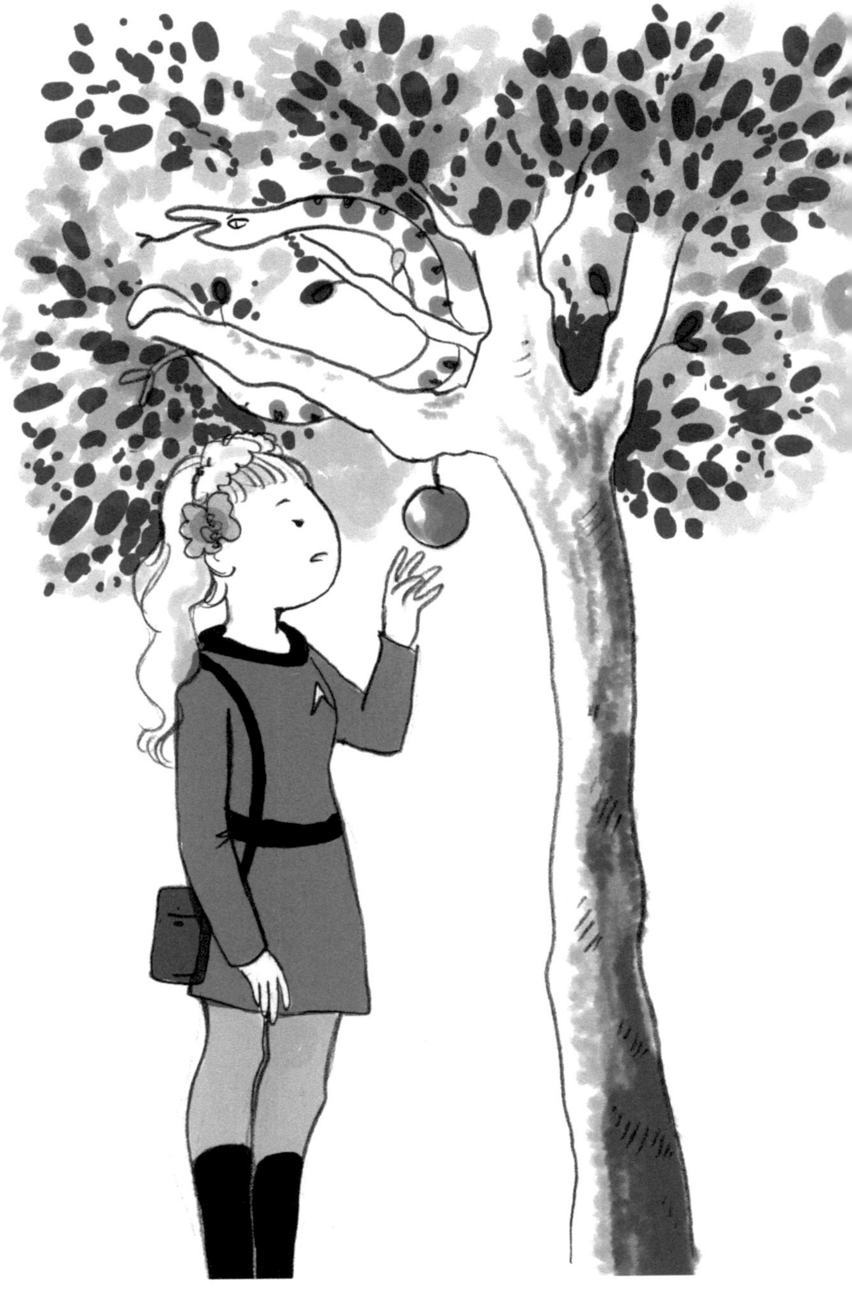

The Apple -
Die Freiheit des Willens oder das verlorene Paradies

Spock: »Captain, ich nehme an Sie kennen aus der Bibel die Geschichte der Genesis?«
Kirk: »Selbstverständlich kenn' ich die: Adam und Eva probierten den Apfel, deshalb wurden sie aus dem Paradies vertrieben!«

Kirk, Spock, McCoy und Chekov landen zusammen mit anderen Besatzungsmitgliedern auf einem unbekannten Planeten, der sich rein optisch als ein »nettes Plätzchen« erweist, geprägt von einer überwältigend üppigen Vegetation, äußerst fruchtbarer Erde – das Paradies oder der Garten Eden muss wie dieser Planet aussehen, man scheint in einem paradiesischen Garten zu spazieren. Doch der Schein trügt mit ungemein tragischen Folgen: drei Besatzungsmitglieder werden getötet, durch Giftpfeile einer wunderschönen Pflanze, durch gewaltige Blitze aus plötzlich aufziehenden Wolken und durch eine Sprengfalle. Spock wird verletzt und einer der Planetenbewohner beobachtet heimlich die Gelandeten.

Das verlorene Paradies - Die Vertreibung aus dem Garten Eden

Wie in den Mythen über das Goldene Zeitalter, wie in der biblischen Geschichte vom Garten Eden geht es in der Episode *Stunde der Erkenntnis* um die Erzählung vom Verlust des Paradieses. Auch auf John Miltons *Paradise lost* wird angespielt. Der in zwei anderen *Star Trek*-Geschichten auftretende Bösewicht Khan zitiert dort nicht zufällig Miltons berühmt-berüchtigte Sentenz: »Lieber Herrscher in der Hölle, als Knecht im Himmel.« Im Film *Der Zorn des Khan* wird dessen Bücherregal eingeblendet, mit Miltons Epos.[75] Die Eingeborenen scheinen hingegen zufriedene Knechte in einem himmlisch-harmonischen Reich zu sein. Im Grunde geht es hier um den Konflikt zwischen Himmel und Hölle, zwischen dem Guten und dem Bösen, um die »Stunde der Erkenntnis«, in christlicher Redeweise um den Ur-Sündenfall des verbotenen Essens des Apfels vom Baum der Erkenntnis und die Vertreibung aus dem Paradies, um die immer spannende Frage nach dem Teufel als der Ausgeburt des Bösen.

Ähnlich den im Goldenen Zeitalter Lebenden, ähnlich Adam und Eva im Garten Eden, existieren die Eingeborenen des Planeten in einer Art Idealzustand – Klima und Atmosphäre sind genau passend für sie, die Natur gibt ihnen alle nötigen Früchte ohne Mühen, sie altern nicht, sie sind stets zufrieden, Böses und Feindschaft sind ihnen unbekannt – ein Leben ohne die biblischen »Dornen und Disteln«. Sie wohnen in einem für sie gepflanzten idealen Garten, in einer »ohne Arbeit sich darbietenden Natur« (Hegel). Sonnenschein wie Regen, ja alles Gute kommt von einem geheimnisvollen *Vaal*, der alle ihre Früchte, alles für ihr Leben schuf. Aber warum haben sie kein Verständnis von Liebe, von Körperlichkeit und Fortpflanzung? Warum keine Kinder? Daran entzündet sich der philosophisch interessante und auch von Kirk so bezeichnete philosophische Streit zwischen Mr. Spock und McCoy: Handelt es sich bei den Einwohnern der Idylle um Humanoide? Während McCoy dies vehement bejaht, sieht der Vulkanier darin ein unzulässiges Anlegen menschlicher Maßstäbe. Die gar nicht so menschlichen Eingeborenen – so Spock – seien vollständig zufrieden, völlig gesund, sie werden nicht älter, sie denken nicht an eine Änderung ihrer Situation, Vaal habe ihrer Sicht nach alles perfekt eingerichtet. Was berechtigt Eindringlinge zu einem Versuch der Einmischung? Dieses Problem der Zufriedenheit thematisieren auch die Episoden *Zentralnervensystemmanipulator* in Gestalt mittels Hirnwäsche ruhiggestellter Insassen des Tantalos-Gefängnisses und *Landru und die Ewigkeit*, worin Spock zutreffend von »hohler Zufriedenheit« (*vacant contentment*) spricht. Das Prinzip der Nichteinmischung gilt hier nicht, weil die Gemeinschaften von Computern oder anderen technischen Kräften gesteuert werden, nicht von Wesen mit freiem Willen.

Der *Enterprise*-Medicus hingegen diagnostiziert für das Vaal-Reich die völlige Unterwerfung von Humanoiden und den völlig fehlenden Fortschritt. Die Krankheit der ewigen Wiederkehr des Gleichen bedürfe der Therapie, so sein Befund. In dieser Debatte spiegelt sich der problematische, ja höchst unklare Status der Paradiesbewohner in ihrer harmonischen Welt – scheinbar Menschen und doch keine Menschen, höchst zufriedene Wesen und doch nicht »normale« Humanoide, »Menschennatur« ohne »Menschengeist«, menschenähnliche Wesen ohne freien Willen. Ohne Wissen des Bösen üben sie auf Anweisung des Vaal an Melonen das Zerstören der Köpfe der Besucher von der *Enterprise*.

Adam und Eva im Garten Eden

Dieser heikle Status, diese in sich widersprüchliche Verfassung betrifft auch Adam und Eva, vermeintlich menschliche Wesen, die in einem Zustand der »Unschuld« einen Park der Tiere bewohnen. Erst nach dem eigentlich verbotenen Essen des Apfels vom Baum der Erkenntnis, was als Ursünde gilt, wird Adam von Gott bestätigt, dass Adam – der Mensch – jetzt Gott gleich sei, weil er nun Gut und Böse unterscheiden könne, in Goethes Worten: »Ihr werdet sein wie Gott und das Gute und Böse erkennen.« In diesem Sinne trägt die Episode auch den treffenden Titel *Die Stunde der Erkenntnis (The Apple)*. Zugleich bedeutet dieses jetzt erst vorhandene Wissen, dass Adam *vor* dem Kosten des Apfels nicht von Gut oder Böse wusste, sich somit in einem Zustand der »Bewusstlosigkeit« über sein Tun befand, dass man ihm sein Handeln nicht zurechnen konnte, dass er nicht über freien Willen verfügte – so doch kein Mensch war, sondern eben nur ein Bewohner des Gartens der Tiere. Das Tier jedoch ist »wahrhaft unschuldig«, der Verantwortung und Schuld gar nicht fähig. Wie kann man aber sündig oder schuldig sein, wenn man gar kein Wissen über Gut und Böse hat?[76]

> **Spock**: »Und wir haben im übertragenen Sinne dem Volk von Vaal den Apfel gegeben, das Wissen von Gut und Böse. Als Resultat verlieren sie auch ihr ehemaliges Paradies.«

Captain Kirk bestätigt den entsprechenden problematischen Status der Planetenbewohner: »Sie leben nicht, die denken nicht, sie existieren nur!« Erst nach der Stunde der Erkenntnis, nach dem (vom Teufel angeregten) Biss in den Apfels des Wissens haben wir es mit einem Wesen zu tun, das über freien Willen verfügt, dem sein Handeln zugerechnet werden kann, das dafür verantwortlich ist. »Das Tier, der Stein, die

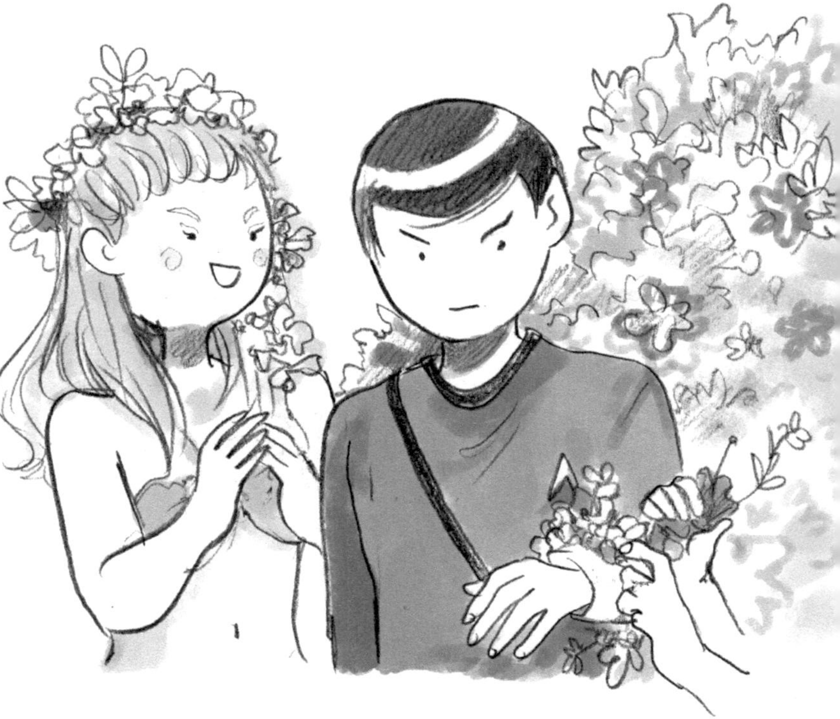

Pflanze ist nicht böse; das Böse ist erst innerhalb des Kreises der Erkenntnis vorhanden.«[77] Das tierische Wesen im Garten Eden kann so nicht vollständig als Mensch bezeichnet und damit nicht schuldig gesprochen werden. Das Erkennen hat als wesentliches Moment die Trennung, die Entzweiung in Gut und Böse in sich selbst, ist die Quelle des möglichen Übels und der möglichen Versöhnung. Es ist »das Siegel der absoluten hohen Bestimmung des Menschen, dass er wisse, was gut und böse ist, und dass eben sie das Wollen sei, entweder des Guten oder des Bösen, – mit einem Wort, dass er Verantwortung für das seiner individuellen Freiheit angehörigem Guten und Bösen hat«.[78]

Der Mensch, ein Wesen mit freiem Willen, ist das einzige *Tier*, das weiß, dass es ein Tier ist. Dieses Erkennen und Denken und damit die Möglichkeit, wissentlich zwischen Gut und Böse zu unterscheiden, Gutes oder Böses tun zu können, bildet einen Kernaspekt der Freiheit des Menschen. Das Vor und Nach in der biblischen Geschichte, die zeitliche Folge vor und nach dem sogenannten Sündenfall, vor und nach dem Essen des Apfels bleibt aus philosophischer Sicht zwar eine anschauliche Erzählung, eine religiösmythologische Darstellung, eine bildliche Erklärung eines Fundaments menschlichen Lebens, aber eben kein schlüssiges Argument – die erwähnte Spock-McCoy-Kontroverse bestätigt dies.

Die menschliche Natur ist nicht erst gut und wird dann böse oder umgekehrt, sie ist weder bloß gut noch bloß böse. In der Episode *Auf Messers Schneide* (*The Alternative Factor*) wird »die Untrennbarkeit von Gut und Böse offengelegt und gezeigt, dass jeder die moralische Zuständigkeit für sich selbst wahrnehmen muss«.[79] Der Mensch als verantwortungsfähiges Wesen hat die Möglichkeit, Gutes oder Böses zu tun. Aber das Böse sollte er vermeiden, da es dem eigenen Wesen, der echten Freiheit zuwiderläuft, was jedoch von den Akteuren nicht immer erkannt wird. Dass der Wille frei und was freier Wille und Freiheit im Kern sind, muss die Philosophie klären. Die Beantwortung der Frage nach der Freiheit ist ihr A und O. Der Mensch muss als Natur- wie als Kulturwesen verstanden werden. Als Repräsentant für dieses in sich Gedoppelte, das in einer Einheit von erster und zweiter Natur existiert, lebt das freie Wesen als Amphibie, die auf den Wassern der Freiheit segelt und zugleich auf dem Boden der Natürlichkeit wandelt. »Die Tiere leben in Frieden mit sich und den Dingen um sie her, doch die geistige Natur des Menschen treibt die Zweiheit und Zerrissenheit hervor, in deren Widerspruch er sich herumschlägt.« (Hegel)[80] Da der Mensch zu denken vermag, gilt dieses Naturwesen, dessen wahrhafte Natur die Freiheit ist, als die bislang einzig bekannte Spezies, die um ihre Natur weiß sowie den Werktag und den Sonntag des Lebens verbinden kann.

Jedenfalls kann seine Natürlichkeit nicht als Sündhaftigkeit verstanden werden, Adam und Eva konnten keine verantwortlichen Diebe, keine Sünder und ihre Nachkommen können keine Erben dieser Sünde sein. Die Verliebten Chekov und Yeoman Martha Lendon verstehen sich in keiner Weise als solche Sündigen, in ihrer Sicht ist das Paradies, der Himmel überall dort, wo sie zusammen sein können.

Freier Wille und die Willkür als das bloße Wählen

> Und was ist Zufall anders als der rohe Stein
> Der Leben annimmt unter Bildners Hand
> Den Zufall gibt die Vorsehung – Zum Zwecke
> Muss ihn der Mensch gestalten
>
> – Friedrich Schiller »Don Carlos«

Der philosophische Zugang zur Thematik verlangt zunächst die Unterscheidung von Freiheit und Willkür, von freiem und willkürlichem Tun. »Willkür nennt man zwar oft gleichfalls Freiheit; doch Willkür ist nur die unvernünftige Freiheit, das Wählen und Selbstbestimmen nicht aus der Vernunft des Willens.« (Hegel) Die Willkür, das einfache Auswählen einer Handlungsvariante, muss Hegel zufolge als ein notwendiger, wenn auch einseitiger und nicht zureichender Aspekt des freien Willens angesehen werden. »Der vernünftige Wille ist sehr unterschieden vom zufälligen Willen, [...] der vernünftige Wille bestimmt sich nach seinem Begriff, und der Begriff, die Substanz des Willens, ist die reine Freiheit, und alle Bestimmungen des Willens, die vernünftig sind, sind Entwicklungen der Freiheit.«[81] Wenn man von Freiheit spricht, meinen wir nicht die Freiheit des Fuchses im Hühnerstall (S. Hessel).[82]

Der unmittelbare, natürliche Wille des Handelnden wird durch seine Triebe, Bedürfnisse, Neigungen bestimmt. Jedoch vermag der Akteur diese unmittelbaren Handlungsimpulse außer Kraft zu setzen, was es ihm ermöglicht, in seinem Handeln zwischen verschiedenen Möglichkeiten zu wählen. In der Episode mit dem treffenden englischen Titel *The Alternative Factor* (*Auf Messers Schneide*) wird diese Thematik mit dem Bild vom Antiuniversum thematisiert. Ich muss nicht den natürlich gegebenen Inhalt wählen – ich kann mich auch anders entscheiden. Beim Wählen beschließe ich, auf gewisse Veranlassungen, die mir die Natur etwa geben möchte, gar keine Rücksicht zu nehmen. Es besteht die Möglichkeit des Wählens aus vielen Möglichkeiten, wobei sich der Wille dann für *eine* Variante entscheidet, eine Wahl trifft. In der Episode *Spitze des Eisbergs* entsteht eine sehr schwierige Entscheidungssituation für Kirk. Einerseits steht er zu seinem ehemaligen Schüler und Freund

Mitchell, andererseits gibt es Hinweise auf gravierende Veränderungen bei Mitchell – Spock: »Ist das noch *Ihr* Mitchell?« In *Spock unter Verdacht* erwächst das gewaltige Risiko eines galaktischen Krieges mit den Romulanern. Will Kirk einen solchen Krieg auf sein Gewissen nehmen? Und er spürt hier die riesige Verantwortung, die auf ihm lastet. »Was ist, wenn ich mich mal irre?«, sagt er hier. Das Gewollte hat bloß wegen der getroffenen Auswahl eben noch nicht den Status der Vernünftigkeit. Jedoch bin ich für mein Wählen zuständig (»verantwortlich«) und kann dies nicht auf die »Natur«, etwa auf ein Feuern der Neuronen in meinem Gehirn abschieben oder abwälzen. Diese Wahl bildet den ersten Aspekt des Willens, noch nicht das Ganze des freien Wollens.

Als weitere Eigenschaft des freien Wollens kommt das endgültige Beschließen und Realisieren der Entscheidung hinzu. Das Entscheiden oder Entschließen bedeutet das Auf-Schließen des bisher Verschlossenen. Der einzelne Mensch avanciert erst mit der Realisierung seiner Wahl und dem Vollziehen seines Wollens zum Urheber des Tuns, zum Akteur als Veranlasser und Verursacher, dem nicht nur etwas widerfährt, sondern der etwas selbst initiiert. In dieser Festlegung und Umsetzung einer Variante liegt die Urheberschaft des Tuns.

Wählen setzt ein mannigfaltiges Spektrum von möglichen auszuwählenden Gegenständen oder Objekten voraus, ein vielfältiges Feld von Alternativen. Der Akteur hat stets die Möglichkeit, sich zu dem einen oder anderen Inhalt (also alternativ) zu bestimmen, eben zu wählen. Es liegt beim Ich, sich souverän für diesen oder einen anderen Inhalt zu entscheiden. Das Ich ist kein fallender Stein, der Naturgesetzen gehorcht, es ist nicht ein Magnet, der auf nur einen Punkt fixiert bleibt. Dieses Wollen bezieht sich auf eine Möglichkeit, das Ich wählt zwischen Neigungen. Diesen unverzichtbaren und für die gesamte Sphäre menschlichen Seins ersten Bestandteil des freien Willens bildet die Willkür. Damit wird ein unverzichtbares Bestimmungselement des Willens fixiert. Aber wir haben es bei der Willkür noch nicht mit dem ganzen freien Willen zu tun, denn insofern er sich noch nicht denkend entschieden hat, noch dieses oder jenes will, ist er nicht wahrhafter, freier Wille.

Während Planeten, Steine oder Pflanzen von der Notwendigkeit ihrer Natur, von ihrer Wahrheit nicht abweichen können, vermögen vernünftige Wesen »in die Notwendigkeit der allgemeinen geistigen Natur einzugreifen, von dieser abzuweichen und einen eigentümlich-eigensinnigen, besonderen Standpunkt festzuhalten, ja auf einem Standpunkt der Unwahrheit zu verharren«.[83] Jedoch vermag der Mensch auch entgegen seiner eigenen vernünftigen Interessen etwa der Selbsterhaltung zu handeln (dazu der Essay *Das Sägen an dem Ast, auf dem wir sitzen – Die Nachhaltigkeit und das Tier*); ja, der Mensch kann sich sogar selbst vernichten.

Es handelt sich bei der Willkür oder Freiheit des Auswählens eben noch nicht um die vernünftige Freiheit, weil das Selbstbestimmen nicht aus geprüften Gründen erfolgt. Nur ein denkend bestimmter Wille kann als frei gelten, der Willkür hingegen mangelt es aber gerade am Denken. Sie beinhaltet noch Unwissenheit, die *Stunde der Erkenntnis* ist hier noch nicht erreicht. Im Unterschied zur wirklichen, inhaltsvollen Freiheit repräsentiert die Willkür die noch inhaltslose und bloß mögliche Freiheit. »Entscheidend ist Willensbildung durch Überlegen. Als Ergebnis des Nachdenkens bildet sich der Wille heraus, etwas Bestimmtes zu tun.« (P. Bieri).[84] Kirk und Spock beweisen ihr abwägendes Naturell, das gründliche Prüfen vor der Entscheidung, in vielen gefahrvollen Situationen.[85]

Die subjektive Willkür bleibt noch »ungebildet«, von einem freien Willen kann erst dann die Rede sein, wenn sich das Entschließen auf Denken und Erkennen gründet. »Die Freiheit ist das Denken selbst; wer das Denken verwirft und von Freiheit spricht, weiß nicht, was er redet.«[86] Für die Rechtsfertigung der Gesinnung und des Handelns sind Gründe notwendig und nur das begreifende Denken vermag diese Gründe vorzulegen.

Vom nur zufälligen Willen, vom bloß zufälligen Auswählen steigt die Wahl in einer Art Stufengang von einer vorstellenden, bewussten über die kluge, kalkulierende, reflektierende, verstandesmäßige Wahl schließlich bis hin zur denkenden Wahl, zum freien Willen auf. Während in der Willkür die bloße Wahl betont wird, geht es im freien Willen um die Macht, unserer Wahl einen vernünftigen Gehalt zu geben. Dieser gebildete Wille zielt auf die vernünftige Selbstbestimmung.

Zur Illustration einige weitere einfache Beispiele: a) Ich bin in einem Garten und verspüre das Bedürfnis des Hungers. Wählen kann ich dort einen Apfel oder eine Birne, einen zufällig gegebenen Inhalt; b) ich bin in einem Restaurant und hungrig, wählen kann ich zwischen Fleisch und Vegetarischem; c) im strengen Winter friere ich und gehe deshalb einen Mantel kaufen, wählen kann ich zwischen einem Mantel aus Baumwolle, aus Nerzfellen oder aus Krokodilleder; d) da ich Durst habe, kaufe ich Kaffee. Aussuchen kann ich einen ersten Kaffee, der unter ökologischen und sozialen Standards angebaut wird oder einen zweiten, dessen Erzeugung diese Merkmale nicht aufweist; e) ein Parlamentsmitglied entscheidet sich für den Bau eines Großbahnhofs oder dagegen, für oder gegen einen Kriegseinsatz von Truppen. Hieran kann der Unterschied zwischen dem puren Wählen und dem freien Entscheiden illustriert werden: in den Beispielen b), c), d) und e) wird schon das wachsende Gewicht des Reflektierens und Denkens, der Orientierung des freien Willens am wahrhaften Inhalt sichtbar. Diese Fälle markieren neben der Chance vernünftiger Wahl auch die Möglichkeit des unvernünftigen Auswählens, womit freies Handelns verfehlt werden könnte. Auch die Entscheidung der *Enterprise*-Führung, ob man die Eingeborenen in ihrer Situation belässt oder die *Stunde der Erkenntnis* anstrebt, verlangt eine philosophische Spock-McCoy-Debatte, das angemessene Prüfen und gründliche Abwägen der unterschiedlichen Argumente. Trotzdem gilt die Philosophie noch heute weithin als brotlose Kunst, als schöne und nutzlose Orchidee im Garten der Wissenschaften. Die Dummheit hat bislang ihre Stellung als größte Macht auf Erden noch nicht preisgeben müssen, der Halbmensch Mr. Spock macht dies öfter treffend als Kritik an den Menschen geltend.

Willkür ist noch nicht Freiheit

Falls aber eine Entscheidung nur ans zufällige Meinen und Belieben gebunden bleibt, ergibt sich die totale Beliebigkeit. Ich entscheide, wie es mir oder einem anderen gerade gefällt. Die Unzulänglichkeit besteht hier darin, dass Freiheit mit der puren Willkür gleichgesetzt wird und somit der Begriff der Freiheit verfehlt wird. Es herrscht dann die Meinung, »die Freiheit überhaupt sei dies, dass man tun könne, was man wolle«. *I'm free to do what I want*, so hören wir es in einem Song von Mick Jagger, dem Frontmann der Rolling Stones. Genau die Aussage steht der Spockschen Logik diametral entgegen und offenbart einen gänzlichen Mangel an Bildung des Gedankens, zeigt oberflächlichen Verstand, der aber heute ungeahnte Konjunktur hat. Die gängige Auffassung sieht Freiheit als ein Tun an, was man möchte, was man will, wie es einem gefällt. Hegels Kommentar dazu lautet: »Willkür versteht man zwar oft gleichfalls als Freiheit; doch Willkür ist nur die unvernünftige Freiheit, das Wählen und Selbstbestimmen nicht aus der Vernunft des Willens, sondern aus zufälligen Trieben und deren Abhängigkeit von Sinnlichem und Äußerem.«[87] Willkür kann als »defizitäre Freiheit« beschrieben werden, nämlich insofern die willentliche Selbstbestimmung nur im Vorziehen einer der vorgegebenen Neigungen und Handlungsimpulse besteht und das Willenssubjekt die vernünftige sachkundige Prüfung unterlässt. Letztlich geht es um die Differenz zwischen einfacher und denkend-vernünftiger Wahl. Bei den Verteidigern der primitiven Willkürfreiheit werden dann alle »Einschränkungen« der Willkür, der Schein-Freiheit, als Zwang, als Gängelung, Restriktion, Einmischung oder Repression (dis)qualifiziert.

Besonders gängig hinsichtlich des Missbrauchs des Terminus »Freiheit« ist das Geschwätz von einem »freien« Markt, über das Schaffen von »Freiräumen« oder gar die perverse Beschreibung von Entlassungen als »Freisetzen« von Personal. Dies betrifft auch bestimmte Mechanismen des kapitalistischen Marktes. Wenn alle denken, sie können alles haben, so viel sie wollen, und zwar sofort, bedeutet das gigantische Umsätze für die Konzerne. Und die Menschen merken oft nicht, dass alles, was sie wollen, ihnen nur eingeredet wurde. Hier werden oft Scheinbedürfnisse vorgeführt, es wirken Techniken der Manipulation, es wird eine Schein-Freiheit vorgegaukelt.

Die Herrschaft des Vaal oder der Determinismus

Der geheimnisvolle Vaal – bezeichnenderweise mit einer Schlange symbolisiert – besitzt die totale Macht über die Planetenbewohner, er bestimmt ihr Handeln uneingeschränkt und scheinbar im Sinne ihres vollständigen Wohls und Glücks. Die Ähnlichkeit seines Namens mit dem orientalischen Baal ist wohl kaum Zufall, auch dieser All-Gebieter wurde als Quelle aller Fruchtbarkeit und Nahrungsgeber vorgestellt, als Wettergott, der Wind, Wolken und Regen beherrscht, in der rechten Hand die Donnerkeule, in der linken den Blitzspeer. Einer der Eingeborenen teilt die Befehle ihres Gebieters Vaal mit, die dann ohne Diskussion oder Einschränkung ausgeführt werden. Eine äußere Macht bestimmt so völlig das Handeln der Planetenbewohner, sie drehen sich wie bloße Räder in einem großen Uhrwerk – das Grundprinzip des Determinismus, eines deterministischen Verständnisses menschlichen Tuns mit der Hauptthese: Ein freier Wille ist Illusion. Immanuel Kant hat diesen Determinismus eindrucksvoll beschrieben: »Der Mensch wäre Marionette oder ein Vaucansonsches Automat, gezimmert und aufgezogen von dem obersten Meister aller Kunstwerke, und das Selbstbewusstsein würde es (dieses Wesen) zwar zu einem denkenden Automate machen, aber so wäre Freiheit nicht zu retten und würde zu einer bloßen Täuschung, weil das Handeln aus fremder Hand erfolgt.« Das Kantische Kernargument richtet sich gegen die deterministische Fremdbestimmtheit, gegen das Verständnis des Menschen als Marionette, als eines von der äußeren und inneren Natur gesteuerten Wesens. Kant geht es um die Autonomie, die Selbstbestimmtheit des Menschen, er argumentiert gegen Handlungen aus fremder Hand. Der französische Ingenieur Vaucanson, der bezeichnenderweise Uhrmacher werden wollte und schon im 18. Jahrhundert einen mechanischen Flötenspieler schuf, der als *Androide* bezeichnet wurde, träumte von einem künstlichen Menschen, im Anschluss an die Ideen seines französischen Landsmanns, des Philosophen La Mettrie, der den Menschen als Maschine verstand.

Die Marionette kann als Sinnbild für das radikal deterministische Modell gelten, die Akteure werden zu Puppen, die von einem höheren, alles beobachtenden und kontrollierenden Spieler gelenkt werden. Sie haben keine Alternativen in ihrem Tun, sie folgen nur einer angeblich höheren Notwendigkeit. Die Macht wird stets von einer gegenüber den willenlosen Marionetten höher gestellten Instanz ausgeübt, was in verschiedenen Formen dargestellt wird: Spielball dunkler, fremder Mächte; als willenlose Kugeln eines Billard spielenden Gottes; Schachfiguren auf dem Brett einer überlegenen, auserwählten Avantgarde oder Partei. Stets handelt es sich um eine Herr-Knecht-Struktur, um das Verhältnis zwischen einem elitären, nie irrenden Wesen und dessen willenlosen Ausführungsgehilfen, Hampelmänner des angeblich Richtigen und Guten. Der Determinismus führt so immer den Fatalismus mit sich, das Hinnehmen einer unausweichlichen Notwendigkeit, die Unterwerfung unter ein vermeintlich unabänderliches Schicksal.

Die unmenschlichste Gestalt fand dieses Grundmuster in der totalitären Diktatur und deren Credo: »Führer befiehl, wir folgen dir!« Alle Andersdenkenden und Andershandelnden, die ein eigenes Verständnis und einen eigenen Willen reklamierten, die eben nicht als »Maschinenräder« des unfehlbaren Führers funktionierten, sollten als Feinde des Volkes, des »Gemeinwohls«, als Abweichler, Kranke oder Schädlinge diskreditiert, bestraft oder vernichtet werden. Dieses Vernichten gebietet nun auch Vaal, die Tötung

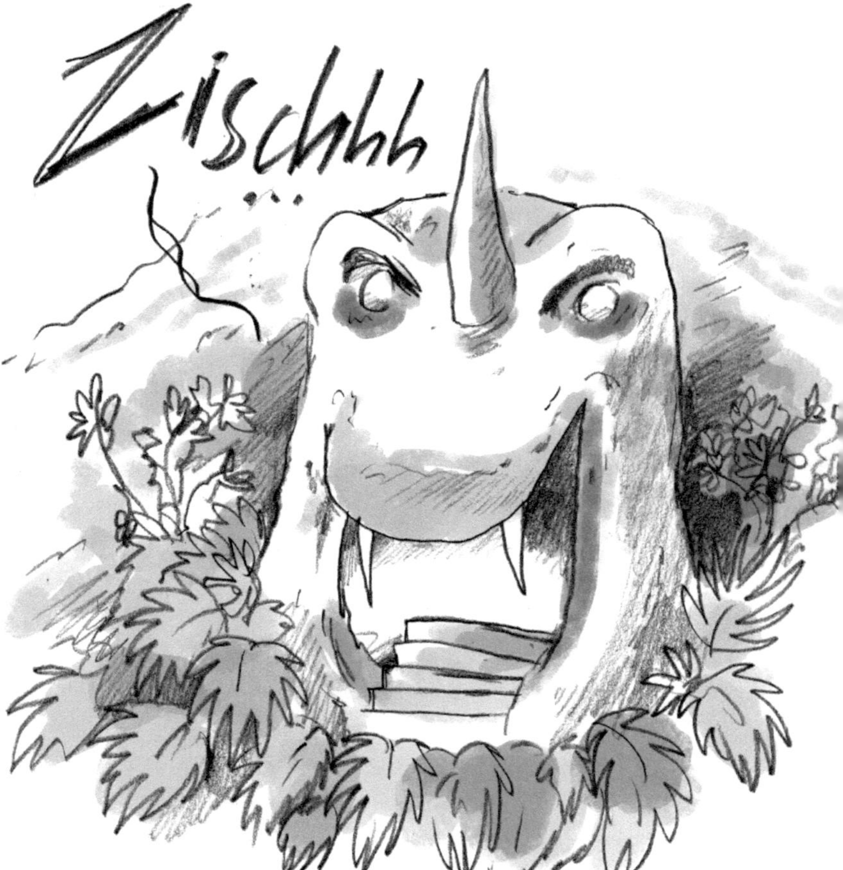
Zischhh

der Eindringlinge in sein Paradies. Der angebliche Gott befiehlt radikal Böses, die Zerschlagung der Köpfe der Besucher wie Melonen.

Der Voluntarismus als Gegenspieler des Determinismus

Das extreme Gegenmodell zum Determinismus, der Voluntarismus, verabsolutiert dagegen das subjektive Wählen, die Willkür und leugnet die Notwendigkeiten der Natur. Ob dies, wofür das Ich gerade votiert, ihm auch tatsächlich angemessen ist, bleibt offen – wenn das unmittelbare Wissen und Gefühl zum Prinzip gemacht werden, fällt das Bestimmen des Inhalts in die Willkür. Mr. Spock kann als entschiedener Kritiker eines solchen Vorgehens gelten, er setzt auf das logische Abwägen der Gründe. Die Freiheit des Selbst könnte sich als pure Selbstsucht erweisen, die aber dem Selbst und den anderen durchaus zum Schaden sein kann. Wenn ich in einem See alle Fische fange, schade ich den anderen und nicht zuletzt mir selbst. Solcher Voluntarismus droht wegen des Mangels der zureichenden Begründung ebenfalls in einen extremen Determinismus umzuschlagen, wie etwa in Freiheitskonzeptionen, die in einem Polizeistaat mit *Big Brother* enden, oder in Fällen, wo sich die angebliche Notwendigkeit, Vorsehung oder das Schicksal als pure Willkür eines großen Lenkers offenbaren.

Der Determinismus hingegen beschränkt sich auf das Moment der Nötigung durch das von außen »Eingepflanzte« wird zur prinzipiellen Fremdbestimmtheit, im Falle von Vaal zu einer äußeren Tyrannei. Im freien Handeln liegt jedoch die Möglichkeit, nicht bloß aus gegebenen Ursachen tätig zu werden, nicht bloß einem Vorhandenen zu folgen, sondern selbst Ursache zu sein, ein Eigenes zu setzen. Ein deterministischer Naturalismus oder naturalistischer Determinismus hingegen muss die (oft fälschlich mit Willkür identifizierte) Freiheit zur Illusion erklären. »Die Deterministen glauben, Verantwortung und Reue seien Täuschungen.« (Hegel)

Beide extremen Strömungen – Determinismus wie Voluntarismus – entfalten notwendige, aber einseitige Bestimmungselemente des freien Wollens und Handelns. Beide erheben den Anspruch auf Exklusivität – hier der göttliche Determinismus, der ein Höheres-Fremdes fixiert, das als äußerlich Herrschendes eben keine Besonderheit und Freiheit in der Welt zulässt; dort die voluntaristische Willkürlichkeit, die zu keiner wirklichen begründeten Entscheidung kommen kann. Beide Wege führen aus unterschiedlicher Richtung in eine Sackgasse.

Der Naturalismus als eine Form des Determinismus

Heute haben wir es oft mit einer Strömung des Determinismus in Gestalt eines biologischen Naturalismus zu tun. Schon Kant hatte in seiner *Kritik der praktischen Vernunft* festgehalten, dass es viele gibt, welche die »Freiheit noch immer glauben nach empirischen Prinzipien wie jedes andere Naturvermögen erklären zu können«, und zwar mittels einer »genaueren Untersuchung der Natur der Seele«. Den Menschen vorschnell zum bloßen Ausdruck seiner Erbinformation, zum puren Knecht seines Neuronenfeuers, zum Lakaien neuronaler Schaltungen, das Ich zur Illusion und Wahnvorstellung zu deklarieren, zu einem Wesen, das somit bar jeglichen freien Wollens, bar jeder Verantwortung sei – weil ja das Ich im Hirn nicht zu »finden« ist –, bleibt selbst vom Standpunkt der erwähnten heutigen Wissenschaft höchst problematisch. Diese Fiktionsthese – Freiheit als nützliche Fiktion – beinhaltet eine unbelegte Behauptung: Der These, dass es kein Ich gebe, keinen freien Willen, weil dieser nicht mit den Mitteln der empirischen Hirnforschung nachweisbar ist, fehlt leider jegliche Originalität: Man möchte in »neueren Zeiten das Innere – die Seele mit dem Mikroskop erforschen« oder eine »genauere Untersuchung der Natur der Seele« vornehmen. Was man zeigen kann, bleibt »immer nur Materie, die zusammengesetzt ist« (Hegel). Keineswegs kann die Seele »angeschaut« oder »beobachtet« werden, nur das Gehirn als die natürliche Basis des Seelischen. Diese Anmerkung über den Mikrokosmos ergänzt Hegel durch eine entsprechende Stelle zum Makrokosmos: Es gehe dieser Art von Naturalisten wie damals dem Astronomen Lalande bei seiner Suche nach Gott. Hegel notierte darüber mit beißendem Spott: »Auf diesem Boden des Endlichen lässt sich freilich das Unendliche nicht finden; wie denn *Lalande* gesagt hat, dass er den ganzen Himmel (mit den besten Teleskopen) durchsucht, aber Gott nicht gefunden habe.«

Heutige Naturalisten werden auch nach der intensiven Durchforstung des gesamten Gehirns wohl diagnostizieren, dass ein Selbst oder Ich nicht da sei, und materialistisch-naturalistische Deuter verkünden dann triumphierend, dass wir uns mit unserer Rolle als beweglicher Bio-Haufen begnügen sollen – ja Freiheit eine pure Illusion sei. In der Tradition von La Mettrie und Vaucanson entsteht so ein neues Konzept von Knechtschaft. Nur wird das Menschlein nicht mehr bloß als Maschine verstanden, sondern jetzt als neuronal gesteuertes Bio-Konstrukt, ein am Gängelband der Neuronen hängendes Wesen. Aber ausgerechnet neuere Forschungen der Neurowissenschaft zeigen, dass unser Gehirn sogar schon eingeleitete, noch nicht bewusste Aktionen stoppen kann – ein Beleg für die Freiheit des Willens.

Die Knechte des Vaal

Alle deterministischen Lehren vertreten die These von der Hinnahme der Notwendigkeit, immer bleibt das vernünftige Wesen eine Marionette, ein nichtiges »Maschinenrad« (Hegel) im großen Zusammenhang der ehernen Naturgesetze, der lebendige Knecht eines Vaal. Die Zurechenbarkeit der von ihm veranlassten Handlungen, die Verantwortlichkeit für sein Tun, soll den angeblich determinierten Wesen abgesprochen werden, wodurch ihm so ein wesentliches Recht verweigert bleibt. Im Determinismus wird der Handlungsbegriff eines entscheidenden Bestandteils beraubt – der Dimension der Veranlassung und der Verantwortung, woraus die Zerstörung eines fundamentalen Rechts des Subjekts folgt. In letzter Instanz dürfte man dem fundamentalistischen Deterministen und Naturalisten die wissenschaftliche Zurechnung auch verweigern. Was interessieren mich seine von ihm »unverantwortbaren« Auffassungen oder Bücher? Sie können ihm doch nicht zugeschrieben werden! Mein Neuronennetz hält diese für die Äußerungen eines Automaten, er sollte auf seinen Autorennamen verzichten und stattdessen »I, Robot« schreiben. Aber auch das wäre keine Lösung: Wie wollte er mir dieses »I«, dieses »Ich« erklären?

Ihre extreme Ausformung haben die gegensätzlichen Standpunkte des Determinismus und

Voluntarismus einerseits in einer Position des totalen anthropozentristischen »Hochmuts«, die Spock stets attackiert, und andererseits in einer Position der Dementierung des Wollens und solcher Tatbestände wie Verantwortung, Schuld oder Reue. Hierbei wird der Handelnde zu einer Figur in einem kosmischen Puppentheater herabgesetzt, zu einem Spielball fremder Gewalten. So gerät man in eine Position der totalen Demut, letztlich der fatalistischen Verabschiedung der Freiheit überhaupt. Der Makel des Gedankens liegt wiederum darin, eine berechtigte, notwendige Bestimmung zur einzigen und höchsten zu deklarieren.

Die logisch notwendige Einheit beider Aspekte wird eben nicht gedacht. Während der fatalistische Determinismus die Naturbedingtheit vereinseitigt und die Freiheit letztendlich für eine Täuschung halten muss, führen die subjektivistisch-voluntaristischen Auffassungen zur Reduktion von Freiheit auf Willkür, somit misslingt die Konzipierung eines angemessenen Begriffs von Wollen und Handeln.

Die Freiheit gleicht in *beiden* Varianten – Voluntarismus und Determinismus – einem postulierten Felsen unter dem ewigen Schnee, dem unaufhörlichen Schaufeln ohne jegliche Hoffnung, auf diesen Grund zu stoßen – somit wird Freiheit zu Täuschung und zur Illusion degradiert. Beide Extreme gehen ineinander über, schlagen ineinander um – Willkür und Beliebigkeit erweisen sich als ihr Gegenteil, als zufällige

Triebe oder natürliche Impulse und umgekehrt. Sowohl Determinismus als auch Subjektivismus und Voluntarismus scheitern an der Herausforderung, eine haltbare Antwort auf die Frage nach der Freiheit des Willens zu geben, sie kommen nicht zu einem zureichenden Begriff des Willens, nicht zu einem angemessenen Begriff des menschlichen Handelns.

> Gut und Böse – Der Teufel
> Ich rief den Teufel und er kam,
> Und ich sah ihn mit Verwundrung an.
> Er ist nicht häßlich und ist nicht lahm,
> Er ist ein lieber, scharmanter Mann,
> Ein Mann in den besten Jahren,
> Verbindlich und höflich und welterfahren.
> Er ist ein gescheiter Diplomat,
> Und spricht recht schön über Kirch und Staat.
> Blaß ist er etwas, doch ist es kein Wunder,
> Sanskrit und Hegel studiert er jetzunder.
>
> – Heinrich Heine

Der vermeintlich unumschränkte Gebieter Vaal hat als Maschine jedoch, wie jede Maschine, eine Achillesferse. Sie ist kein *perpetuum mobile* und braucht so Energie. So vermag das Stoppen der Energiezufuhr sie zum Stillstand zu bringen und ihre Macht vollständig zu brechen. Am Schluss der Geschichte um Vaal spielt

Mr. Spock ausdrücklich auf die biblische Geschichte und auf die Rolle des Teufels an. Zu Recht weist er den Spott eines Kirk und McCoy wegen seiner angeblichen Ähnlichkeit mit Satan ab, dieser hatte bekanntlich Hörner und nicht spitze Ohren. Der Teufel als Personifikation des Bösen soll ja laut Bibel in Gestalt der Schlange die Paradieslinge zum sündigen Verspeisen des Apfels der Erkenntnis verführt haben, dem Grund ihrer Vertreibung aus dem Garten Eden. Dass dann Adam durch die Erkenntnis gottähnlich wurde, scheint nun geradezu ein Verdienst der verfluchten Schlange des Teufels!? Die Krone der Schöpfung ein Verdienst des Teufels? Auch Chekov und Lendon »verführen« zwei Eingeborene zu zärtlichen Berührungen, die Vaal streng untersagt hat. Haben die Gäste von der *Enterprise* die Rolle des Satans übernommen? Mit der Herbeiführung der eigentlich verbotenen *Stunde der Erkenntnis*?

Das Problem von *Gut* und *Böse* bleibt verknüpft mit der berühmt-berüchtigten Frage nach dem Ursprung des Negativen und des Übels in der Welt. Goethes *Mephisto* hat dies schon auf den Punkt gebracht: »Was ihr das Negative nennt, ist mein eigentlich Element, denn alles, was entsteht, ist wert, dass es zugrunde geht.« Die der menschlichen Freiheit immanente *Negativität* bedeutet Übel und Schmerz, die Grundlage für die Widrigkeit oder Widerwärtigkeit, eben für das Böse. Schmerz und Qual gehören ursprünglich

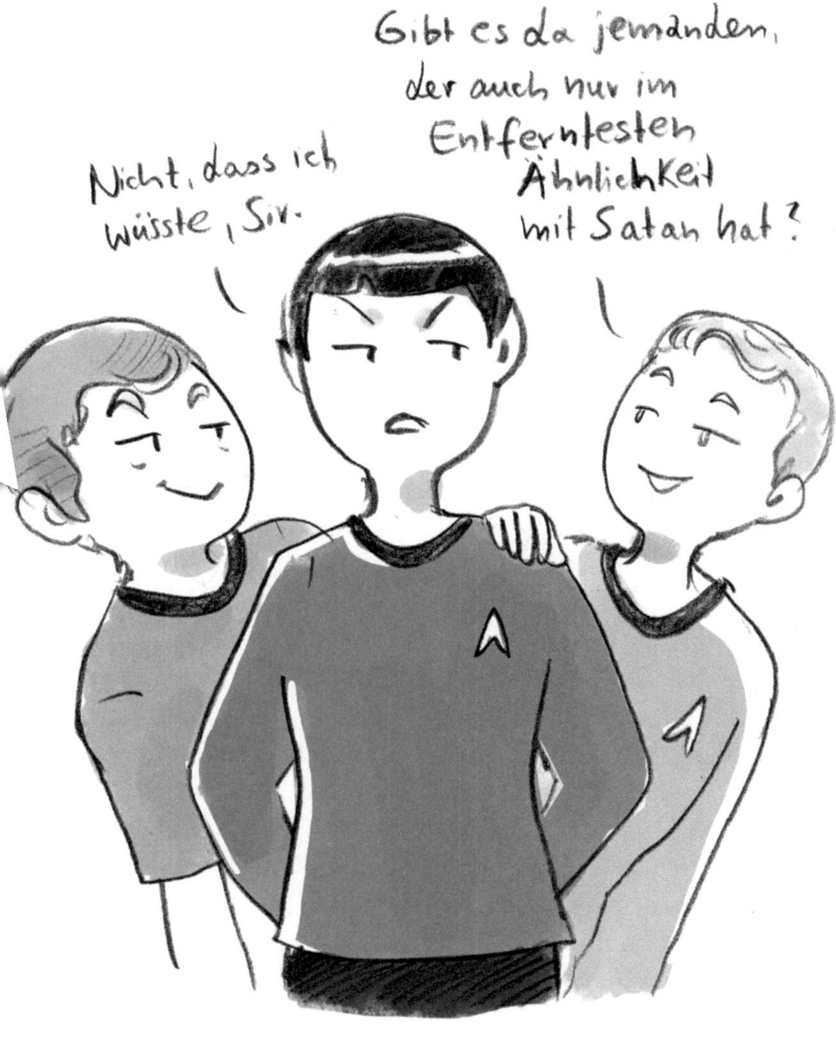

Nicht, dass ich wüsste, Sir.
Gibt es da jemanden, der auch nur im Entferntesten Ähnlichkeit mit Satan hat?

zum Menschlichen. Die gängige christliche Tradition versucht das Böse als ein dem göttlichen Wesen fremdes Geschehen darzustellen, Gut und Böse fallen darin völlig auseinander. Dies leuchtet nicht ein und bleibt fruchtlos: Das absolute Wesen soll zwar alle Aspekte des Daseins verkörpern, nur das Negative, das Böse nicht? Böses ist für Hegel etwas, das »notwendig und immer möglich ist, das jedoch nicht sein soll«. Dies trifft auf den Teufel zu, der als Luzifer, als Lichtsohn Gottes notwendig zum Göttlichen gehört und zugleich der Höllenfürst ist. »Ohne die Freyheit böse zu sein findet kein Verdienst, und ohne die Freyheit gut zu sein, keine Zurechnung von Schuld, ja selbst keine Erkenntnis des Guten und Bösen statt.« (J. G. Hamann) Wer will, kann auch Böses tun, nur entspricht dies nicht dem Begriff des freien Handelns. Die Tätigkeiten des Teufels, die Taten aus bloßer Negativität, mithin willkürliche Taten (unrechtliches Tun wie das Verbrechen oder amoralisches Agieren wie Lügen[88]) können so nicht als vollständige bzw. als freie Handlungen gelten. Michelangelo hat zwar den Teufel noch menschlich gemalt, Miltons Satan ist von dynamischer Kraft, auch Goethes Mephisto treibt Faust aus seiner Faulheit heraus, aber der Teufel isoliert für sich selbst gilt Hegel als schlechte, ästhetisch unbrauchbare Figur. Ohne seinen Gegenspieler erscheint der Satan als langweilige Person, als Lüge in sich selbst. Das Böse bleibt für sich kahl und gehaltlos, bloß Negatives bedeutet pure Zerstörung und Unglück. Die Furien des Hasses sind Mächte, denen Affirmation und Selbstständigkeit fehlt. In Mephisto sind so Luzifer als Lichtbringer und Satan als Höllenfürst verbunden – der Engel, aber mit schwarzen Flügeln, der vom Himmel gefallene Engel der Morgenröte, der in die Hölle gestürzte Lichtträger, der gemäß John Milton und Khan handelte: »Besser ist es, in der Hölle zu herrschen, als im Himmel zu regieren.« – »Better to reign in Hell, than serve in Heav'n.«

Die vermeintlichen Teufel vom Raumschiff *Enterprise* haben so ähnlich dem Teufel oder dem Rebellen Prometheus tatsächlich das alte Paradies zerstört, der Garten Eden als Refugium von Tieren ist für immer verloren. Die Eingeborenen haben den Apfel der Erkenntnis probiert und sind jetzt endliche, sterbliche Wesen geworden. Sie kennen jetzt die Liebe und schätzen ihre Natürlichkeit, sie werden Kinder haben. Ihr Schicksal liegt jetzt nicht mehr in fremder, sondern in der eigenen Hand, sie müssen jetzt lernen zu denken und für sich selbst zu sorgen, ihren Himmel auf Erden zu errichten – was Kirk auf den Punkt bringt: »Wir nennen das Freiheit.«

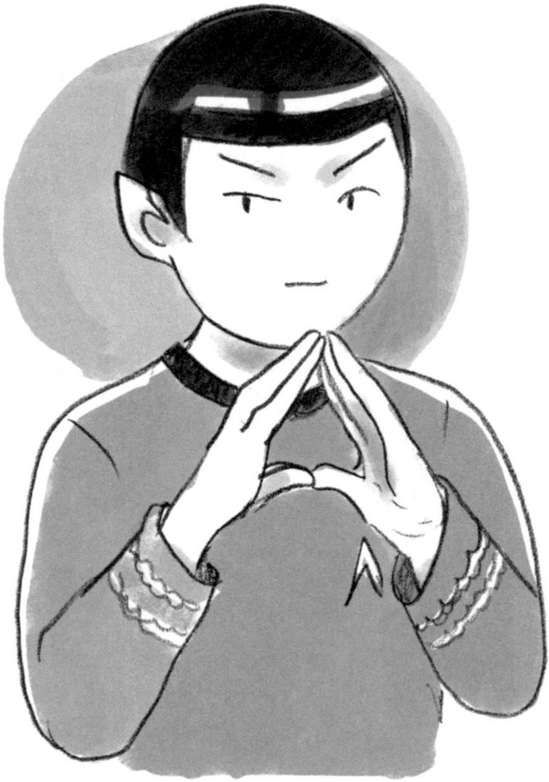

Die Logik ist der Anfang aller Weisheit, nicht deren Ende

Spocks vulkanische Philosophie

Der unumstrittene philosophische Kopf der *Enterprise* ist deren Erster und Wissenschaftsoffizier Mr. Spock, dessen vulkanische Philosophie an vielen Stellen hervorscheint, nicht nur durch seinen wohlbegründeten Hinweis auf Platon gegen die Ideologie der Platonier.[89] Spock hält tyrannisch-totalitäre Ordnungen und deren Verherrlichung für prinzipiell unlogisch und verweist auf den logischen Gedanken der Gerechtigkeit. Dies setzt eine interne Kenntnis der Geschichte der Philosophie, hier der antiken Philosophie voraus. Dass die philosophische Dimension der *Star Trek*-Saga erst mit Picard und Data richtig Fahrt aufnimmt[90], ist in keiner Weise zutreffend. Gerade die faszinierendste Figur der Weltraum-Story, Mr. Spock, brilliert mit philosophischem und logischem Scharfsinn, durch seine in mancher Hinsicht in der Tradition von Aristoteles und Hegel stehende Logik, durch seinen nüchtern-logischen Blick auf die Dinge.

Die Rolle des Mr. Spock füllte Leonard Nimoy in kongenialer Weise aus – er war Spock. Alle *Enterprise*-Fans werden ihn im 50. Jubiläumsjahr von *Star Trek* höchst schmerzlich vermissen: »Leonard war ein lebenslanger Freund der Künste und der Philosophie. Und natürlich war Leonard Spock. Kühl, logisch, groß-ohrig und besonnen war er das Zentrum von Star Treks optimistischer Vision der menschlichen Zukunft. Ich habe Spock geliebt.« Diese Worte von Barack Obama erinnern an die enge Geistesverwandtschaft von Spock, Nimoy und Roddenberry.

Sowohl Spock als auch sein Darsteller identifizieren sich mit den philosophischen Grundgedanken des *Star Trek*-Schöpfers: »Everybody« – so Nimoy – »gets the same breaks. Everybody gets the same education. Everybody gets the same kind of household and family life and so forth. Everybody gets the job that they are qualified to do and holds the job if they do it well.« (Jeder bekommt dieselbe Menge Freizeit, jeder bekommt dieselbe Ausbildung, jeder bekommt dieselbe Art von Familie und so weiter. Jeder bekommt den Job, für den er geeignet ist, und behält ihn, solange er ihn gut erledigt.) Nimoy spricht von einer moralisch strukturierten Gemeinschaft, eine sehr wünschenswerte Gemeinschaft, er hätte nichts dagegen, dort zu leben.[91]

Die Kerngedanken der spitzohrigen Philosophie bestehen in der Anerkennung und Respektierung der

Würde aller vernünftigen Wesen, im Respekt für alle vielfältigen Kulturen und Lebensformen, in der Ablehnung aller Arten von Diskriminierung, von Sklaverei, Rassismus und Unterdrückung, im Eintreten für die Überwindung von Krieg und Armut, in der Zurückweisung tyrannisch-totalitärer politischer Ordnungen, in der Positionierung gegen jeglichen Dogmatismus, in der Wertschätzung der Wissenschaft und in ihrer Verpflichtung auf vernünftige und friedliche Zwecke – um nur einiges zu nennen. Diese Auffassungen prägen insgesamt die Gedankenwelt der Helden von der *Enterprise*. In der Figur des Mr. Spock finden die optimistisch-humanen Visionen von Gene Roddenberry einen besonders treffenden Ausdruck, Visionen, in denen eine wahrhaft gerecht gestaltete Welt hervorblitzt. Dieses Zukunftsbild der Föderation im 23. Jahrhundert steht im deutlichen Kontrast zum 20. Jahrhundert – dem »dunklen Zeitalter, der Ära genetischer Kriege«. Roddenberry zufolge leben viele Menschen heute unter gleicher oder gar stärkerer Bevormundung als die meisten Sklaven der Vergangenheit, nur herrschen jetzt andere Formen der Sklaverei, ohne Ketten und Peitschen, aber mit den subtileren Methoden wirtschaftlicher Fesseln und geistig-manipulativer Unterdrückung.[92] So wird in *Star Trek* indirekt im Geiste von Swifts *Gulliver*, aber mit aller Schärfe die Tatsache des Hungerns von Hunderten von Millionen heutiger Menschen, die aktuellen Kriege, der allgegenwärtige Fanatismus und Fundamentalismus, der selbst in Europa im Kontext des Umgangs mit Bürgerkriegsflüchtlingen wieder grassierende dumpfe und militante Fremdenhass angeklagt.

Mr. Spock repräsentiert ein überzeugendes Gegenbild, den anerkannten, respektierten *anderen* oder *Fremden*, der gegen jeglichen dumm-gefährlichen Stammtisch-Nationalismus steht. Hegel hatte solches Deutschtum als »*Deutsch-Dumm*« abgekanzelt, jedoch im Wissen, dass die Dummheit noch immer die größte Macht auf Erden ist. In Roddenberrys Utopie des 23. Jahrhunderts gehören jedenfalls Armut, politische Diskriminierung, Umweltzerstörung, Nationalismus, Rassenhass und Krieg der Vergangenheit an. Whoopi Goldberg war sich sicher, dass durch diese Vision »die Welt wirklich besser sein kann«.[93]

Spocks Doppelnatur

In Mr. Spock haben wir einen klassischen Fall eines Doppelwesens, einer Hybridnatur – mütterlicherseits Mensch, vom Vater her Vulkanier. An den bekannten *Science Fiction*-Autor Isaac Asimov schrieb Roddenberry: »Mr. Spock ist angelegt als ein Musterbeispiel für Widersprüche. Er ist halb Mensch und halb Vulkanier, was zu einem anhaltenden Kampf führt zwischen dem, was ihn über die ›unmoralische‹ Emotionalität gelehrt wurde, die in seinem irdischen Teil steckt – und der ›Moral‹ und Logik seiner vulkanischen Abstammung väterlicherseits.«[94]

Einerseits folgt Spocks Denken besonders den Auffassungen von Surak, dem Begründer der vulkanischen Philosophie, des vulkanischen Weltverständnisses. Surak hatte eine von Emotionen ungetrübte logische Betrachtung ins Zentrum seines Weltbildes gerückt und damit die Kultur der Vulkanier fundamental geprägt. Diese Weltsicht ist aus der langen Geschichte der Vulkanier erwachsen, die von Krieg und Zerstörung bestimmt war. Die Wurzeln für die desaströse Vergangenheit auf dem Planeten Vulkan sah Surak in den Empfindungen und Gefühlen von Hass, Wut, Zorn und Niedertracht, in der Unterentwicklung von Verstand und Vernunft, in der Zurückgebliebenheit des logischen Denkens. Emotionen und Gefühle können zu guten, aber auch zu bösen, zerstörerischen Handlungen führen. Bloß aus dem »Bauchgefühl« oder nach dem »Rat des Herzens« zu entscheiden, kann täuschen oder richtig sein, wohlbringende aber eben auch katastrophale Folgen haben. Dies führte in Suraks Weltanschauung zur Zurückdrängung der Empfindungen und Gefühle. Spocks Vater Sarek besteht auf der reinen, von keiner Neigung, von keinem Gefühl getrübten Vernunft und betont: »One does not thank logic.« (Wie soll ich mich für logisches Denken bedanken?)

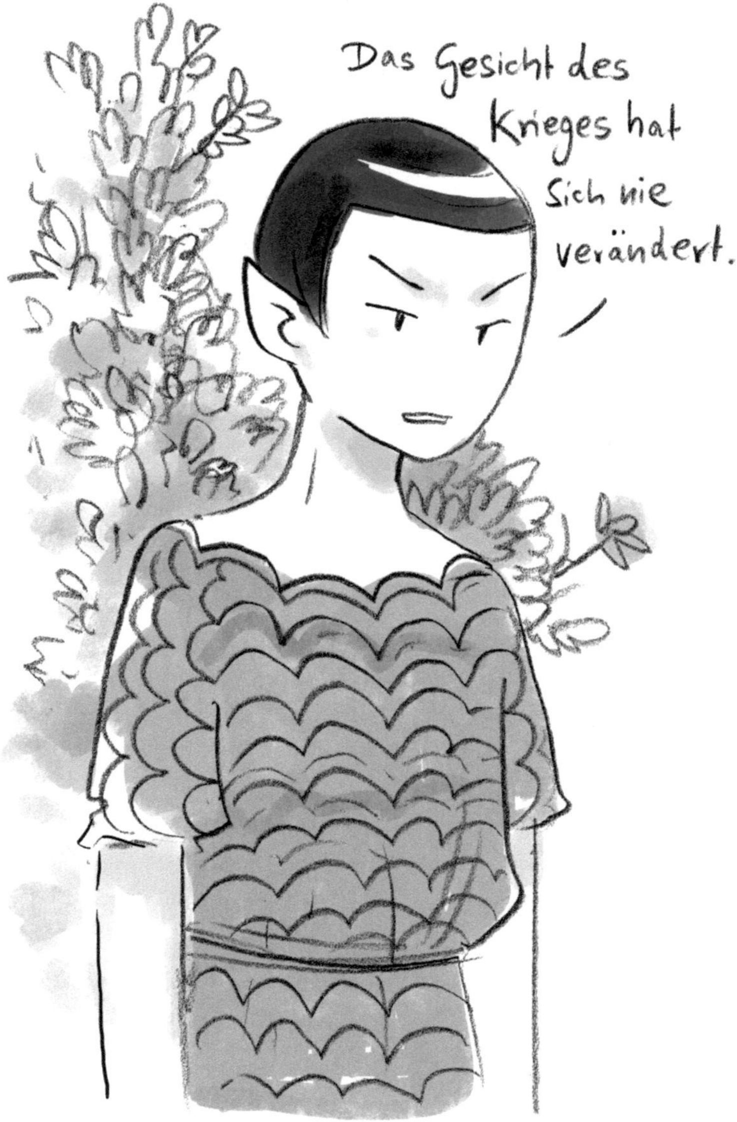
Das Gesicht des Krieges hat sich nie verändert.

Spock ist jedoch auch zur Hälfte Mensch, und so entsteht eine produktive Spannung innerhalb seines Wesens, die Spannung zwischen »Herz« und »Kopf«. In der deutschen Sprache steht positiv gewendet das Herz für den Mut und der Kopf für die Intelligenz und beide Eigenschaften, Mut wie Denken, zeichnen Spock aus. Er ist ein Anwalt des Wissens, es geht ihm um das Kennenlernen und Erforschen neuer und fremder Welten. In einer Notfallsituation hat er zum Recht der Notwehr beigetragen, mit dem höchstmöglichen Preis. Ebenfalls muss Spocks Tun in der Episode *Talos IV – Tabu* in Betracht gezogen werden. Dort setzt er sich in der gleichen Weise wie Kirk jetzt für ihn, für seinen Freund und früheren Commander Pike ein, für einen Einzelnen unter Aufbietung aller Mittel wie Falschinformation, Nötigung, schwere Gesetzesverletzungen bis hin zum Kapern eines Raumschiffes und der Gefährdung des Lebens vieler, was als völlig »unlogisch« erscheint. Die philosophische Problematik liegt im Verständnis menschlicher Handlungen – Kirk und seine Brückenbesatzung müssen oft schwierige Entscheidungen fällen und die Gründe und Motive für dieses oder jenes Tun spielen dabei eine wesentliche Rolle. Mr. Spock fordert hierbei stets das für die Vulkanier entscheidende Nachdenken ein, allein auf bloße Empfindungen und Gefühle könne man nicht bauen. Der junge Spock wurde als »barbarischer, emotionaler Erdling« beschimpft, dies hat ihn zutiefst geprägt, ohne dass er seinen menschlichen Erbteil verleugnen kann.

Wahrnehmungen, Empfindungen, Gefühle liefern zwar eine Grundlage für die Erkenntnis, aber bieten noch kein ausreichendes Wissen von der Welt. Der Inhalt unseres Bewusstseins liegt zunächst nicht in der Form von Gedanken oder Begriffen vor, sondern als Anschauung, Gefühl und Vorstellung. Dieser Inhalt muss jedoch erst durch das Denken begründet werden. Erst durch die denkende Betrachtung der Gegenstände können wir ein gestütztes, geprüftes, legitimiertes Wissen erlangen. In Gefühlen und Neigungen kann der Inhalt wahrhaft vorhanden sein oder eben auch nicht, die Arroganz der Meinung und die Zufälligkeit haben hier ihren Einfluss. Es ist eben nichts nur deswegen wahr, weil ich es so fühle oder weil ich es so meine. Irrtum oder Täuschung können stets möglich sein. Ein bekanntes Beispiel für eine Sinnestäuschung ist die Fata Morgana, etwa wenn ein sich in der Wüste verirrter und vor dem Verdursten stehender Mensch Wasser sieht, aber seine Sinne allein ihm dies nicht mit Sicherheit bestätigen können. Oder die Gefühle, das Empfinden von Wahlbürgern, die den charismatischen Politiker, der als glänzender Redner auftritt, aber nur Phrasen und leere Worthülsen verbreitet, dem langweiligen rhetorisch ungeschickten Technokraten vorziehen, obwohl letzterer geeignete Vorschläge für Problemlösungen anbietet. Hier wäre doch wohl Nachdenken und Prüfen der politischen Programme geboten, die mühsame Anstrengung des Denkens. Der Idealfall wäre natürlich der charismatische und gebildete Staatsmann.

Es kann laut Immanuel Kant etwas erst als Wissen gelten, wenn es sich vor dem Gerichtshof der Vernunft bewährt hat, den Härtetest der Prüfung bestanden hat. Gefühle, Anschauungen, innere Bilder und Vorstellungen müssen erst in die Form des Gedankens und des Begriffs »übersetzt« werden, durch das Nachdenken in Begriffe verwandelt werden. Dieses Nachdenken ist die große Stärke von Mr. Spock, das Grundmotiv seines Weltverständnisses – faszinierend bleibt für ihn geprüftes, geltendes Wissen, das legitimierte Wissen im Universum der empirischen Einzelheiten.

Kirk zu **Spock**: »Ihre Logik ist unanfechtbar.«

Als Fundament gilt Spock die schwerste Wissenschaft, welche eben die Grundpfeiler für jegliches Wissen setzt – die Logik. Nur mit ihrer Hilfe können Gefühl und bloße Meinung von Wissen unterschieden werden. Es bleibt auch für ihn ein eklatanter Irrtum, dass viele meinen, jeder könne ohne Logik denken, wie etwa jeder verdauen könne ohne das Studium der Physiologie. Die logische Allgemeinheit kann man eben nicht einfach wahrnehmen, nicht sehen, die Gesetze der Bewegung der Himmelskörper sind nicht an den Himmel geschrieben (Hegel). Hier ist eben das Nachdenken gefordert, die durchaus schwierige Anstrengung, die Gegenstände auf ihren Begriff zu bringen – im Denken hat die Philosophie ihr Instrument. Unser Erkennen beruht nicht bloß auf unserem Sehen oder Hören, nicht auf unserem bloßen Empfinden oder Fühlen. Wissen erhalten wir nicht nur durch Mikroskope oder Teleskope. Beispielsweise lässt sich ein Gattungsbegriff wie »Tier« oder »Obst« nicht als solcher zeigen, man kann nur auf bestimmte Katzen oder Hunde oder bestimmte Äpfel oder Birnen deuten. Aber Obst zu sein gehört eben zu dem gerade geernteten roten Apfel, Tier zu sein zum treuen japanischen Hund *Hachiko* oder dem berühmten Husky, dem Schlittenhund *Balto*. Nehmen wir dieses »Obstsein« oder »Tiersein« weg, so kann vom Apfel und vom Hund nicht gesagt werden, was sie sind.

Das Denken bleibt so unverzichtbar und ist bei jedem sinnlichen Erkennen wie Sehen, Hören oder Schmecken, bei jedem Gefühl von vorneherein präsent, »reines« Sehen oder »bloße« Gefühle sind ein Irrtum. Es handelt sich hierbei mit einem Rückgriff auf Aristoteles um die Identität von Passivität (Rezeptivität) und Aktivität im Anschauen. Reines, pures Anschauen ist ein Schein, Gefühl wie Anschauen sind von vornherein durch das Denken »kontaminiert«, »infiziert«. »Denkend ist somit der Mensch immer, auch wenn er nur anschaut; betrachtet er irgendetwas, so betrachtet er es immer als ein Allgemeines, fixiert Einzelnes.«[95] Wenn wir etwas Blaues sehen, müssen wir schon den Begriff von Blau haben, wenn wir Trauer fühlen, haben wir schon einen Gedanken der Trauer.

Die ambivalente Natur von Spock manifestiert sich in den verschiedenen Kontroversen mit McCoy und Kirk. Spock bringt öfter zum Ausdruck, dass es bei seinen Kollegen, speziell bei McCoy, mit der Logik hapert – »Menschen treffen unlogische Entscheidungen«.

Spock: »Schätzen entspricht nicht meiner Natur.«
McCoy: »Niemand ist vollkommen!«

McCoy vermutet, dass die grünblütige Logik-Maschine Spock kein Herz hat: »Sie mit Ihrer verdammten Logik machen mich noch wahnsinnig.« Spock hingegen betrachtet McCoy öfters etwas spöttisch als einen altmodischen, wichtigtuerischen Landarzt, der gewöhnlich ein Heilmittel nur mit viel Glück findet. Obwohl Pille und Spock »permanent unterschiedlicher Meinung sind, arbeiten sie im Ernstfall hervorragend zusammen. Daher können wir nie ganz sicher sein, ob sich hinter der gegenseitigen Ablehnung nicht eigentlich Zuneigung verbirgt.«[96] Dem sich intellektuell stets für überlegen haltenden Spock fällt es schwer, nicht abfällig dreinzuschauen, wenn andere Entscheidungen treffen, die nicht ausschließlich auf kalter Logik beruhen.[97] So scheint eine Art intellektueller Arroganz zu drohen und eine daraus folgende Einsamkeit. Aber »kalt« hat eben zwei Facetten: »Kalt« ohne jegliches Gefühl oder »kalt« im Sinne des ruhigen Handelns und des Bewahrens des kalten Blutes. Spock setzt auf die zweite Seite, auf die kalte Logik des Denkens, auf das »Grau in Grau« des logischen Gedankens. Er steht gegen die unbedachte überschwängliche Schwärmerei und für die strenge Ruhe im Begreifen. Denn – so Spocks Position: Hass und Krieg sind nur durch Vernunft zu besiegen. Und zugleich besitzt Spock Mut und uneingeschränkte Loyalität gegenüber Captain Kirk und der Mannschaft der *Enterprise*, versteht sich als Freund von Kirk, aber im Sinne von Freundschaft als eine auf Gefühl und Intellekt beruhende Beziehung. Ein wahrer Freund kann nur derjenige sein, dessen Handlungsweise dem Begriff der Freundschaft gemäß ist. Freundschaft gilt Hegel als ein Verhältnis der wechselseitigen Anerkennung in der Form der Empfindung. »Hier ist man nicht einseitig in sich, sondern man beschränkt sich gern in Beziehung auf ein anderes, weiß sich aber in dieser Beschränkung als sich selbst. Indem man den anderen als anderes betrachtet, hat man darin erst sein Selbstgefühl.«[98] Man fühlt und weiß, Fühlen und Wissen gehen hier Hand in Hand. Und Spock versteht den Inhalt der Rede vom *wahren* Freund. Sein Handeln würde den Begriff der Freundschaft voll erfüllen. Es besteht kein Zweifel, dass er in ausweglosen Situationen sein Leben für seine Freunde aufs Spiel setzen würde. Somit fehlt ihm keineswegs das »Herz«, er hat nicht wie der Holländer-Michel in Wilhelm Hauffs Märchen *Das kalte Herz* dort einen kalten Stein. Aber das logische Denken will und kann er nicht preisgeben. Wenn McCoy zu Recht betont, dass man einen Menschen nicht allein durch Logik bewerten kann, würde Spock entgegnen, auch nicht allein durch das Gefühl. In einer Szene, in welcher die *Enterprise* in höchster Gefahr schwebt, bemerkt Spock zur (davon sichtlich überraschten) Uhura: Er könne sich niemanden vorstellen, der das besser lösen könne als sie. Folgender kurzer Dialog im Zusammenhang einer Rettungsaktion für Chekov bringt Spocks Weltsicht deutlich zum Ausdruck:

> **Kirk**: »Ist das eine logische Entscheidung?«
> **Spock**: »Nein, das ist eine menschliche Entscheidung.«

Zu Recht zählt das Spitzohr auch Sherlock Holmes zu seinen Vorbildern. »Wenn du das Unmögliche ausgeschlossen hast, dann ist das, was übrig bleibt, die Wahrheit, wie unwahrscheinlich sie auch klingen mag.« Beide sind Musterbeispiele des streng rationalen Denkens. Sie stützen sich auf die wissenschaftlich

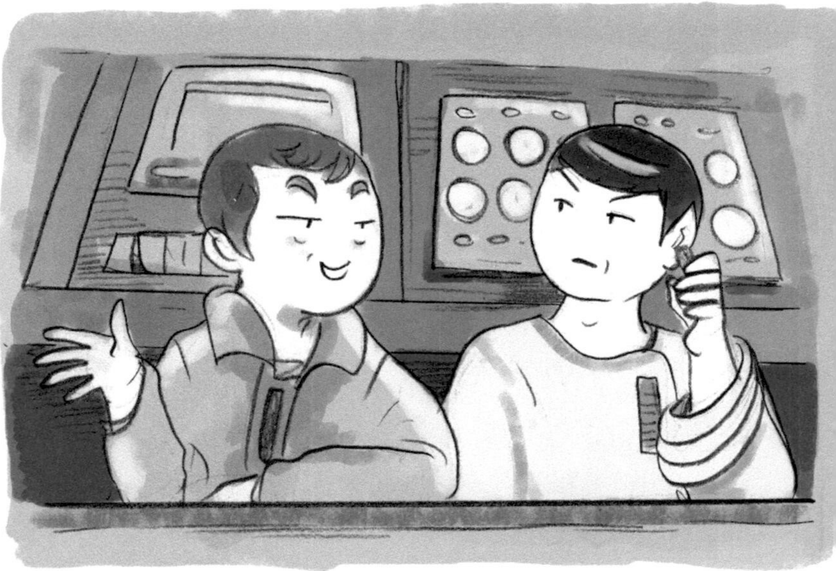

begründete Beobachtung der Welt und auf logische Schlussfolgerungen: »Wenn man alle logischen Lösungen eines Problems eliminiert hat, ist die [scheinbar] unlogische unweigerlich richtig«.

Es geht auch um die kritische Dimension des Denkens, welches bestehende Ordnungen anzweifelt. Darin liegt die »ungeheuerste« Macht des Denkens, ganze Staatsverfassungen und Religionen hielten diesen kritischen Angriffen nicht stand, denn das vernünftige Denken fragte stets nach Berechtigung dieser oder jener Gesetze oder Glaubenssätze. »So stellten sich z. B. die griechischen Philosophen der alten Religion entgegen und vernichteten die Vorstellungen derselben. Daher wurden Philosophen verbannt und getötet wegen Umsturzes der Religion und des Staats, welche beide wesentlich zusammenhingen.«[99] So muss sich dann auch das Denken über seine Resultate rechtfertigen und die Untersuchung über die Natur des Denkens und dessen Legitimität rückte ins Zentrum der Philosophie, deren Anfang und Fundament in der Logik besteht, welche zwar der Grundpfeiler der Philosophie, aber nicht das gesamte Gedankengebäude ist. Diese neue Hegelsche Logik bleibt unverzichtbar unter den oft unlogisch handelnden Menschen.

> **Spock**: »Ich werde nirgends so dringend benötigt, als ausgerechnet auf einem Schiff, wo nur unlogische Menschen herumlaufen.«

Kirk: »Wie wär's denn, mein Lieber, wenn Sie sich selbst gegenüber zugeben, einmal in ihrem Leben gefühlsmäßig gehandelt zu haben?« (You're not going to admit for the first time in your life, you committed a purely human, emotional act?)
Spock: »Das kann ich nicht.« (»No, sir!«)
Kirk: »Mr. Spock, Ihre Sturheit ist nicht zu überbieten.«
Spock: »Ja, Sir!«

Und hartnäckig, dickköpfig, eigensinnig sollte der Logiker, sollte der Philosoph sein! Nur in einer einzigen Hinsicht sollte Spock seine Sturheit aufgeben, bei der Ablehnung italienischen Essens!

Mr. Spock! Wir sind es und werden immer es sein: Deine Bewunderer!

Lebt lange und in Frieden!

Glossar

Anthropozän (griech. *ánthropos*, Mensch und *kainos*, neu): die von der Menschheit speziell geprägte Epoche der Erdentwicklung (auch: Noosphäre).

Anthropozentrismus (griech. *ánthropos*, Mensch und latein. *centrum*, Mittelpunkt): Weltbild, in dem der Mensch in den Mittelpunkt gestellt wird, in dem alles von ihm aus gedacht wird.

Apokalypse (griechisch *apokálypsis*, Enthüllung): religiöse Schrift, die das kommende Weltende thematisiert / allgemein: Weltuntergang.

Bastard (mittelhochdeutsch *bast(h)art*, altfranzösisch *bastard*): ursprünglich Bezeichnung für den rechtmäßig anerkannten außerehelichen Sohn eines Adligen, heute Schimpfwort für außereheliches Kind, für jemanden, der als minderwertig betrachtet wird.

Determinismus (lat. *determinare*, abgrenzen, bestimmen): Auffassung, dass alle Ereignisse durch Kausalität des Natürlichen bestimmt sind, dies führt zum Ausschluss der Existenz des freien Willens; durchgängiges Bestimmtsein durch die Natur auf Kosten der Selbstbestimmung durch Freiheit – der freie Wille soll eine Fiktion oder eine Illusion sein.

(Human) **Enhancement** (engl. *enhance*, verbessern): Optimierung des menschlichen Körpers durch Erweiterung der geistigen/körperlichen Möglichkeiten bzw. Steigerung der Leistungsfähigkeit durch technische/wissenschaftliche Mittel (»Wunsch-Medizin«), Beispiel: Regulierung von Eigenschaften künftiger Kinder wie etwa Körpergröße.

Erynnien (auch Eumeniden/Furien): in der griechischen Mythologie die Rachegöttinnen Alekto (»die Unaufhörliche«), Megaira (»der neidische Zorn«) und Tisiphone (»die Vergeltung«).

Eugenik: Versuch der Züchtung leistungsfähigerer Menschen.

Frankophobie (auch Gallophobie): Abneigung/Hass gegenüber Frankreich und den Franzosen bzw. ihrer Kultur.

Glückseligkeit (Wohl): Idealzustand vollständiger Erfüllung menschlichen Wünschens und Strebens; im Utilitarismus die maximale Interessen- und Bedürfnisbefriedigung.

Glückswürdigkeit: Resultat tugendhaften Verhaltens im Diesseits, in der Philosophie Kants die Hoffnung, im Jenseits (zukünftiges Leben) für tugendhaftes Verhalten belohnt werden zu können.

Kosmopolitismus (griech. *kósmos*, Weltordnung und *polítis*, Bürger): auch Weltbürgertum, eine philosophisch-politische Position, die den ganzen Erdkreis als Heimat der Menschen ansieht und die prinzipielle Gleichheit der Bürger behauptet.

Marktfundamentalismus (Neoliberalismus): Bezeichnung für die kritische Haltung gegenüber wirtschaftsliberalen Positionen, d. h. der Ansicht, dass Märkte sich selbst regulieren (»der Markt heilt sich selbst«) und die Interessen der Gesellschaft denen des Marktes untergeordnet werden müssen (übertriebenes Vertrauen in Marktmechanismen).

Nationalismus: extrem übersteigertes Nationalbewusstsein, verbunden mit der Herabsetzung anderer Nationen oder Völker.

Naturalismus: in der Philosophie eine materialistische/physikalistische Position, welche die Welt als bloß naturhaftes Geschehen versteht.

Normativ: wertend, einen ethischen Wert betreffend, moralische Einschätzung von Handlungen.

Nutzenethik (Utilitarismus/Konsequentialismus): Position der Ethik, welche eine Handlung primär nach ihren Folgen, d. h. ihrem Nutzen beurteilt. Die Gegenposition zur Nutzenethik ist die Pflichtenethik.

Pflichtenethik (Deontologie): (griech. *deon*, die Pflicht): Position der Ethik, welche eine Handlung primär nach ihrer Intention, ihrer Absicht, d. h. unabhängig von ihren Folgen beurteilt, wobei maßgeblich ist, ob die Handlung einer inneren Pflicht gemäß erfolgt. Die Gegenposition zur Pflichtenethik ist der Konsequentialismus.

Rassismus: Ansicht, dass menschliche Fähigkeiten abhängig von der Rasse sind und dass bestimmte Rassen minderwertig sind, weshalb ihre Unterdrückung gerechtfertigt sei.

Revanchismus (frz. *revanche*, Rache): politische Einstellung bzw. Politik, welche die Rückgewinnung von im Krieg verlorenen Gebieten oder die Annullierung von aufgezwungenen Verträgen durch militärische Mittel zum Ziel hat.

Sozialdarwinismus: sozialwissenschaftliche Theorie, welche die Gesellschaft durch Darwins Modell der natürlichen Selektion beschreibt.

Terraner (Erdlinge): Bewohner des Planeten Erde.

Tschernobyl/Fukushima: Nuklearkatastrophen in den Kernkraftwerken von Tschernobyl (26. April 1986) in der Ukraine und Fukushima Daiichi (11. März 2011) in Japan.

Voluntarismus (lat. *voluntas*, Wille), Subjektivismus: Auffassung, die eine fundamentale Rolle des Willens für alle Weltvorgänge vertritt, der Wille gilt als die Grundlage allen Seins; einseitiger Vorrang der Selbstbestimmung durch Freiheit und Vernachlässigung des Bestimmtseins durch die Natur.

Personen

Aristophanes (zwischen 450 und 444 v. Chr. – 380 v. Chr.), der bedeutendste altgriechische Komödiendichter (*Die Wolken*, *Die Vögel*, *Der Frieden*).

Arndt, Ernst Moritz (1769–1860), deutscher Schriftsteller, Historiker, Abgeordneter der Frankfurter Nationalversammlung, Vertreter eines extremen deutschen Nationalismus.

Asimov, Isaac (1920–1992), bekannter Autor von Science-Fiction-Geschichten.

Aurel, Marc (121–180), römischer Kaiser und Philosoph, Vertreter der jüngeren Stoa.

Bacon, Francis (1561–1626), Philosoph und Politiker, ein Hauptvertreter des englischen Empirismus.

Becker, Jurek (1937–1997), deutscher Schriftsteller, Drehbuchautor und DDR-Dissident, schrieb *Jakob der Lügner* (1969).

Bentham, Jeremy (1748–1832), englischer Jurist, Philosoph und Sozialreformer, Begründer des klassischen Utilitarismus, der das größte Glück für die größtmögliche Anzahl verfolgt.

Bradbury, Ray Douglas (1920–2012), US-amerikanischer Schriftsteller und Drehbuchautor, schrieb *Fahrenheit 451* (1953).

Bürger, Gottfried August (1747–1794), deutscher Dichter des Sturm und Drang, schrieb *Abenteuer des Freiherrn von Münchhausen* (1786).

Cervantes, Miguel de (1547–1616), spanischer Schriftsteller, schrieb *Don Quijote* (1605/1615).

Chagall, Marc (1887–1985), französischer Maler russisch-jüdischer Herkunft.

Chamisso, Adelbert von (1781–1838), deutscher Naturforscher und Dichter französischer Herkunft, schrieb *Peter Schlemihls wundersame Geschichte* (1814).

Constant, Benjamin (1767–1830), frankophoner Schriftsteller, liberaler Politiker und Staatstheoretiker schweizerischer Herkunft.

Dumas, Alexandre (1802–1870), französischer Schriftsteller, schrieb *Die drei Musketiere* (1844) und *Der Graf von Monte Christo* (1844–46).

Dürrenmatt, Friedrich (1921–1990), Schweizer Schriftsteller, Dramatiker und Maler.

Eco, Umberto (1932–2016), italienischer Schriftsteller, Kolumnist, Philosoph, Medienwissenschaftler, Semiotiker, schrieb *Der Name der Rose* (1980).

Fichte, Johann Gottlieb (1762–1814), deutscher Philosoph, neben Schelling und Hegel einer der Hauptvertreter des Deutschen Idealismus.

Foucault, Michel (1926–1984), französischer Philosoph des Poststrukturalismus, Psychologe, Historiker, Soziologe und Begründer der Diskursanalyse.

Goldberg, Whoopi (geb. 1955), US-amerikanische Schauspielerin, Komödiantin und Sängerin.

Jean Paul (Johann Paul Friedrich Richter) (1763–1825), deutscher Schriftsteller und Ästhetiker, wichtiger Theoretiker des Humors.

Kant, Immanuel (1724–1804), bedeutender deutscher Philosoph, Begründer der Transzendentalphilosophie.

Melville, Herman (1819–1891), amerikanischer Schriftsteller, Dichter und Essayist, schrieb *Moby Dick* (1851).

Mill, John Stuart (1806–1873), englischer Philosoph und Ökonom, Anhänger des Utilitarismus.

Milton, John (1608–1674), englischer Dichter, politischer Denker und Staatsbediensteter, schrieb *Paradise lost* (1667).

Nietzsche, Friedrich (1844–1900), deutscher Philosoph, Philologe und Schriftsteller.

Orwell, George (1903–1950), englischer Schriftsteller, Essayist und Journalist, schrieb *Farm der Tiere* (1945) und *1984* (1949).

Platon (428/427 v. Chr. – 348/347 v. Chr.), einer der bedeutendsten antiken griechischen Philosophen, Schüler des Sokrates.

Rabelais, Francois (1494–1553), französischer Schriftsteller der Renaissance-Zeit, besonders bekannt durch den Romanzyklus *Gargantua und Pantagruel.*

Schiller, Friedrich (1759–1805), deutscher Dichter, Philosoph und Historiker, berühmter Vertreter der Deutschen Klassik neben Wieland, Herder und Goethe.

Shakespeare, William (1564–1616), englischer Dramatiker, Lyriker und Schauspieler, einer der bedeutendsten Schriftsteller der Weltliteratur.

Sterne, Laurence (1713–1768), englisch-irischer Schriftsteller der Aufklärung, schrieb *Leben und Ansichten von Tristram Shandy, Gentleman* (9 Bände, 1759–1767).

Swift, Jonathan (1667–1745), anglo-irischer Schriftsteller und Satiriker der frühen Aufklärung, schrieb *Gullivers Reisen* (1726).

Ausgewählte Literatur zum Thema

David Alexander: *Gene Roddenberry. Die autorisierte Biographie. Mit einem Vorwort von Ray Bradbury*, München 1997.

Leonard Nimoy: *Ich bin Spock*, München 1996.

George Takei: *Zu den Sternen. Die offizielle Autobiographie von George Takei – Star Trek's Mr. Sulu*, Königswinter 1997.

William Shatner/Chris Kreski: *Star Trek – Erinnerungen*, München 1994.

William Shatner/Chris Kreski: *Star Trek – Erinnerungen – Die Filme*, München 1996.

Dennis William Hauck: *William Shatner – Der Captain. Eine unautorisierte Biographie*, München 1997.

Jan Schliecker: *Roddenberrys Idee. Die Star Trek-Originalserie im Wandel der Zeit*, Marburg 2014.

Kevin S. Decker, Jason T. Eberl (Hg.): *Star Trek and Philosophy: The wrath of Kant*, Chicago 2008.

Henrik Hansemann: *Die Philosophie bei Star Trek. Mit Kirk, Spock und Picard auf der Reise durch unendliche Weiten*, Weinheim 2013.

Mike Hillenbrand/Thomas Höhl: *Dies sind die Abenteuer – Star Trek 40 Jahre*, Königswinter 2006.

Mike Hillenbrand/Thomas Höhl: *»Wie Captain Kirk nach Deutschland kam« – Star Trek in Deutschland*, Königswinter 2008.

Andreas Rauscher: *Das Phänomen Star Trek. Virtuelle Räume und metaphorische Welten*, Mainz 2003.

Ralph Sander: *Das Star Trek Universum* (4 Bände), München 1994-1998.

Georg Seeßlen: *Die Star Trek Saga*, epd Film 1/1999.

Judit Barad/Ed Robertson: *The Ethics of Star Trek*, New York 2001.

Michele Barrett/Duncan Barrett: *Star Trek: The Human Frontier*, London 2001.

Fußnoten

1 Roddenbery, Gene, in: David Alexander: *Gene Roddenberry. Die autorisierte Biographie. Mit einem Vorwort von Ray Bradbury, München 1997, S. 280, 668.*

2 Takei, George: *Zu den Sternen. Die offizielle Autobiographie von George Takei – Star Trek's Mr. Sulu. Königswinter 1997, S. 238.*

3 Ebd., S. 397ff.

4 Roddenberry: *Die autorisierte Biographie, a.a.O.*

5 Takei: *Zu den Sternen, a.a.O., S. 228f.*

6 Kant, Immanuel: *Kritik der praktischen Vernunft (1788). In: Kant's gesammelte Schriften, Bd. V, Berlin 1908, S. 161.*

7 Heine, Heinrich: *Geständnisse. In: Werke und Briefe. Berlin und Weimar 1980, S. 126.*

8 Hegel: *Konzept der Rede beim Antritt des philosophischen Lehramtes an der Universität Berlin. In: Hegel, Werke in zwanzig Bänden, Frankfurt 1970, S. 416.*

9 Hume, David: *Ein Traktat über die menschliche Natur, Hamburg 1989, S.38*

10 Takei: *Zu den Sternen, S. 397.*

11 Decker/Eberl: *Star Trek and Philosophy: The wrath of Kant, Chicago 2008.*

12 Dazu ausführlich: Vieweg, Klaus: *Das Denken der Freiheit. Hegels Grundlinien der Philosophie des Rechts, München 2012, besonders auch Kapitel III.2 u. VII.5.*

13 Alexander: *Gene Roddenberry, a.a. O., S. 503.*

14 Ebd., S.501.

15 Hegel: *Grundlinien der Philosophie des Rechts, Hegel Werke, Bd. 7, § 209.*

16 Grundgesetz Artikel 3, 3.

17 Hegel: *Grundlinien der Philosophie des Rechts, a.a.O., § 35.*

18 Menschheit steht hier als Symbol für alle denkbaren Wesen mit freiem Willen.

19 Roddenberry vertrat die Position einer auf verschiedenen Himmelskörpern parallel verlaufenden Evolution und den Gedanken der möglichen Existenz humanoider Außerirdischer. Alexander: *Gene Roddenberry, S. 337.*

20 Föderation – Exekutive in Paris, Legislative in San Francisco, Sitz des Obersten Gerichtshofes (Judikative) nicht bekannt.

21 Alexander, *Gene Roddenberry, a.a.O., S. 422-423. Die DDR benutzte ebenfalls solche Instrumente im Umgang mit den Andersdenkenden. So kennen viele Ostdeutsche noch diese Praktiken, die erst vor 25 Jahren verschwunden sind.*

22 Ausführlich zum Thema Staat, Tyrannei und dem Recht auf Widerstand: Vieweg: *Das Denken der Freiheit, a.a.O., Kapitel VIII, besonders VIII.5.*

23 Hegel: *Enzyklopädie der philosophischen Wissenschaften, Hegel Werke Bd. 10, § 393.*

24 Orwell, George: *Animal Farm* (*Farm der Tiere*), 1945.

25 Schliecker: *Roddenberrys Idee, S. 234.*

26 Schliecker: *Roddenberrys Idee, S. 159, 107.*

27 Ausgerechnet in Orwells Heimat Großbritannien wurde mit dem Closed Circuit Televison (CCTV) ein monströses Bürgerüberwachungssystem geschaffen. Vgl.: Prantl, Heribert: *Der Terrorist als Gesetzgeber, München 2008, S. 89–100. Der Staat selbst wird zum Feind, eindrücklich wird das Orwell-Thema*

dargestellt in einem Film von Tony Scott: Der Staatsfeind Nr. 1 (1998).

28 Hegel: *Vorlesungen über die Geschichte der Philosophie, TWA Bd. 20, S. 413.*

29 Vgl. dazu: Foucault, Michel: *Überwachen und Strafen. Die Geburt des Gefängnisses, Frankfurt a. M. 1976.*

30 Dumas, Alexandre: *Die drei Musketiere (1844). Aus dem Französischen von August Zoller. Frankfurt a. M. 2010.*

31 Ausführliche Darstellungen zu dieser Thematik: Vieweg: *Das Denken der Freiheit, a.a.O., Kapitel IV.*

32 Dazu die Erläuterungen im Glossar.

33 Hegel: *Grundlinien der Philosophie des Rechts, a.a.O., § 118.*

34 Jean Paul: *Palingenesien, in: Jean Paul, Werke, 1. Abt. 4. Band, S. 813.*

35 Schliecker, Jan: *Roddenberrys Idee. Die Star Trek-Originalserie im Wandel der Zeit. Marburg 2014, S. 425.*

36 Schellnhuber, Hans Joachim (einer der international führenden Klimaforscher): *Manchmal könnte ich schreien, in: Die Zeit 26. März 2009.*

37 Carlowitz, Hans Carl von: *Sylvicultura oeconomica, oder Hauswirthliche Nachricht und Naturgemäße Anweisung zur Wilden Baum-Zucht etc. 1713, S. 116.*

38 Ebd. 1760 begann im Herzogtum Sachsen-Weimar die erste, auf das Prinzip Nachhaltigkeit sich stützende Forstreform. Ein Erlass der Herzogin Anna Amalia erhebt die Forderung, dass die Wälder »eine auf richtige Grundsätze der Forstwissenschaft festgesetzte neue und nachhaltige Forsteinrichtung erhalten«. Grober, *Die Entdeckung der Nachhaltigkeit, München 2010, S. 121ff.*

39 Kolbert, Elisabeth: *Das sechste Sterben – Wie der Mensch Naturgeschichte schreibt, Berlin 2015, S. 129.*

40 Enzyklika von Papst Franziskus *Laudatio si (Über die Sorge für das gemeinsame Haus), 2015.*

41 Dazu näher: Vieweg: *Das Denken der Freiheit, a.a.O., S. 119–123.*

42 Gentechnik-Urteil des Bundesverfassungsgerichtes Karlsruhe (1 BvF 2/05), (II, 135, 142)

43 Hegel: *Grundlinien der Philosophie des Rechts, Hegel Werke Bd. 7, § 44. Vieweg: Das Denken der Freiheit, a.a.O., Abschnitt III. 3. 2. 3.*

44 Gentechnik-Urteil, a.a.O. (1 BvF 2/05 – II, 135, 142).

45 *Grundgesetz der Bundesrepublik Deutschland, Artikel 14, GG Art. 14 (2).*

46 Hegel: *Grundlinien der Philosophie des Rechts, a. a. O., § 56.*

47 William Shatner gilt als ein Freund der Wale.

48 Niethammer, Friedrich Immanuel: *Der Streit des Philanthropinismus und Humanismus in der Theorie des Erziehungsunterrichts unsrer Zeit (1808), Weinheim 1968, S. 230.*

49 Bis heute rechtfertigen Massentierhalter, Zoodirektoren und ausgesprochene Befürworter von problematischen Tierversuchen die inakzeptable Gefangenschafts- und Käfig-Ethik, stets mit Hinweisen auf Nutzen und Wohl des Menschen. Vgl.: *Eine Frage der Haltung, in: Die Zeit Nr. 51, 2015.*

50 Vgl dazu den Essay über den Humor in diesem Band: *»Erfolg und Glück sind auf der Seite der Narren« – Über das Lachen*

51 Bereits in Gene Roddenberrys erster Science-Fiction-Story von 1956 spielte Montalban eine Hauptrolle. Alexander, *Gene Roddenberry, a.a.O., S. 184*

52 Bisher wurden vom *Klingon Language Institute* Shakespeares *Hamlet* und *Viel Lärm um Nichts* ins Klingonische übersetzt.

53 Alexander, *Gene Roddenberry, a.a.O., S. 184.*

54 Ausführlich dazu: Vieweg: *Das Denken der Freiheit, a.a.O., S. 136-146.*

55 Vorhaus, John: *Handwerk Humor, Verlag Zweitausendeins Edition, Frankfurt a. M. 2010, S. 16.*

56 Jean Paul, *Vorschule der Ästhetik. In: Jean Paul. Sämtliche Werke, Abt. I, Fünfter Band, Darmstadt 2000, S. 129. Dazu auch: Vieweg, Klaus: Skepsis und Freiheit, München 2007; Vieweg, Klaus: Humor als versinnlichte Skepsis, in: Wandschneider, Dieter (Hg.): Das Geistige und das Sinnliche in der Kunst, Würzburg 2005.*

57 Sterne: *Tristram Shandy (Aus dem Englischen von Rudolf Kassner), Zürich 1982, S. 242.*

58 Jean Paul: *Vorschule der Ästhetik, A.a.O., S. 125ff.*

59 Sterne: *Tristram Shandy*, a.a.O., S. 560.

60 Ebd., S. 244–245.

61 Ebd., S. 26.

62 Ebd., S. 235.

63 Dazu ausführlich: Vieweg, Klaus: *Skepsis und Freiheit, , besonders die Abschnitte: III.2 Entdeckungsreisen und humoristischer Roman. Hegel und Laurence Sterne und IV. 4. Die modern-skeptische Kunst als Ende der Kunst.*

64 Dazu näher: Vieweg: *Skepsis und Freiheit, a.a.O.*

65 Vischer, Friedrich Theodor: *Ueber das Erhabene und Komische, ein Beitrag zur Philosophie des Schönen, Stuttgart 1837, S. 188.*

66 Zu Nietzsches Verständnis des Humors: *Vieweg, Klaus: Hat Nietzsche gelacht? – Silberblicker, vergeßt mir das gute Lachen nicht! In: Streckhardt, B.C. (Hg.): Die Neugier des Glücklichen, Weimar 2012.*

67 Nietzsche, Friedrich: *Die Geburt der Tragödie oder Griechentum und Pessimismus. In: Friedrich Nietzsche, Werke in drei*

Bänden, München 1977, Bd. 1, S. 18; Nietzsche: Also sprach Zarathustra, Nietzsche, Werke Bd. 2, S. 531.

68 Nietzsche: *Die fröhliche Wissenschaft, Werke Bd. 2, S. 36.*

69 Nietzsche: *Jenseits von Gut und Böse, Werke Bd. 2, S. 673.*

70 Nietzsche: *Menschliches, Allzumenschliches, a.a.O., S. 780ff.*

71 Das ist das Motto für Nietzsches Werk *Die Fröhliche Wissenschaft.*

72 Nietzsche: *Die fröhliche Wissenschaft, a.a.O., S. 34; Nietzsche: Jenseits von Gut und Böse, a.a.O., S. 686.*

73 Zur Thematik Fehlinformation und Lüge: Vieweg: *Das Denken der Freiheit, a.a.O., Kapitel IV, besonders S. 199ff.*

74 Vgl. Dazu: Kant, Immanuel: *Über ein vermeintes Recht aus Menschenliebe zu lügen, 1797.*

75 Milton, John: *Paradise lost (Das verlorene Paradies).*

76 Dazu ausführlich: Vieweg: *Das Denken der Freiheit, a.a.O.; Kapitel IV, besonders S. 210–217.*

77 Hegel: *Vorlesungen über die Philosophie der Religion, Hegel, Werke Bd. 17, S. 257.*

78 Hegel: *Vorlesungen über die Philosophie der Geschichte, Hegel, Werke Bd. 12, S. 50f.*

79 Schliecker: *Roddenberrys Idee, a.a.O., S. 150.*

80 Hegel: *Vorlesungen über die Ästhetik, Hegel Werke Bd. 14, S. 135.*

81 Hegel: *Vorlesungen über die Philosophie der Religion, Hegel Werke Bd. 16, S. 133.*

82 Vgl.: Hessel, Stephané: *Empört Euch! Berlin 2011.*

83 Hegel: *Vorlesungen über die Philosophie der Religion, Hegel Werke Bd. 16, S. 14.*

84 Bieri, Peter: *Das Handwerk der Freiheit. Über die Entdeckung des eigenen Willens, München 2001, S. 61.*

85 Schliecker: *Roddenberrys Idee, a.a.O., S. 63.*

86 Hegel: *Vorlesungen über die Geschichte der Philosophie, Hegel, Werke Bd. 20, S. 307f.*

87 Hegel: *Vorlesungen über die Ästhetik, Hegel, Werke, Bd. 13, S. 136.*

88 Dazu der Essay: *Pinocchios Nase und Jakob der Lügner.*

89 Dazu die Episode *Platons Stiefkinder (Plato's Stepchildren).*

90 Diese nicht zu haltende Position vertritt Hansemann, Hansemann, Henrick: *Die Philosophie bei Star Trek. Mit Kirk, Spock und Picard auf der Reise durch unendliche Welten, Weinheim 2013, S. 29.*

91 Vgl.: Decker, Kevin S., Eberl, Jason T. (Hg.): *Star Trek and Philosophy: The wrath of Kant, Chicago 2008, S. 154.*

92 Alexander: *Gene Roddenberry, a.a.O., S. 422–423, 501.*

93 Ebd., S. 640.

94 Ebd., S. 337

95 Hegel: Georg Wilhelm Friedrich: *Enzyklopädie der philosophischen Wissenschaften, Werke Bd. 8, Frankfurt 1970, S. 83.*

96 Alexander: *Gene Roddenberry, a.a.O., 306–307*

97 Ebd. 307.

98 Hegel: *Grundlinien der Philosophie des Rechts, Werke Bd. 7, S. 57.*

99 Hegel: *Enzyklopädie, a.a.O., Werke Bd. 8, S. 71.*

Über den Autor

Klaus Vieweg (geb. 1953), Spezialgebiete sind deutscher Idealismus, Geschichte und Theorie des Skeptizismus, Verhältnis von Philosophie und Literatur und Grundfragen der praktischer Philosophie. Seine Forschungs- und Lehraufenthalte führten ihn an die University of Washington Seattle, die Universität Pisa, die Universität Siena, die Universität Turin, die Karls-Universität Prag, die Universität Wien, die Universität Tübingen, die Universität Erlangen, die Ruhr-Universität Bochum und nach Kyoto, Shanghai, Neapel, Mexico City und Medellin.

Über die Zeichnerin

Olivia Vieweg wurde 1987 in Jena geboren. In Weimar studierte sie Visuelle Kommunikation an der Bauhaus-Universität mit dem Schwerpunkt Illustration. Bereits während ihres Studiums schrieb und illustrierte sie mehrere Bücher, die unter anderem im Carlsen-Verlag erschienen. Ihr Diplom machte sie mit der Graphic Novel »Endzeit«, die sie jetzt auch als Drehbuch umgesetzt hat und die mittlerweile erfolgreich verfilmt wurde. Für den Suhrkamp-Verlag adaptierte sie Mark Twains »Huckleberry Finn« als Comic, der von der Zeitung »Die Welt« zu einem der besten Comics des Jahres 2013 gekürt wurde. Danach gewann Vieweg das Comicstipendium des Verlags »Egmont Graphic Novel«, für das sie eine weitere Geschichte, »Antoinette kehrt zurück«, umsetzte. Ihre neueste Graphic Novel heißt »Schwere See, mein Herz« und ist 2015 bei Suhrkamp erschienen. Neben vielen weiteren Projekten im Kinder- und Jugendbuchbereich arbeitet sie als freie Illustratorin für Werbeagenturen.

Ebenfalls erhältlich